U1070813

电子多媒体出版物管理

陈　铭　编著

科 学 出 版 社

北　京

内 容 简 介

本书总结和研究了电子多媒体出版物的概念、特点和分类，以及对于这种新型出版物的各种管理方式，包括行业管理、行政管理、版权管理、标准管理等。并对各种形式的电子多媒体出版物的特点、历史沿革、管理现状和发展等进行了梳理和分析。本书完整地描述了新型出版物发展的脉络和电子多媒体出版领域的最新发展方向、新技术和新成果，全面总结了新型出版物管理的方式，完善了出版物管理的基本知识体系。

本书可以作为高等院校编辑出版学、图书馆学的本科生或研究生教材，也可作为编辑出版界、图书馆界及人文社会科学专业人员的参考书。

图书在版编目（CIP）数据

电子多媒体出版物管理/陈铭编著. —北京：科学出版社，2020.3

ISBN 978-7-03-063538-9

Ⅰ. ①电…　Ⅱ. ①陈…　Ⅲ. ①电子出版物-管理-高等学校-教材　Ⅳ. ①G237.6

中国版本图书馆 CIP 数据核字（2019）第 264694 号

责任编辑：惠　雪　曾佳佳/责任校对：杨聪敏

责任印制：张　伟/封面设计：许　瑞

科学出版社 出版

北京东黄城根北街 16 号

邮政编码：100717

http://www.sciencep.com

北京九州迅驰传媒文化有限公司 印刷

科学出版社发行　各地新华书店经销

*

2020 年 3 月第 一 版　开本：787×1092　1/16

2020 年 3 月第一次印刷　印张：12　1/4

字数：290 000

定价：89.00 元

（如有印装质量问题，我社负责调换）

前　言

我于 2011 年开始为南京大学信息管理学院的图书馆学和编辑出版学本科生开设“电子多媒体出版物管理”这门课程，该门课程是图书馆学和编辑出版学专业学习中非常重要的一门课程，这门课程可以帮助学生认识到除了纸质出版物外，目前在出版领域和图书馆馆藏中电子多媒体出版物占据了很重要的部分。现代信息技术尤其是多媒体技术在出版业的应用扩展了出版的领域，这既给传统的出版行业带来良好的发展机遇，也使其面临严峻的挑战。电子多媒体出版物以其生动活泼、丰富多彩的内容，将文本、声音、图形、图像、动画等丰富的媒体形式有机地融为一体，辅以日益丰富完善的交互功能，展现了其独特的风采，具有无穷的魅力。对于这部分出版物该怎么样来进行管理是学术界关注的热点问题。至今我开设这门课程已有近十年时间，在教授过程中越来越感受到这一类型的出版物发展速度之快以及国家对这类出版物的重视。因此我渐渐萌生了要对所授课程的内容进行梳理编著成教材的愿望。恰逢 2017 年南京大学信息管理学院开展优质课程建设工作，“电子多媒体出版物管理”这门课程被列入了“南京大学信息管理学院优质课程建设项目”，经过一年多的撰写和修改，教材在项目的资助下得以顺利地出版。

本书第 1 章是对电子多媒体出版物的概念和内涵的梳理，辨析了几种新型出版物的差异和特点，把电子多媒体出版物划分成了离线型电子多媒体出版物和在线型电子多媒体出版物。第 2 章对离线型电子多媒体出版物的特点、发展历史、管理方式等进行了详细梳理。第 3 章讲述所有电子多媒体出版物的行业管理。第 4 章到第 7 章对在线型电子多媒体出版（数字出版）物的管理方式进行论述，分别从行政管理、版权管理、企业管理和标准管理这几个方面展开。第 8 章到第 15 章分别从在线型电子多媒体出版（数字出版）物的各种出版物形态入手，详细阐述了数字音乐、数据库、电子书、电子期刊、数字报纸、网络动漫、网络游戏、手机出版物的特点、发展历史、管理现状和发展趋势等。因此本书不局限于对电子出版物和音像出版物管理的论述，而是囊括了现在发展最快的数字出版物的类型和管理方式。在传承传统出版物管理相关内容的基础上，增加了电子多媒体出版领域最新的管理模式、发展方向、新技术和新成果，有着承上启下的作用，能完整地看出新型的非纸质出版物发展的脉络。希望本书的出版能对广大相关专业的学生和业界人员了解此种出版物的管理和发展有所裨益。

由于个人水平有限及客观条件的限制等原因，书中观点和内容难免有疏漏和不妥之处，敬请读者批评指正。

陈 铭

南京大学信息管理学院

2019 年 11 月 8 日

目　录

第1章 电子多媒体出版物概述

20 世纪 80 年代中后期以来，多媒体技术、电子技术、网络技术成为人们研究的热点。这些技术给人们的工作、生活和娱乐带来了深刻的变化。电子多媒体出版物是继电子出版物之后出现的又一新兴媒体。多媒体数据库、电子图书、电子期刊、电子报纸、网络游戏、手机出版等，都体现了现代信息技术尤其是多媒体技术在出版业的应用，扩展了出版的领域。这既给传统的出版行业带来良好的发展机遇，也使其面临严峻的挑战。多媒体出版物以其生动活泼、丰富多彩的内容，将文本、声音、图形、图像、动画等丰富的媒体形式有机地融为一体，辅以日益丰富完善的交互功能，展现了其独特的风采，具有无穷的魅力。因此，集影、视、听为一体的电子多媒体出版物显示出广阔的应用前景和巨大的市场潜力。对于这一新兴媒体的管理也成为学术界关注的热点问题之一。

本章对电子多媒体出版物的概念和内涵进行了梳理，辨析了多媒体出版物、电子出版物、网络出版物、数字出版物等几种新兴出版物的差异和特点。把电子多媒体出版物划分成离线型电子多媒体出版物和在线型电子多媒体出版物。

1.1 多媒体出版物

1.1.1 多媒体的含义

媒体（media）就是实现信息交流的中介，简单地说，就是信息的载体，也称为媒介。在本书中是指从计算机处理信息的特点出发，用于表述信息的各类逻辑载体，如文字、图形、图像、视频、动画等。

多媒体的英文单词是 multimedia，它由 multi 和 media 两部分组成。一般将多媒体理解为多种媒体的综合，也可以理解为直接作用于人感官的文字、图形、图像、动画、声音和视频等各种媒体的统称，即多种信息载体的表现形式和传递方式。多媒体主要包括：①文本，指各种文字，包括各种字体、尺寸、格式及色彩的文本。多媒体技术不仅可以处理文字信息，还可以对文本包含的字词、字母、数字、句子、段落、文章、书籍等进行识别、筛选、摘编、翻译以及管理和检索。②音频，包括音乐、语音和各种音响效果。多媒体技术可以将自然万物发出的各种声响录制输入计算机系统，其声音特点是数字化、保真好，可以进行多样化的修改和效果处理。③图形，指从点、线、面到三维空间的黑白或彩色几何图。多媒体技术可以将机绘图形或手绘图形扫描存入计算机系统，其图形特点是由色块构成，适合以矢量图形方式存储。④图像，是由像素点阵组成的画面。多媒体技术可以通过扫描等方式将彩色或黑白照片等静态图像输入计算机系统，其图像特点是以连续灰度等级来反映实物状态，可以进行多样化的拼接修改和效果处理。⑤视频，是图像数据的一种，若干有联系的图像数据连续播放便形成了视频。多媒体技术可以将电视录像、电影胶片、视频光盘上的节目等录制输入计算机系统，其特点是可以进行数字化的压缩和解码，可以进行多样化的剪辑修改和特技处理。⑥动画，是利用了人眼的视觉暂留特性，快速播放一连串静态图像，对人的视觉产生平滑流畅的动态效果。多媒体技术可以使静态的机绘图形或手绘图形按一定的时空变化要求模拟自然运动的场面，如二维或三维动画，表现效果生动逼真，制作效率大大提高。

多媒体技术不是各种信息媒体的简单复合，它是一种把文本、图形、图像、动画和声音等多种信息类型综合在一起并通过计算机等电子设备进行综合处理和控制，能支持完成一系列交互式操作的信息技术。

1.1.2 多媒体的特性

（1）集成性：能够对信息进行多通道统一获取、存储、组织与合成。能够把文字、声音、图像和动画有机地集成在一起，并综合地表现出来，产生一种和谐的整体效果。

（2）交互性：是多媒体应用有别于传统信息交流媒体的主要特点之一。传统信息交流媒体只能单向地、主动地传播信息，被动地接收信息，而多媒体技术则可以实现人对信息的主动选择和控制。可以形成人与机器、人与人及机器间的互动、互相交流的操作环境及身临其境的场景，人们根据需要进行控制。用户利用计算机等电子设备，对出版物中的多种信息媒体进行交互操作，从而更加有效地使用信息，集中对知识信息的注意力，加深对知识信息的理解。

（3）控制性：多媒体技术是以计算机为中心综合处理和控制多媒体信息，并按人的要求以多种媒体形式表现出来，同时作用于人的多种感官。

（4）非线性：多媒体技术的非线性特点将改变人们传统循序性的读写模式。以往人们读写方式大都采用章、节、页的框架，循序渐进地获取知识，而多媒体技术将借助超文本链接（hyper text link）的方法，把内容以一种更灵活、更具变化的方式呈现给读者。用户可以根据自己的需要在出版物中间任意跳转，可按自己感兴趣的、联想的方式去选择内容，是一种十分理想的阅读机制，有助于提高人们获取知识和信息的效率。

（5）实时性：当用户给出操作命令时，相应的多媒体信息能够得到实时控制。

（6）信息使用的方便性：用户可以按照自己的需要、兴趣、任务要求、偏爱和认知特征来使用信息，任取图、文、声等信息表现形式。

（7）信息结构的动态性："多媒体是一部永远读不完的书"，用户可以按照自己的目的和认知特征重新组织信息，增加、删除或修改节点，重新建立链接。

1.1.3　多媒体出版物与传统出版物的区别

1. 载体不同

从出版物的发展历程可知，出版物每一次大的改变都是由其载体形式发生的巨大变化引起的。因此，载体的不同是其最根本的区别。传统印刷型出版物是以纸张为载体，而多媒体出版物则是以磁、光、电为载体，这就决定了两者在存储密度、成本和信息表达方式方面存在不同。纸质出版物难以修改、更新，存储密度低。新兴多媒体出版物则以易修改、易复制、发行方便和大规模的存储能力显示出其载体的优越性。

2. 信息组织和可利用的方式不同

传统出版物以线性的顺序来组织信息，因此阅读方式以线性为主。其内容一旦在纸张上固定下来，就不易更新修改，更无法对其内容、结构、顺序予以调整。在多媒体与超文本技术的基础上产生的多媒体出版物实现了对信息的非线性组织，人们可以对信息结构和内容进行更新、组合和调整，建立信息之间的联系，也可方便地实现对各种媒体信息的任意查询、检索、复制、编辑等功能。多媒体出版物能更好地满足人们对信息的需求。

3. 信息媒体的表现形态不同

传统出版物的信息媒体仅局限于文字、图片、表格等，其表现形态单一且呆板。而新型的多媒体出版物则以其丰富多样的媒体类型，使人们可以在生动形象的画面下，在悦耳的音乐和详细的解说下接收所需知识，达到身临其境、印象深刻的效果。

4. 阅读的形式不同

传统出版物以纸张为载体，书籍、杂志、报纸等都是印刷在纸张上，人们可以随时随地捧起来就进行阅读。而多媒体出版物则必须借助外部设备如电脑、手机等才能再现其信息。有人喜欢阅读多媒体出版物，觉得非常便捷，而也有很多人对于阅读多媒体出版物并不习惯，他们认为阅读书籍、报刊更加随意和舒适。

5. 出版发行渠道不同

传统出版物需经过作者投稿、编辑校稿、印刷厂印刷、出版社发行、书店销售等来实现其烦琐的出版发行过程。出版周期短则几个月，长则达几年之久。而多媒体出版物则可以通过多种方式出版发行，不但可以以 CD-ROM 单机版形式出版发行，还可以通过联机数据库出版发行。目前，网络出版方式更是方便易行，打破了地域的局限，直接在全世界范围内流通，一般在一周或几天之内就能传遍世界各地。

1.1.4 多媒体的作用

多媒体技术的融合作用，创造了丰富多彩的电子出版、网络出版和数字出版等新的出版形态。电子出版物的编辑制作很像编写一部结构非常复杂的百科全书，又像制作一部 MTV（music television）艺术作品，还像开发应用软件一样需要编制程序。多媒体的融合功能，使互联网传输由技术系统升华为新的信息文化平台，是其他出版传播形式无法比拟的。

多媒体给人们的生活、工作和娱乐带来了深刻的变化。它改善了文化传播的形式，提升了其广度、深度和效率，对媒体和出版业产生了巨大的影响。它扩展了媒体和出版领域；为媒体和出版业的发展提供了新的机遇；使媒体和出版业成为信息产业的主力军之一；缩短了媒体和出版的生产周期，加快了媒体的传播速度；对媒体和出版工作者提出了更高更全面的技术和业务要求。

1.2 电子出版物

1.2.1 电子出版的含义

日本电子出版协会（JEPA）认为电子出版是将文字信息、图像信息等数字化，设计、建立能够随机读取的数据库，通过编辑软件对创作的作品进行编辑，并通过电子媒体进行出版的行为。

《不列颠百科全书》中将电子出版定义为计算机网络或磁盘上的出版，指以计算机可读的形式生产文献，并通过计算机网络或者其他载体如 CD-ROM 等发行。

国际标准化组织（ISO 9707：2008）中认为电子出版是以数字形式出版的文献，可通过互联网或物理载体（CD-ROM、DVD）获取。

综合以上组织或书籍中的定义，我们认为电子出版（广义）是指利用电子手段和形式创建、管理、传播出版物的过程和行为。而通过电子出版产生的电子出版物（广义）也就是指利用电子手段和形式创建的出版物。

1.2.2 电子出版物的定义和特点

早期的电子出版物是用一种媒体传递信息的，即以磁带形式发行，存储于大型的联机数据库中，通过信息检索服务单位提供给用户使用。1961 年，美国化学文摘服务社用计算机来编制《化学题录》，由此产生了电子出版物的雏形。1975 年，计算机排版系统诞生，开始在世界范围内普及。20 世纪 80 年代以后出现了新型的存储设备 CD-ROM，促成了电子出版物的问世。进入 90 年代，随着多媒体技术的进步与发展，电子出版物进入大发展时期。

国家新闻出版署在 2008 年颁布的《电子出版物出版管理规定》中，将电子出版物定义为：以数字代码方式，将有知识性、思想性内容的信息编辑加工后存储在固定物理形态的磁、光、电等介质上，通过电子阅读显示、播放设备读取使用的大众传播媒体，包括只读光盘（CD-ROM、DVD-ROM 等）、一次写入光盘（CD-R、DVD-R 等）、可擦写光盘（CD-RW、DVD-RW 等）、软磁盘、硬磁盘、集成电路卡等，以及国家新闻出版署认定的其他媒体形态。这是我们认为的狭义的电子出版物的定义。

狭义的电子出版物具有以下特点：电子出版物是以计算机可读取数据的形式表现的。这种机读形式的数据，以二进制码表示，也就是以数字代码的方式表示。电子出版物的信息载体是磁性或光学信息存储介质。电子出版物中的信息是有结构的，是经过一定的格式化处理而组成的信息集合。电子出版物配备有相应的检索软件和其他编辑软件。电子出版物的使用即检索或浏览必须借助于电子计算机等电子设备。电子出版物主要以单机型的磁盘或光盘形式发行出售给用户。

1.2.3　电子出版物与印刷型出版物的比较

（1）载体形式：印刷型出版物的载体是纸张，电子出版物的载体是磁记录载体或光记录载体。

（2）记录方式：纸质载体是以书写印刷形式来记载信息，书写印刷是一种机械或化学的记录方式。磁记录方式将待记录的信息转变成电信号，使磁性材料发生极化来保存信息。只读光记录载体将信息转换为光量变化的激光束，在载体表面灼烧出凹凸状信息痕迹，形成永久记录。

（3）读取方式：纸质载体的信息可由人的眼睛和大脑直接判读，不需要额外设备。电子出版物需要借助计算机等设备来进行读取。

（4）信息表达方式：书写印刷将信息以人类能够直接识别的文字、符号记录在载体上。磁记录方式和光记录方式则都是将这些直观的信息描述符号变成电信号，再将电信号通过磁变化或光量的变化记录到载体上。也就是说电子出版物是采用能量的形式来表示信息的。

（5）信息传输：印刷型出版物的信息传输依靠传统的方式（如邮政等）传送和销售，通过传送信息载体达到传送信息本身的目的。电子出版物的信息传递方式是对传统信息传递方式的一次革命，实现了信息和携带信息的载体在时空上的分离。电子出版物承载的信息是以能量的形式表达的，可以在磁、光、电形式间迅速地交换，极大地提高了信息的可获取性。

（6）信息复制：印刷型出版物的书写印刷记录方式使复制不易完成，利用各种复印技术在每次复印过程中都会导致分辨质量下降，且复制速度慢。电子出版物以能量表达信息，信息对载体的低依赖度使信息复制可以快速、简便和无损耗地进行。

（7）耐用性与寿命：印刷型出版物以纸张为载体，纸张的特性是人们所熟悉的，水浸、高温、刮伤、撕扯等都会损害它。磁记录载体受热、湿、空气污染的影响比较大，磁记录载体接触式的读取方式会使磁粉脱落而损伤磁记录信息，缩短磁记录载体的使用寿命。因此，磁记录不适于长期地保存信息。光记录载体的读取方式是非接触式的，灰尘、轻微的摩擦都不会损伤光记录的信息。但是载体在长期保存过程中仍会慢慢氧化。总的来说，光记录载体的耐用性高于纸张，而磁记录载体的耐用性较差。

（8）体积：出版物的体积是由载体的特性、信息的记录方式、载体的存储能力等因素决定的。与电子出版物相比，印刷型出版物可以称得上是体积庞大。

（9）信息的组织与获取：印刷型出版物以线性的顺序来组织信息，因此其信息获取方式以线性顺序的阅览为主。电子出版物通过对信息结构的重组，建立各信息间的联系（超文本），或通过软件提供对顺序存储信息的任意查询、检索、修改、更新等功能，以便更好地满足人们对知识的需求。

（10）人们的阅读习惯：人们自幼就接触各类纸质印刷出版物，逐渐培养起来的阅读习惯更倾向于传统的纸质出版物。电子出版物的人机界面技术在很大程度上是模拟传统出版物的表达方式、阅读方式和感觉等，使电子出版物尽量符合人们从印刷型出版物上培养起来的阅读习惯，但人们还需不断适应对电子出版物的阅读。

两种出版物的比较如表 1-1 所示。

表 1-1　印刷型出版物与电子出版物的比较

项目	印刷型出版物	电子出版物
载体形式	纸质载体	磁记录载体、光记录载体等
记录方式	书写印刷	磁性材料极化、光学材料灼烧
读取方式	用户直接读取	借助计算机等设备读取
信息表达方式	文字、符号	能量形式
记录密度	低	高
信息传输	邮政传送和销售	在磁、光、电形式间交换
信息复制	速度慢，复制过程质量下降	快捷、方便、无损耗
耐用性	较低	较高
体积	大	小
信息的组织与获取	线性	非线性
人们的阅读习惯	符合	不太符合

1.3　电子多媒体出版物

电子多媒体出版物既属于多媒体出版物，也属于电子出版物，也就是说，它是多媒体出版物与电子出版物的交叉部分。电子多媒体出版物包括离线型和在线型两种。离线型电子多媒体出版物主要是指多媒体光盘出版物，而在线型电子多媒体出版物实际上是指网络出版物。

1.3.1　离线型电子多媒体出版物

离线型电子多媒体出版主要是指多媒体光盘出版，实际上就是多媒体电子出版。它是以图、文、声、像等多种形式，并且由计算机等设备对这些信息以内在的统一方式进行存储、传送、处理及再利用的电子出版。由这种方式生产出来的出版物，也就是前文所述的狭义的电子出版物。离线型电子多媒体出版物是一种把多媒体信息经过精心组织、编辑及存储在光盘载体上的电子出版物。它将文字、图形（静态与动态）及声音等多种形式结合并记录在一起，形象地描述出版物的内容，具有生动、传神的传播效果，是一种深受读者喜爱的出版产品；但它的生产成本较高，需要通过光盘等媒体形式来承载，且需要计算机等设备才能播放。

1.3.2　在线型电子多媒体出版物

与离线型电子多媒体出版相对应的是在线型电子多媒体出版，也可称作网络出版。与离线型电子多媒体出版的差别在于信息服务方式不同。在线型电子多媒体出版物可以通过网络高速传播，需要读者通过网络读取并利用。

网络出版指出版者采用一定的技术手段，将其待出版的作品存放在网络服务器上，以有偿或无偿的方式提供给用户的出版形式。从广义来讲，信息通过互联网向大众传播的过程都可以叫网络出版。网络出版具有这样一些特征：①虚拟化与开放性：网络出版是以网络为载体和平台进行的出版行为，而互联网自身最大的特征是其虚拟性。网络出版秉承了互联网这一特性，将传统出版中的物流、信息流、资金流等环节借助于虚拟网络平台来实现，使网络出版的出版过程和行为虚拟化。从传播的广度上来看，借助于互联网的网络出版可以使任何人在任何时间、任何地点自主选择和加工出版内容，不受传统出版时空、语言、地域、习惯等因素的限制，因此网络出版在广度上具有无限的开放性。②多元化与公平性：网络出版打破了传统出版秩序中少数人享有的对出版的垄断权和控制权，任何组织和个人都可以在法律允许的范围内公平地成为网络出版的主体。出版主体的门槛被降低。③即时化与交互性：网络出版大大简化了出版的流程和环节。“编”的同时也就意味着“印”和“发”环节的实施和完成，实现了“三位一体”的即时化出版。网络出版还借助互联网平台实现了即时的交互性，受众可以通过网络及时地反馈使用信息，出版者也可以根据反馈信息及时修改内容，即时与受众进行互动和探讨。④高科技依赖性与多媒体性：网络具有很强的高科技依赖性，网络与出版相结合产生更强的科技依赖性。网络出版需要互联网技术、计算机软硬件技术、通信技术、数字版权保护技术、网上支付技术、多媒体技术等多种高科技技术的支持。其中，多媒体技术是网络出版的核心技术，拓展了网络出版物的表现空间。

根据国家新闻出版广电总局、工业和信息化部 2016 年 2 月颁布的《网络出版服务管理规定》，其中网络出版服务是指通过信息网络向公众提供网络出版物；网络出版物是指通过信息网络向公众提供的，具有编辑、制作、加工等出版特征的数字化作品，范围主要包括：①文学、艺术、科学等领域内具有知识性、思想性的文字、图片、地图、游戏、动漫、音视频读物等原创数字化作品；②与已出版的图书、报纸、期刊、音像制品、电子出版物等内容相一致的数字化作品；③将上述作品通过选择、编排、汇集等方式形成的网络文献数据库等数字化作品；④国家新闻出版广电总局认定的其他类型的数字化作品。

网络出版的整个过程中，所有信息都以统一的二进制代码的数字化形式存储于磁、光等介质中，信息的处理与传递必须借助计算机及通信网络等来进行，所以网络出版也是电子出版的一种，网络出版物，也就是我们说的在线型电子多媒体出版物，亦是电子出版物的一种类型。在线型电子多媒体出版物主要包括：多媒体联机数据库、电子图书、电子期刊、电子报纸、网络游戏与网络动漫等。

1.3.3 在线型电子多媒体出版物（网络出版物）的特点

在线型电子多媒体出版物（网络出版物）存储于网络服务器上，没有有形的载体，因此不可能产生有形的复制品，其传输只能通过通信网络进行。

作品存储在计算机等电子设备内，通过通信网络进行传播，当用户访问作品所在网站，对作品进行浏览或者复制、下载时，就完成对作品的复制。所以用户通过网络使用网络出版物时，可以同时完成对该出版作品的复制和发行。

通过网络，出版者和用户之间能够更加方便地进行实时的交互。并且由于网络传输的时延很小，因此用户可以很快得到出版物及其修改更新后的最新版本。

1.4 数字出版

1.4.1 数字出版的概念和特征

从互联网出版的实质来看，出版单位无论是向消费者展示产品内容还是让其下载产品，通常都是根据用户事先或即时提出的需求，利用计算机等设备把一连串“纯粹的编码数字流”转换成电流或光电信号通过互联网发送到特定的个人计算机或其他接收设备上，而不须随附任何固定的物质载体。因此，这是一种数字出版方式。

广义的电子出版即数字出版，指以电子形式储存和传递信息的任何出版过程。网络出版也是电子出版的一种。网络出版的整个过程中，所有信息都以统一的二进制代码的数字化形式存储于磁、光等介质中，信息的处理与传递必须借助计算机等设备及通信网络来进行。

近几年，国家大力推动数字出版产业的发展。在 2010 年新闻出版总署出台了《关于加快我国数字出版产业发展的若干意见》（以下简称《意见》），《意见》中指出数字出版是指利用数字技术进行内容编辑加工，并通过网络传播数字内容产品的一种新型出版方式。在数字出版中，出版单位实际上仅将以编码数字流形式记载的内容信息通过一定方式提供给消费者，也就是说，数字出版产品的物质存在形式只是“纯粹的编码数字流”，不必与具有一定外在形态的物质载体固定在一起。在出版的整个过程中，从编辑、制作到发行，所有信息都以统一的二进制代码的数字化形式存储于光、磁等介质中，信息的处理与传递必须借助计算机或类似设备来进行。数字出版的过程包括作品创作数字化、编辑加工数字化、印刷复制数字化、产品形态数字化、发行销售数字化、阅读消费数字化、传播渠道网络化。目前数字出版产品形态主要包括电子图书、数字报纸、数字期刊、网络原创文学、网络教育出版物、网络地图、数字音乐、网络动漫、网络游戏、数据库出版物、手机出版物等。

1.4.2 数字出版与网络出版、电子出版（狭义）的概念辨析

数字出版与网络出版、电子出版（狭义）三者的内涵与外延不同。三者的内涵前文已在定义中进行了描述，从内涵的角度来看，三者有明显的差异和变化。从外延来看，数字出版和网络出版、广义的电子出版相近，而电子出版（狭义）较狭窄。

三者的载体和产品表现形式不同：网络出版以互联网为出版载体，离开了网络就无从谈起，网络出版的产品是以数字化手段“挂”在网上的虚拟信息，可以没有具体的出版物形式，完全超越了“实物出版”的概念。电子出版（狭义）则一定要建立在某种有形而单独存储载体的出版和发行的基础上，需以某种有形物为载体，最终产品表现为某种有形出版物。数字出版强调出版的数字化生产过程和数字化的出版物，可以以网络为载体，产品表现形态可以是虚拟的。

三者在实践中产生的时间不同。数字出版早于电子出版和网络出版。计算机与数字出版是一对孪生兄弟，以二进制为信息处理技术标准的计算机的诞生就标志着数字出版的产生。电子出版自 20 世纪 70 年代产生以来，经历了电子排版、多媒体出版以及网络出版三次技术上的飞跃。

三者也存在一些共同特点和属性：三者都是以数字化的技术处理手段进行信息编辑和加工的出版形式，与传统出版有本质的差异。三者也有趋同的发展趋势，人们往往将三者视作同一概念。

综上所述，基于对电子出版（狭义）、网络出版和数字出版的理解，本书所述的电子

多媒体出版物是对于电子出版（狭义）、网络出版、数字出版这三种出版形式所产生的出版物的囊括。因此对于电子多媒体出版物的定义，我们可以认为它属于广义的电子出版物，包括离线型和在线型的电子多媒体出版物，它是以电子手段和形式创建、储存和传递多媒体信息的一种出版物。离线型电子多媒体出版物指多媒体光盘出版物，也就是我们将要在第 2 章谈到的电子出版物（狭义），而在线型电子多媒体出版物实际上是指网络出版物，现在人们更多地是用数字出版物来指代。

第 2 章

离线型电子多媒体出版物——电子出版物及其管理

离线型电子多媒体出版物，也可称为多媒体光盘出版物，即电子出版物，曾受到人们的喜爱，它的存在为网络出版物及数字出版物的发展打下了基础。本章对这种离线型电子多媒体出版物的特点、发展历史、管理规定、编辑出版流程、质量管理和营销管理等进行了详细的梳理。

2.1　电子出版物的概述

2.1.1　电子出版物的概念

根据《电子出版物出版管理规定》中对电子出版物的定义：电子出版物，是以数字代码方式，将有知识性、思想性内容的信息编辑加工后存储在固定物理形态的磁、光、电等介质上，通过电子阅读显示、播放设备读取使用的大众传播媒体，包括只读光盘（CD-ROM、DVD-ROM 等）、一次写入光盘（CD-R、DVD-R 等）、可擦写光盘（CD-RW、DVD-RW 等）、软磁盘、硬磁盘、集成电路卡等，以及国家新闻出版署认定的其他媒体形态。

2.1.2　电子出版物与其他出版物的比较

通过与以下这些出版物的比较，我们能更全面地理解电子出版物的概念及其特点。

1）与纸质出版物比较

主要不同表现在信息的记录存储方式、信息的存储介质和信息的读取方式等方面，详见 1.2.3 节中的对比。

具体来看，电子出版物体积小，容量大，保存和传输方便；无损耗，易更新，易复制，易检索；多媒体化，内容直观、生动、形象；有交互性，可按读者的要求调整内容和形式；功能多样，如书签、索引等。

2）与网络出版物比较

主要不同表现在复制方法和流通环节方面，用户通过网络使用网络出版物时，同时完成对该出版作品的复制和发行。网络出版物存储于网络服务器上，没有有形的载体，因此不可能产生有形的复制品，其传输通过通信网络进行。由于网络传输的时延很小，甚至没有时延，因此用户可以很快得到出版物及其修改更新后的最新版本。

3）与音像出版物比较

首先，信息的记录方式不同：音像出版物是依靠音频信号、视频信号来进行记录；而电子出版物是依靠数字代码来进行记录。其次，节目制作方式不同：音像出版物是依靠录音机、录像机等音像制作设备来进行制作，而电子出版物是以计算机系统为中心来进行制作。再次，它们的节目放送设备不同：音像出版物是依靠音频、视频设备来进行放送节目，而电子出版物是依靠计算机和类似设备来放送。然后，它们的信息表现形式不同：音像出版物是单向传送，被动接收；而电子出版物是双向传递，有交互功能。最后，它们的信息检索方式不同：音像出版物是线性检索，而电子出版物是随机检索。

4）与计算机软件、联机数据库比较

计算机软件是有程序而无数据，主体是计算机软件本身（程序）以及一些说明性文档，数据是其加工的对象，但不包含在内。联机数据库是无程序有数据，只包含数据，而无计算机检索软件。电子出版物是有程序有数据，主体是数据，也包含了组织这些数据的程序。

2.1.3 电子出版物的特点

电子出版物具有六大内在特点和六大外在特点：

（1）六大内在特点包括：存储信息量大、检索便捷、具备多媒体的表现方式、交互式结构可实现读者的参与、具备超链接设置、可实现按需打印。

（2）六大外在特点包括：体积小、能长久保存、阅读方式与纸质出版物不同、版本更新灵活方便快速、复制成本低廉、发行渠道和纸质出版物有所不同。

2.1.4 电子出版物的类别

（1）按载体分类可分为：软磁盘、只读光盘、集成电路卡、可刻录光盘、硬磁盘、磁介质光盘、数据磁带。

（2）按包含的信息表现形式分类可分为：文字类、图文类、图片类、声音类、图像类、动画类、多媒体类。

（3）按基本用途分类可分为：信息检索类、阅读类、素材类、教育类、游戏类。

2.1.5 电子出版物的主要载体

（1）软磁盘：信息容量小，易损坏，易被复制。

（2）只读光盘：分普通只读光盘（CD-ROM）、超高密度只读光盘（DVD-ROM），信息量大，易划伤，较易被复制，需配置驱动器，是当前电子出版物的常用载体。

（3）可刻录光盘：分普通可刻录光盘（CD-R）、高密度可刻录光盘（DVD-R），外观容量与只读光盘类似。

（4）集成电路卡：简称IC卡，信息容量较小，但使用方便，不易被复制，要配套使用IC卡阅读器。

（5）其他载体：磁介质光盘、硬磁盘、数据磁带。

2.2　电子出版业的发展历史

2.2.1　我国电子出版业的起步时期

我国电子出版业的起步期是从20世纪80年代末至1994年。这一时期，我国科技人员首创汉字激光排版工艺，实现了汉字信息处理的计算机化，计算机排版技术和电子出版系统开始广泛应用于印刷出版领域。计算机排版技术和电子出版系统的发展，使把数字化信息资料存储在软磁盘、硬磁盘或只读光盘（CD-ROM）等新型载体中成为可能。

在起步阶段，全国只有少数出版单位和科研人员初涉电子出版领域，开展了一些有益的电子出版的探索和研究。如我国的一部分科技出版社，尤其是大学出版社，出于对新技术的敏感性，相继开始尝试电子出版业务。此时电子出版物的载体主要是软磁盘（floppy disk，FD），也有少量的IC卡；内容主要包括教学、实验以及资料信息库等方面。1989年，武汉大学出版社出版了我国第一个正式的电子出版物《国共两党关系通史》全文检索磁盘电子版（软盘版），标志着我国电子出版业进入了起步时期。华中理工大学出版社于1990年5月推出了电子出版物《英语阅读课教学软件包》和《理论力学课件》等，同时也出版了少量的工具软件和管理软件。

起步初期我国电子出版发展的特征体现在自发性上，从业人员是出版界具有信息技术知识基础、对新科技比较敏感的编辑人员。这些人员和出版社，基本上是分散地、孤立地工作，虽然从事的业务相近甚至相同，但名称各异，有的称电子出版物，有的称软件出版物，有的称电子读物等。

在起步阶段，电子出版物品种较少，全国仅有上百种，虽然取得了良好的社会效益，但经济效益不明显。但1991年以后，我国电子出版物品种开始猛增，以软磁盘为载体的电子出版物年出版品种超过500种，到1994年，年出版品种已达近1000种，涉及内容更为广泛，由单纯面向教学科研扩展到文学、科技、教育等方面。全国开展电子出版业务的出版社从80年代末的不到10家发展到1993年的近40家。

总体来说，这个阶段的电子出版物的主要载体为软磁盘，也有少量的光盘读物。多媒体电子出版物的开发制作最早始于1992年，1992年12月，我国出版发行了第一张CD-ROM光盘《邮票上的中国》。据统计，1994年年底之前，我国正式出版只读光盘（CD-ROM）仅12种。1993～1994年，国外光盘电子出版物开始少量进入我国，并在一部分科研机构和大学图书馆使用。

1991 年后，随着全国电子出版业务规模、范围的不断扩大，也产生了一些新的问题，如新型出版物的出版属性问题、版权保护问题、行业管理问题等。面对电子出版业发展的客观要求，国家新闻出版主管部门开始进行电子出版业的政策研究，如 1992 年 3 月，新闻出版署组织的“我国软件出版发展问题座谈会”在武汉召开，这是我国第一次组织召开的电子出版方面的专业讨论会。1992 年经新闻出版署批准，电子出版研究会正式成立。1994 年，新闻出版署发出了《关于加强电子出版物管理的通知》，明确了电子出版业的主管职能部门是新闻出版署，并对电子出版物出版单位进行了清理登记，规定了电子出版物要使用标准书号和条形码。这些都为起步阶段电子出版业的发展创造了良好的外部环境。

2.2.2 我国电子出版业的快速发展时期

1995～1997 年为我国电子出版业的快速发展期。在这一时期，随着我国多媒体技术的开发和进一步发展，以只读光盘（CD-ROM）为载体的多媒体电子出版物从引进试探性阶段过渡到开发和实际应用阶段，在市场上占据主导地位。

1995 年以来，随着计算机技术和多媒体技术的不断引进和发展，我国电子出版业迎来了前所未有的大好时机，大力推进我国电子出版业发展的条件已经趋于成熟，主要表现在这几个方面：一是计算机的普及率得到了较大的提高，特别是机关、学校、科研单位以及经济发达地区。截至 1997 年，我国计算机保有量近 800 万台，按国际上通行的统计方法，以一台计算机每年消费 10 张电子出版物光盘计算，年需求量是 8000 万张，由此可见我国电子出版物市场潜力之巨大。二是电信事业的极大发展为信息的快速传递创造了条件。三是我国大力发展电子出版物的技术问题已解决，诸如汉字识别技术、信息压缩技术、存储和快速传递技术、母盘刻录和光盘复制技术、国内国际联网技术等。四是通过起步时期的摸索和研究，我国正在形成一支电子出版物的制作和出版队伍，一批中文数据处理和软件编辑人员为多媒体电子出版物开发系统的研制和大规模的编辑制作提供了智力准备。

国内一些软件开发商意识到国内光盘市场的巨大潜力和开发国产光盘的重要性和必要性，以北大方正、北京伟地、清华金盘、河南先博等公司为代表的一批光盘开发商迅速投入力量进行开发，很快向市场推出一批国产光盘，如方正的《孙子兵法》《中华名胜》，伟地公司的《多媒体汉英词典》等。我国还涌现出一批中小型专业电子出版物开发公司，如蚁巢公司、金洪恩、连科、帝盟等。各电子出版单位也加大了电子多媒体出版物的开发力度，所开发的产品趋向多元化，内容几乎无所不包，所占市场份额逐渐超过国外产品。

这一阶段我国电子出版业呈现出跳跃式的发展态势，1994～1997 年电子出版物品种和复制总量的年增长率超过 200%，内容由单纯面向科研教学的信息管理和检索拓展到社会生活的相关方面，大体分为数据库类、教育类、传统文化类、娱乐类和计算机类。数据库类如北京大学出版社的《中国法律法规检索系统5.0版》《中国期刊书目数据库》等；教育类如蒲公英公司开发的《轻轻松松背单词》等；传统文化类如北京大学出版社的《孙子兵法》《中华名胜》等；娱乐类如清华金盘公司的游戏《鸦片战争》等；计算机类如北京金洪恩电脑公司和清华大学出版社联合出品的计算机多媒体教学光盘《开天辟地》和《万事无忧》等。

自1994年经明确规定成为我国电子出版业的主管部门以来，新闻出版署承担起了全国电子出版行业的指导与管理工作。为了加强电子出版物的管理，1995年以来，新闻出版署采取了一系列重要的措施：1995年相继作出全国使用统一《电子出版物复制委托书》的规定和“向光盘生产厂派驻监督员”的规定；1996年3月颁布实施了《电子出版物管理暂行规定》，明确了电子出版物的性质，规定了电子出版物从制作、出版、复制到发行、销售、租赁的操作方式和管理措施，这就把电子出版物作为一种新的出版物纳入了出版行业进行管理，统一配发了国际标准书号（ISBN）。新闻出版署还对全国电子出版单位进行了清查、重新登记工作，首批批准了36家符合条件的电子出版物出版单位。1996年9～10月，国家对电子出版物市场进行整顿，严厉打击盗版，收缴了大量的盗版光盘。通过这些举措，我国电子出版物市场得到了净化，电子出版行业管理结束了90年代初期的无序状态，为全国电子出版业的发展铺平了道路。

2.2.3　我国电子出版业的转型时期

1998～2005年是我国电子出版业的转型期。这一时期，电子出版业保持了持续增长的态势，不过与1995～1997年全国电子出版业的倍速扩张相比，增长幅度相对趋缓。除出版品种和数量增长以外，这个阶段电子出版业的发展表现为以下四个方面：

（1）制作单位不断增加，1999年我国共有电子出版单位85家，只读光盘生产线154条；到2004年，电子出版单位增长到162家，只读光盘生产线464条。

（2）出版内容更为多样化，随着科技的发展和出版技术的进步，我国电子出版业逐渐摆脱初期对国外和港台产品的模仿，开发、创造、制作自己的产品，有特色的电子出版物越来越多，种类扩展到了文学、历史、地理、旅游、贸易、法律等各类光盘。

（3）电子出版技术全方位发展，在存储特性上，从原始的只读光盘发展到可写的CD-R、可重复写入的CD-RW等；从存储介质本身的改进上，由CD-ROM发展到DVD-ROM；从信息提供方式上，由封装型电子出版物发展至以数据库和网络为基础的电子网络出版物。

（4）多媒体创作屡创佳绩，先后有10种电子出版物在五届“莫必斯”多媒体光盘国际大奖赛中获奖。

与我国电子出版业出版品种数量持续增长、多媒体创作屡获大奖形成较大反差的是，电子出版物的销售状况并不理想。1998年以来，盗版活动日益猖獗，正版电子出版物市场不断萎缩。面对电子出版物热闹不热销的局面，各出版机构积极探索适合本单位的电子出版发展道路。如湖北教育出版社摸索出“重点产品，深度开发；同一题材，多媒并举”的路子。该社的畅销产品《走遍美国》，先后开发有图书、磁带、CD-ROM、VCD、DVD、MP3 等多种媒介形式。与此同时，一些出版社也开始注重增强制作电子出版物方面的自主权，加大了对电子出版的技术投入，从以往与电子出版物制作公司合作出版为主向以出版社自行策划或自行制作为主转变。

这一时期，我国电子出版业的行业管理更为规范和细化，各项管理工作有条不紊地陆续展开。新闻出版署和政府有关部门在加强对光盘复制企业管理的同时，也注意紧跟我国电子出版网络化的新动态，积极推动跨媒体经营，制定并完善了相关的法律法规。1997 年 12 月，新闻出版署发布了《电子出版物管理规定》，对电子出版物的制作、出版、复制、进口、发行等各个环节做出详细的规定，具有较强的针对性和可操作性。2001 年我国全面修订了《中华人民共和国著作权法》。2002 年 6 月，新闻出版总署、信息产业部联合发布了《互联网出版管理暂行规定》，从行政审批与监督管理、互联网出版机构的权利和义务等方面对新兴的互联网出版做出管理规定，使网络出版基本上实现了有法可依。1999 年，经中宣部批准，新闻出版署还设立国家电子出版物奖，每两年举办一次，作为全国电子出版物领域政府奖和最高奖。1998 年 3 月，国家新闻出版署还颁布了第一个电子出版业务年规划《“九五”国家重点电子出版物规划》。

1996～1998 年我国“扫黄”“打非”集中行动开展以来，扫黄、公安等部门相继查缴了 79 条非法光盘生产线，加上被关闭的 10 家光盘复制单位的生产线，当时国内已有相当数量的光盘生产设备处于闲置状态。针对这种情况，党中央、国务院决定在北京、上海、广东三地建立国家光盘基地，实现光盘复制生产集约化经营。一批规模较大、相对集中的光盘企业相继建成，产业布局结构有了明显改观。在调整光盘复制业结构的同时，我国还加大了对光盘复制企业的管理，2002 年 1 月，新闻出版署颁布了《可记录光盘（CD-R）产品外观标识》和《可记录光盘（CD-R）常规检测参数》，这不仅标志着我国光盘复制无标生产的结束，也是我国光盘生产企业进一步规范经营、与国际接轨的重要举措。

2.3 国家关于电子出版物的管理规定

1996 年 3 月新闻出版署颁布实施了《电子出版物管理暂行规定》，明确了电子出版物的性质，规定了电子出版物从制作、出版、复制到发行、销售、租赁的操作方式和管理措施，这就把电子出版物作为一种新的出版物纳入了出版行业进行管理。1997 年 12 月新闻出版署颁布了《电子出版物管理规定》，对电子出版物的制作、出版、复制、进口、发行等各个环节做出详细的规定，具有较强的针对性和可操作性。

2007 年 12 月 26 日，新闻出版总署以署长令的形式正式公布《电子出版物出版管理规定》，并于 2008 年 4 月 15 日起施行。这是自 2005 年 12 月 1 日《报纸出版管理规定》和《期刊出版管理规定》施行以来，新闻出版总署首次颁布新闻出版管理方面的规定，该规定将进一步完善出版管理体系。此次颁布的《电子出版物出版管理规定》（以下简称《规定》）共 9 章 63 条，相比 1997 年颁布的《电子出版物管理规定》，更加科学和符合实际，也加强了服务性。此外，关于电子出版物出版单位变更的事项，《规定》比旧规定更加宏观，事项也少了很多。

根据《规定》，对电子出版物的管理有几点需要注意的地方：

（1）国家对电子出版物的出版、复制、进口、发行实行许可证制度，而对从事电子出版物制作经营业务的单位实行备案制管理。实行许可证制度和实行备案制是两种不同要求的管理。首先是性质不同。行政许可是国家行政机关对不特定的一般人依法负有不作为义务的事项，在特定条件下，对特定对象解除禁令，允许他作为的行政活动。而备案仅仅是在国家行政机关进行了相关信息的提交，并没有通过许可。其次是作用不同。行政许可是得到了行政部门的允许；而备案仅仅是将信息进行了补充和完善。再次是申请要求方面。行政许可的要求很严格，需要通过资质的审查和审批才能完成；而备案相对来说宽松很多，只需要提供相关资料即可。最后是开展项目方面。收到行政许可之后，可以开展在许可范围内的所有项目；而备案所能开展的项目相对行政许可来说，要少很多。

（2）权限不同：出版单位可以自行制作，可以经批准许可引进，可以批发本单位的产品，但不能自行复制，不能批发其他出版单位的产品；而制作单位则只能自行制作或接受委托制作，不能出版、发行销售；复制单位只能复制，不能出版、发行；发行单位也只能做发行的工作。

2.4　电子出版物的编辑出版流程

电子出版物的编辑制作流程始自信息采集、选题策划、素材收集加工，直到可以据此批量复制的电子出版物原版盘制成。有些环节的内容和要求与图书编辑工作的相应环节相同，有些环节基本相似、略有差异。

2.4.1　选题策划

1. 选题策划需考虑的因素

既要考虑到市场需求、制作成本和销售方式，还要考虑到选题是否适宜多媒体的表现方式。只有表现方式丰富、交互性强、信息容量大的选题，才能充分发挥电子出版物的长处。

既要考虑到制作者的软、硬件设备条件以及人力资源和财力资源，也要兼顾计算机硬件升级的趋势和大多数用户的计算机运行环境。技术落后的产品会很快被市场淘汰；过度追求技术上的超前也不可取，因为这势必增加投入，延长开发时间，还会限制用户范围，造成销售困难。载体形式对选题也有影响。以软磁盘或集成电路卡为载体的电子出版物，其选题的内容信息量受载体的额定容量限制，不能过大。

2. 选题总体方案策划

总体方案策划包括：第一，模块和层次的编制，策划的结果用关系图来表示。关系图中应列出模块的数量、模块之间的关系、各模块中的层次、界面的类型和总数、各界面之间的联系、文件名的编制规律等，作为制作产品的重要依据。第二，多媒体设计，包括音频、视频的使用与规格，音频、视频的播放控制，动画使用的场合与形式（二维或三维），特种图文处理，图片格式与精度等。第三，交互性设计，主要是用户操作与结果反馈、鼠标移动与屏幕反应等。第四，链接设计，对模块之间、层次之间、各种媒体之间的交叉链接进行周密设计，有时还要建立屏幕显示内容与互联网资源的链接等。第五，功能设计，这是电子出版物策划的关键。需设计确定的功能有：内容灵活选择、文字检索、书签安放、注释、重点标注、测验计时、成绩记录、阅读过程跟踪、工具条提供、在线帮助、打印输出等。第六，数据库的应用，电子出版物需要对大量有规则的数据进行高效管理，以便快速、准确地查找与读取数据。第七，文件名的规范化编制，为了便于管理，文件名必须统一编制，以识别文件所属的模块、层次、群组和类型。第八，加密手段的选择确定，为了对出版物进行著作权保护，进行策划时需要选定可采取的技术保护手段。

2.4.2 准备素材

1. 素材收集

素材收集包括必要的文字作品、图片、照片、录像资料、录音资料、动画资料等。素材包含大量的文字，文字输入、校对的工作量很大，需及时做好安排。收集图片、照片、动画片段、录像和录音素材时，应尽可能利用已有的资料。解说词须专门编写和配音。凡是享有著作权保护的素材，都须获得著作权人的正式许可方可使用。一部电子出版物的素材资料要有专人妥善保存。

2. 素材审查

根据三审制的要求，对已经准备好的各种素材在政治性、思想性、科学性、知识性和艺术性等方面进行仔细审核，以保证电子出版物的质量。图书审稿的基本要求也适用于电子出版物的素材审查。审查中发现存在问题的素材，要及时更换其他同类素材，或者退请作者修改，或者由编辑修改后征得作者的认可。

3. 素材加工

一是文字的加工，输入并校对后的文字资料（包括可以利用的原计算机排版文件），往往要根据电子出版物的要求重新排列、分段和组合，并根据需要以相应的格式用不同的文件名存储。注意缺字补字的问题，通常要提供专门的挂接字库或者扩充字库。二是图片的加工，图片来源于照片、印刷图片、计算机制作的图形和已有的素材类电子出版物。照片和印刷图片需要扫描，一般以彩色 RGB 模式扫描。图片用 Photoshop、CorelDRAW 等图像处理软件编辑，将尺寸改变为实际使用的大小以后，压缩成 JPG 格式或 GIF 格式（16 位色彩，中、高等精度）保存，使图片文件占用空间小，读取速度快。尺寸很小的图标一般使用 BMP 格式，显示较清晰。三是音频资料的加工，常用的声音材料包括解说旁白、背景音乐、提示声响等。音频资料一般由以录音机获得的模拟数据经数字化转换和编辑而成。常用的音频编辑工具为 Windows Media Encoder 等。数字化音效的质量，与采样频率、采样位数和通道数等因素有关。音频文件的格式主要有 WAV、MIDI 和 WMA 等。新的多媒体制作软件都支持音质较好而压缩比很大的 MP3 格式。四是视频资料的加工，视频资料的来源有两种：一种是相当于电视信号的录像带，提供模拟信号；另一种是数字式视频文件，来自互联网或者数字式视频记录设备。模拟信号的数字化要经过取样、量化和编码三个步骤，需要配置视频捕捉卡。视频编辑工具主要有 Premiere 和 Adobe Media Encoder。视频文件的格式主要有 AVI、MPEG、MOV 和 WMV 等。视频文件的大小与基色数（黑白/彩色）、色梯级数和窗口大小有关。二维动画制作一般使用 Macromedia 公司的 Flash 软件，文件存储为 SWF 格式或 GIF 格式。SWF 格式文件中声音的录制使用 WAV 格式，用 MP3 格式压缩。三维动画制作则常用 3D Max 软件，动画文件有 AVI 和 MAX 等多种格式可选。

2.4.3　设计界面

界面是选题风格的体现，是多媒体表演的舞台，是互动性阅读时环境与指示内容之间相互关联的工作面板。组成界面包括：背景图像、文字、选单（也称“菜单”）、图标等。需要做到风格与选题内容一致，元素成套化，模块层次系列化和体现界面友好性。

2.4.4　编辑集成

根据项目的功能要求，选择适合本项目的工具软件。根据关系图，先创建模块和各模块中的层次结构，就像为一棵光杆树扎上大小枝条；然后将各种素材放入相应的层次，就像在枝条上挂叶子、花朵。根据关系图和设计要求，创建播放、检索、标注、超链接、测验、计分、计时、打印等功能。进行试运行，监测编程的效果并作必要的修正。通过检测之后编制“安装程序”，以便用户安装。

2.4.5 检测质量

质量检测首先是检查文字、图片、声音、动画、影视是否正确，然后进行下列六个环节的工作：

（1）检测交互性，如产品对鼠标动作、用户操作的反应和效果是否符合预定的设计目标。

（2）检测各种功能，如超链接、文字检索、书签安放、标注、计时、计分、阅读过程跟踪、打印等功能可否实现，容错功能是否完善等。

（3）检测数据库，如数据的调用和存储是否准确、顺利。

（4）测试运行环境，电子出版物根据内容的不同，对计算机的软、硬件配置有不同的要求，测试需要根据当前大多数用户的计算机配置，用不同配置的多台计算机进行测试。

（5）检测与杀灭病毒，在正式发稿前，对电子出版物要进行一次彻底的病毒查杀，防止将病毒带给用户。

（6）用户测试，批量复制前测试，应由专门的部门负责，为了广泛地收集意见，通常将产品测试版复制多份，向相关组织和人员散发，限时反馈意见。

2.4.6 审核发稿

按三审制的要求，需对电子出版物整体状况再次进行审核。责任编辑在进行质量检测时，实际上已经同时做了初审工作，可写出审稿意见报请复审和终审。复审者和终审者经过审核后，如认为还有必要修改，责任编辑要及时安排修改。经过修改后的有关材料，还须再次报请复审和终审。在终审批准后，责任编辑方可安排发稿。

完整的资料（包括内容文件包、安装程序和授权文件）要存入 CD-R。刻盘要选用优质 CD-R，刻 2 或 3 张，用于发稿和备份。刻录好的 CD-R 表面用柔软的标记笔写上名称和日期后，便可作为该电子出版物的原版发往复制单位。用于发稿的必须是经过检测和修正的最新版本。CD-ROM 的复制与其表面印刷是同时进行的，发稿时通常都带有光盘表面印刷用的分色胶片。

2.4.7 引进出版电子出版物的编辑工作要求

首先是选题的选择，选择引进要遵循这样一些原则：内容必须符合《出版管理条例》第二十六、二十七条的规定；有知识性、科学性或娱乐性；技术上有先进性，并考虑到广大用户当前和未来的软、硬件配置情况；国家规定的必备文件齐全；版税额及支付方式符合本出版单位的支付能力。

其次在内容审核上要有这样一些注意事项：一是审查隐含文件，与主题无关的隐含文件有的是制作过程中的原始文件的残余，有的是故意嵌入的存在重大政治问题或会产生负面社会影响的资料。它们游离在主题之外，甚至自成体系，十分隐蔽。必须了解电子出版物的框架结构，在计算机屏幕上逐层展开树状目录，通过多种路径反复审核所有文件，以免遗漏。二是要求提供全部文字脚本：要求对方除了提供源代码之外，同时提供全部文字脚本（包括配音和附件的文本资料），以便于审核。

再次要关注汉化及其质量管理，对其进行整体分析和策划；对文字进行翻译；对界面、选单和图标进行汉化；对配音进行汉化；然后是编辑集成；最后是对汉化质量检测，检测的设备必须是没有参与过制作的计算机，检测应该由多名检测员在多台配置不同的机器上进行。

2.5 电子出版物的质量管理

2.5.1 电子出版物的包装

1. 包装方式

电子出版物的包装方式分为精装和简装。精装也就是纸盒包装。简装有两种，一种是塑料袋包装，一种是纸袋包装。简装形式常用于与硬件捆绑销售或附随纸质图书同时出版销售的电子出版物。

2. 包装设计内容

包装设计内容包括以下几个方面：光盘表面的印刷内容设计，塑料盒封面和封底设计，说明书设计，纸袋设计，外包装盒设计。包装设计既要有好的艺术创意，还要兼顾电子出版物的界面风格。光盘表面、盒面和外包装盒必须印有电子出版物的名称、出版单位名称、出版日期、著作权人姓名、制作单位名称和中国标准书号。盒底和外包装盒除了必须印上与光盘表面相同的标志性内容外，还需要印有条码。可在塑料盒封面或封底加上全息防伪标志。外包装盒最常见的是厚卡纸纸盒，也有将铜版纸印刷后套在通用的白色细瓦楞纸盒外面的。说明书一般设计为插入包装盒内的小册子，说明电子出版物安装、使用的方法以及对计算机配置的要求等。对说明书彩色封面、插图和内文版式的设计，如同对小型图书的设计。纸袋设计上一般用卡纸制作，带有插入式的翻盖。

2.5.2 电子出版物的外观标识

所谓外观标识(visual identification)，是指电子出版物外观上用于标示其属性的信息。

外观标识信息包括外装帧面上的信息和媒体标识面上的信息。外装帧面上的信息包括一般属性信息和特殊属性信息。一般属性信息包括：出版物名称、出版者名称、出版者地址、邮政编码、注册商标或出版者标识、著作权人及其有关事项、主要负责者及责任方式、出版时间、中国标准书号或中国标准连续出版物号、中国标准书号或中国标准连续出版物号条码、连续型电子出版物的刊期、内容简介或说明；配合图书、期刊出版的电子出版物，应标示所配图书、期刊名称、主要附件名称及数量；以著作权贸易方式或经著作权人授权引进出版的电子出版物，应标示著作权合同登记号。特殊属性信息包括：①媒体形态，媒体形态标识可使用中文名称、简称或英文缩写，文字规范参照表 2-1；②使用条件，使用该电子出版物所需的硬件、软件配置；③用户服务电话号码、因特网网址或电子信箱。

表 2-1 电子出版物使用条件标识

名称	简称	英文缩写
只读存储光盘	只读光盘	CD-ROM
数字通用只读存储光盘	通用只读光盘	DVD-ROM
计算机软磁盘	软盘	FD
集成电路只读存储器	集成电路卡（IC 卡）	IC card
计算机数据带		CRT

外装帧面正面应至少标示以下 5 项内容的信息：一般属性信息中的出版物名称、出版者名称、注册商标或出版者标识、连续型电子出版物的刊期，以及特殊属性中的①媒体形态。外装帧面背面下部应至少标示以下 6 项内容的信息：一般属性信息中的出版者名称、出版者地址、邮政编码、出版时间、中国标准书号或中国标准连续出版物号、中国标准书号或中国标准连续出版物号条码，以及特殊属性中的③用户服务电话号码、因特网网址或电子信箱。当电子出版物外包装盒厚度大于 9mm 时，应在封脊处标示以下 2 项内容的信息：一般属性中的出版物名称，特殊属性中的①媒体形态。未规定标示位置的信息，可在外装帧面任意适当位置标示。

媒体标识面上的信息包括一般属性信息和特殊属性信息。电子出版物的媒体标识面应标示以下一般属性信息：出版物名称、出版者名称、注册商标或出版者标识、著作权人、中国标准书号或中国标准连续出版物号；连续型电子出版物的期刊、成套电子出版物，应标明该媒体在本套电子出版物中的序号。电子出版物的媒体标识应标示以下特殊属性信息：①媒体形态，媒体形态标识可使用中文名称、简称或英文缩写，文字规范参照表 2-1；②安全警示，如存在因使用者操作不当而发生软硬件毁损的可能性，须标有安全使用警告标识。

2.5.3 电子出版物的质量检测和检查

电子出版物在批量复制前，必须进行全面的质量检测。首先是检查文字、图片、声音、动画、影视是否正确，其次检测交互性、各种功能、数据库；再次测试运行环境；检测与杀灭病毒；最后在复制前进行用户测试。

但在实际出版过程中难以真正实现“三审三校”制，电子出版物的多媒体性，使其审校工作比图书审校更为复杂。我国从事电子出版物制作的单位大多规模小，投资有限，没有太多的人力用于出版物的多次专门审查，也没有形成一整套科学有效的管理体系，有的素材、资料在合成前也没有认真审核，产品质量无法得到保证。

国家新闻出版署每年对全国出版的电子出版物进行专项质量检查，重点检查四个方面：第一是内容质量方面，检查内容是否符合国家有关出版规定，特别要检查涉及重大选题的出版物是否履行了备案手续，是否含有低俗色情内容，是否含有恐怖、暴力等不适合未成年人的内容等；第二是编校质量方面，重点检查教育类和少儿类制品的编校质量；第三是封面及包装方面，检查封面或包装与内容是否一致，各种标识是否规范，是否存在为迎合消费者而夸大或虚假的宣传内容；第四是技术质量方面，检查录制、制作质量。

虽然国家新闻出版署每年有专项质量检查，但对电子出版物所应达到的技术要求、等级、包装要求、制作出版标准、复制标准、检测规则及售后服务等没有相应的基本规定，产品质量缺乏严格的要求通则，易造成电子出版物的粗制滥造。《电子出版物出版管理规定》里只有关于制作出版含有《出版管理条例》第二十五条、二十六条、二十七条禁止内容的电子出版物的处罚措施。另外对电子出版物的外包装要求有一个国家推荐标准，见 2.5.1 节和 2.5.2 节，但对于什么是质量合格什么是质量不合格的电子出版物没有明确的衡量标准。国家新闻出版署为提高音像电子网络出版内容质量，于 2007 年出台了《关于加强音像制品、电子出版物和网络出版物审读工作的通知》。

对市场销售的电子出版物只能通过包装盒上的内容介绍监督检查，而且电子出版物只有在播放时才能知道其具体的内容，这就给查处含有侵权、淫秽、色情、反动等内容的有害电子出版物带来不便，增加了市场监管的难度。

2.5.4　电子出版物的评奖

国家通过设立电子出版物的奖项来促使电子出版物出精品，从而提升电子出版物的质量。和电子出版物相关的奖项有以下几项。

（1）国家电子出版物奖：创立于 1999 年 6 月，作为全国电子出版物领域的政府奖，每两年评选一次。

（2）中国出版政府奖：其中设音像制品、电子出版物、网络出版物奖，于 2007 年 9 月创立，每三年评选一次。

（3）中华杯多媒体作品大奖赛：该奖最初是作为莫必斯多媒体光盘国际大奖赛的中国赛区选拔赛举办。后来为弘扬中华文化，共创数码辉煌，经各国评委商议，从 2001 年起，将原莫必斯多媒体光盘国际大奖赛中国赛区预选赛定名为中华杯多媒体作品大奖赛，由中国出版工作者协会主办，中国版协电子出版研究会承办，创办时间为 2001 年。

（4）中华优秀出版物奖：下设音像、电子和优秀出版物奖，是由中国出版工作者协会主办的出版物奖，每两年评选一次，首届于 2006 年举办。

（5）莫必斯多媒体光盘国际大奖赛：1992年由法国发起举办，得到联合国教科文组织的指导和法国高等教育、青年、工业、邮政、电信和外贸等政府部门的支持。该大奖赛的特点是非商业性，旨在推动多媒体技术和世界文化的交流与发展，注重鼓励作品的新选题、新创意、新技术，同时也重视作品的艺术性、民族性。我国多次参加比赛，并多次获得奖项。如1997年《故宫》荣获评委特别奖，1998年《颐和园》荣获文化奖，2000年《四库全书》获文化鼓励奖等。2001年第九届莫必斯多媒体光盘国际大奖赛在我国北京举行，《中国皮影戏》获大奖，《国粹——京剧》获文化奖。

2.6 电子出版物的营销管理

2.6.1 国内销售渠道

国内的电子出版物的销售渠道主要有以下几种形式：

（1）建立独立销售机构：例如原来的北京希望电子出版公司依靠自己产品多、用户广的优势，在全国各地设立了100多家分销公司，直接销售产品。如果出版社或制作公司的产品和实力达不到建立独立分销网点的程度，会采取开设专营柜台的方式来进行销售。

（2）新华书店和外文书店的国有渠道发行销售：全国各地比较大的新华书店都设立电子音像出版物批销中心，与所属的基层书店实行连锁销售。新华书店是国内图书发行的主渠道，它有巨大的无形资产和极高的市场信誉，有大规模经营的经济实力和服务经验，网点密布城乡，堪称世界最大的连锁销售组织，比较重视电子出版物的市场发展。但从总体规模和业务操作能力方面看，还不能满足电子出版物的市场营销需要。

（3）电脑公司随机配售：这是电子出版物与生俱来的销售方式。电脑公司既有一般性推荐、赠送现成的产品的销售方式，又有通过购买版权复制产品的捆绑销售方式。

（4）专业软件销售组织：由于联邦、赛乐士、正普等软件销售公司的成功运作，专业软件销售组织成为国内电子出版物销售的主导。它们在经营管理上主要采取连锁销售的方式，在国内开设多家分销店，这些分销店主要由加盟和直营两种形式构成。

（5）网上销售：伴随着网络的兴起和电子商务的发展，通过网上宣传、网下送货等方式销售电子出版物，受到了人们的欢迎。如当当网、京东等都会在网上开设音像电子出版物专区来进行售卖。

（6）大型超市：在大型超市里通常会开辟出一块专区售卖音像和电子出版物。

（7）盗版黑市交易：在黑市交易的产品多数是盗版电子出版物，对正规的电子出版物市场销售造成了巨大的冲击。盗版产品的黑市交易违反了我国有关的法律法规，严重破坏了电子出版物市场的正常销售秩序，是重点打击和取缔的对象。

2.6.2　国外销售渠道

国外的电子出版物的销售渠道主要有以下几种形式：一是图书发行渠道，和传统的纸质书一样发行，与我国图书发行渠道比较接近，在书店里进行售卖。国外能进入这类销售渠道的电子出版物也能得到不俗的销售业绩。二是软件连锁营销组织，类似国内的专业软件销售组织。但国外的软件连锁营销组织对电子出版物的质量要求很严，没有一定制作质量或广告营销实力的制作厂商很难使产品进入这类连锁组织。三是百货超市，发达国家的大型超市中通常会辟出一隅之地以供家庭主妇购买适宜家用的电子出版物。进入这一类市场销售的电子出版物多为家庭教育类、家政类、娱乐游戏类产品。四是电脑公司、游戏机商店等，在这些地方销售的电子出版物的规模不能与当地的图书报刊和音像制品商店相比。五是网络销售，同国内一样，如在亚马逊等网站上会有音像电子出版物专区进行售卖。

2.6.3　营销模式的新发展

电子出版物发展至今，销售情况很不理想，上述的国内销售渠道大多已经萎缩，无论是在书店还是在超市或是在网络上，已经难觅电子出版物的身影，在电子音像出版物专区里，几乎只能看到音像出版物。造成这种情况的原因主要有两方面：一是盗版电子出版物的猖獗严重破坏了电子出版物市场的正常销售秩序。盗版现象愈演愈烈，正版产品无论是在价格、销售体系、销售品种还是销售时间上都处于劣势，致使电子出版的基本利益无法得到保证，缺乏扩大再生产的物质积累和利益驱动，正版产品的品种和产量上不去，价格也下不来，而电子出版物消费者的“品位”却越来越高。同时我国在 20 世纪 90 年代末到 21 世纪初，对电子出版物版权保护的法律法规还不健全，技术保护、行政保护和社会保护不到位，处罚力度也达不到震慑盗版者的目的。二是在 21 世纪初网络出版的发展使人们可以方便地从网络中获取各种所需的内容，因此对于电子出版物的需求逐渐下降。

对于电子出版物未来的发展，可以有以下几种新的发展模式：

（1）同一内容，多种载体形式。国内外的出版社越来越重视出版资源的综合利用和多种载体的配套开发，图书与音像、电子出版物配套出版越来越多，这种方式可以节省成本，有利于降低价格，减少被盗版的风险。

（2）薄利多销。市场不仅要求电子出版物物美实用，还要求电子出版物价格低廉。低价格的电子出版物符合中低收入者的购买力，可以成为普通的文化消费品，并且可以有效地抵抗盗版的侵略。

（3）内容结构的转型。在网络出版以及如今数字出版的发展浪潮下，人们对于电子出版物这种形式的出版物的需求已发生了极大的转变。现在很多数字出版物的内容和形式已经可以完全替代电子出版物，比如现在手机和平板电脑上的 App

（Application）可以说是电子出版物的升级换代版，它完美地囊括了电子出版物的所有功能，在载体形式上也不需要再以光盘的形式呈现，可以给用户带来更好的体验。因此电子出版物只有与时俱进地做到内容与形式的转型，才能寻求更好的发展。

第3章 电子多媒体出版物的行业管理

采用行业管理的方式对电子多媒体出版物进行管理是一种有效的方式，世界各国都在研究电子多媒体出版物的发展及其行业的有效管理，采取一系列诸如行业组织、业界自律等管理措施。本章从电子多媒体出版物行业管理的含义和作用出发，总结了现有的电子多媒体出版物的行业组织，并阐述了电子多媒体出版物的人才资质规范和电子多媒体出版物出版单位的申办规范。

3.1 电子多媒体出版物行业管理的含义及其作用

行业管理就是按照行业规划、行业组织、行业协调以及行业沟通形成的一种行业管理体制，是介于国家宏观管理和企业微观管理层面的一种中观管理活动。一般意义上的行业管理，仅指通过行业协会来统一规划、协调、指导、沟通各同行企业的生产经营活动的管理活动。行业协会是电子多媒体出版物管理的主体之一，要对电子多媒体出版物进行有效管理，行业协会的作用是至关重要的。广义的行业管理其实也包含了国家政府机构通过制定各项法律法规和政策来对电子多媒体出版行业的人才进行培养、对电子多媒体出版行业的单位进行管理等，并制定各种财政、金融政策来确定各行业，尤其是重点行业的发展方向和目标，从而实现对各行业的规划、协调和指导。因而，行业管理也就成为电子多媒体出版物管理的基本内容。这就要求我们在对电子多媒体出版物进行管理的过程中，应强化行业管理的比重。

电子多媒体出版物产业中的行业管理活动主要包括：一是沟通政府与电子多媒体出版企业间的联系，密切同行间及其他行业间的交流、沟通，进行经验、信息分享。二是向协会内部成员提供各种电子多媒体出版物发展动态信息，并提供相关业务的咨询服务。三是在制定法律法规、政策、行业标准等方面积极向政府反映行业意见，并协助制定及实施。四是帮助电子多媒体出版企业培训适应产业发展需要的专门人才。五是制定行业自律准则，比如《手机媒体自律公约》。六是代表行业参与国际交流等。

依据行业管理在产业管理中发挥作用的程度不同，世界各国的行业管理可以分为三种模式。一是以美国为代表的充分注重行业协会在协调同行企业生产经营活动中的作用的模式。这种模式旨在淡化政府的管理色彩，以市场调节为主，充分发挥行业组织的协调、指导、沟通作用。二是以日本为代表的行业协会与政府协调合作的模式。这种行业管理模式既注重发挥行业协会协调、沟通的管理功能，又保留政府在行业宏观调控方面的一些职能，行业协会和政府协调合作、相互作用，共同对产业实行管理。三是由政府承担行业管理职能的模式。在此种模式下，行业协会的作用微弱，甚至行业协会附属于政府管理机构，无论在身份还是地位上都没有完全独立。

行业管理是行业自身进行自律与自我管理的体现，是电子多媒体出版物管理的重要内容。行业协会强调在企业独立自主经营的条件下，为企业提供指导、协调、沟通等服务，是企业与政府沟通的桥梁。许多国家都注重行业协会在电子多媒体出版物管理中的作用。英国网络出版协会（Association of Online Publishers，AOP）长期关注在线出版的各个领域，比如内容付费、在线订购模式、数据安全和保护、版权与内容管理、新技术、受众调查等，并对其会员进行相关指导，在行业发展、政府沟通等方面发挥了积极作用。法国全国出版协会积极为其会员提供各种各样的业务交流与信息共享的平台和机会，其曾在巴黎图书沙龙期间组织了一次名为“图书沙龙与电子书”的活动，会员企业共同探讨电子书出版，分享各自的信息与经验，通过这一方式来提高会员企业电子书出版运作能力，以推动法国电子书出版产业的发展。在我国，人民网曾发起倡议签订《手机媒体自律公约》，得到了十多家媒体的响应并现场签订，这说明我国电子多媒体出版行业内行业自律和自我管理取得一定进展。但是，总体来看，我国电子多媒体出版物行业管理水平与发达国家仍存在较大差距，我国电子多媒体出版物行业管理建设依然任重道远。

3.2 电子多媒体出版物的行业组织

近几年来，除传统出版企业纷纷开展数字出版业务外，众多民营新媒体公司、技术开发商、渠道运营商和终端提供商也都积极进入数字出版领域，彼此间的合作日益广泛，融合度日趋加深。这一方面发展和繁荣了电子多媒体出版行业，另一方面也给稳定产品质量、遵守行业规则、恪守职业操守、维护市场秩序提出了层出不穷的新挑战。面对这种情况，除政府部门要改善管理、加强引导外，行业协会和行业联盟等中介组织如能在其中发挥独特的作用，将有助于化解许多无须政府管理部门出面就可以解决的矛盾和问题。行业中介组织在产业管理中具有十分重要的位置和作用，也是电子多媒体出版行业重要的管理主体。以下是几个我国电子多媒体出版行业领域已经成立的行业协会和行业联盟等中介组织。

1. 中国音像与数字出版协会

电子多媒体出版领域尚未建立全国性、综合性的行业中介组织，针对这种情况，2012年，新闻出版总署党组经过研究，决定利用换届机会，在中国音像协会基础上改组建立中国音像与数字出版协会。这主要出于三方面考虑：一是音像电子出版业已率先进入转型期，中国音像协会本身也需要顺应趋势，对自身的功能、作用适时进行调整。二是采取适度改组方式，可避免申请成立新的全国性协会，程序相对简单，有助于获得国家主管部门的认可。同时中国音像与数字出版协会仍为国家一级协会，可以保持其权威性和影响力。三是可以有效利用中国音像协会多年积累的资源，以较少的成本，做较多的事情。关于新协会二级机构的设置，目前初步确定的原则是，做加法，不做减法。即原音像协会的二级机构，由音像协会征求总署相关职能部门意见后确定调整方案。数字出版方面的二级机构，则根据产业发展实际进行设置，成熟一个设置一个。关于协会的会员，主要由两部分组成：一部分是传统出版企业已经成立的具有独立法人主体资格、专事数字出版业务的数字出版公司（避免与中国出版协会的会员单位重合）；另一部分将吸收具有一定规模和影响力的民营新媒体企业和产业链其他环节企业。2013 年 3 月，经新闻出版总署和民政部批准更名为中国音像与数字出版协会。该协会的宗旨和主要职能有：执行党和国家对音像与数字出版业的法律法规及各项政策，致力于维护本会会员的合法权益，促进国内、国际行业交流，为繁荣和发展音像与数字出版业做贡献。组织全国性音像与数字出版物的评奖活动，受政府委托或根据市场和行业发展需要，承办或组织全国性音像与数字出版物的展销活动；举办音像与数字出版业的交流和学术活动；开展与海外同行业及相关国际组织的合作，参加有关国际交流活动；承办政府部门委托的事项等。

2. 中国版协游戏出版物工作委员会

21 世纪初，我国游戏产业迅速发展，其社会价值和经济价值开始受到社会各界的关注。同时，作为新兴产业，游戏产业的发展也存在一些亟须妥善解决的问题，如缺少合理的行业规范，缺少完善的产业标准，缺少健全的市场机制等。特别是盗版、私服、外挂等现象的存在，造成了许多负面影响，引起了社会的批评，严重损害了游戏产业的形象。为了改善游戏产业状况，规范游戏出版物市场，消除产业发展中的不良因素，使游戏产业更加健康和繁荣地发展，中国出版工作者协会适时提出组建游戏工作委员会（以下简称“游戏工委”），并于 2002 年年底开始组建工作。2003 年 3 月，游戏工委筹备组成立。2003 年 7 月，在新闻出版总署的大力支持下，经过 4 个月的积极准备，经国家民政部备案，游戏工委正式成立。游戏工委的建立，在协助政府开展游戏行业管理、帮助企业开拓游戏市场、加强企业间的联系和合作、改善和健全游戏出版业的内外部环境、加强与海外同行的交流和合作、树立游戏产业的正面形象、维护游戏出版经营企业的合法权益、建设优良游戏产业发展环境等方面发挥了积极作用。游戏工委会员已涵盖整个游戏产业链，包括国内主要的游戏出版商、开发商、运营商、渠道商、专业媒体等。

3. 中国编辑学会电子网络编辑专业委员会

在新闻出版主管部门的指导下，中国编辑学会电子网络编辑专业委员会于 2003 年 10 月在武汉成立。中国编辑学会电子网络编辑专业委员会围绕我国数字传媒的发展、学术研究和学科建设，就数字出版、数字版权管理、网络编辑等方面组织了多次专题研讨会，构建了一个有效的交流平台，推动了电子网络编辑业务向纵深发展。该委员会的宗旨是组织会员开展多媒体与网络编辑、传媒信息化建设及应用、网络文化与数字内容产业、网络信息管理、大数据与知识服务、语义理解与传媒智能化等领域的交流和研究，关注并跟踪互联网应用与数字内容领域的新技术、新业态和新发展，促进新闻出版与信息传播学科的发展，促进数字网络编辑的专业教育和人才培养。

4. 中国互联网协会

中国互联网协会成立于 2001 年 5 月 25 日，由国内网络运营商、服务提供商、设备制造商、系统集成商以及科研、教育机构等 70 多家互联网从业者共同发起成立，是由中国互联网行业及与互联网相关的企事业单位自愿结成的行业性的全国性的非营利性的社会组织。主要任务有团结互联网行业相关企业、事业单位和社会团体，向政府主管部门反映会员和业界的愿望及合理要求；制订并实施互联网行业规范和自律公约，协调会员之间的关系，维护行业整体利益和用户权益，促进行业服务质量的提高；开展我国互联网行业发展状况的调查与研究工作，促进互联网的发展和普及应用；组织开展有益于互联网发展的研讨、论坛等活动，促进互联网行业内的交流与合作等。组织机构主要有互联网应用创新工作委员会、网络与信息安全工作委员会、网络版权工作委员会、移动互联网工作委员会等。

5. 全国新闻出版单位数字出版部门主任联盟

当前是数字出版产业的高速发展期，更是传统出版业升级转型的关键时期。传统新闻出版单位数字出版部主任工作在数字出版战线前沿，了解数字出版发展情况，实践积累较多，是数字出版战线的骨干力量并发挥着重要的作用。为培养整合新闻出版单位数字出版部主任这一支重要队伍和重要力量，加强全国新闻出版单位间的交流合作和全国新闻出版单位数字出版部主任间的工作联系，创造融合发展、信息全面的发展环境，建立数字出版人才之间深度交流、思想碰撞、取长补短、互通有无、共同进步、共同发展的工作平台，从数字出版基层推进数字出版发展，2012 年 3 月 14 日至 16 日，中国新闻出版研究院承办的全国新闻出版单位数字出版部主任工作交流会议于北京举行。会议期间，全国新闻出版单位数字出版部门主任联盟宣告成立。其宗旨是建立全国新闻出版单位数字出版业务部门负责人工作发展平台，为会员工作创造条件、提供便利，以联盟的形式促进会员间的信息交流和思想碰撞，整合资源、共谋发展。联盟首批成员接近 100 位。

6. 广东数字出版产业联合会

为顺应广东数字出版产业快速发展要求和业界的迫切需求，率先探索建立数字出版“跨地区、跨行业、跨媒体、跨所有制”战略合作机制，广东新闻出版业于 2010 年 2 月 3 日成立了广东数字出版产业联合会，这是国内首个具有独立法人资格的数字出版社团组织。截至 2019 年 5 月，已有 118 家成员单位，包括广东省各大报业、期刊、出版、广电影视等媒体集团，图书、报纸、期刊、音像电子、互联网等出版单位，网游动漫企业，数字出版技术研发和运营企业，院校教学科研机构等国营和民营单位。联合会秉承“加强交流、促进创新、积极探索、互利共赢”的宗旨，通过数字出版产、学、研各环节间的深度融合和资源共享，打通产业链条，集聚上中下游，合力打造网络时代文化生产与传播新业态，已成为加快转变经济发展方式、建设“数字广东”和文化强省的主力军。

7. 上海市电子书产业发展联盟

2010 年 6 月 11 日，在上海市经济和信息化委员会、上海市新闻出版局的指导下，经由上海市信息服务业行业协会和上海市出版工作者协会联合发起，具有行业影响力的企业、组织、机构及其他相关单位自愿参加的非营利性的联合体上海市电子书产业发展联盟正式成立。该联盟的宗旨是通过建立联盟会员间的信息共享平台、协助解决联盟企业和行业发展中遇到的问题、提出促进上海市电子书产业发展的建设性意见等，共同促进上海电子书产业的发展。

8. 上海市电子书包企业联盟

2011 年 11 月 8 日，在上海市教育委员会、上海市新闻出版局、上海市虹口区人民政府的指导与支持下，上海市电子书包企业联盟正式成立，首次参与联盟的企业有 10 家，上海外语教育出版社被推举为理事长单位。联盟的宗旨是促进会员企业的合作与交流，推动电子书包产业的发展。这是顺应电子书包作为数字出版产业未来发展的战略重点，以及上海虹口区电子书包项目试点、国家数字出版基地虹口园区电子书包项目的发展需要而建立的，将会对我国电子书包的发展起到积极的促进作用。

3.3　电子多媒体出版物人才资质

人力资源是第一资源，电子多媒体出版物技术人员是我国数字传播业的中坚和骨干力量。为了确保正常的电子多媒体出版经营活动不断发展和提高，电子多媒体出版行业需要有充沛的人力资源，甚至比一定的资金、设备和场所更为重要。电子多媒体出版单位的人力资源包括各方面的专业技术人员，如经营管理、技术、财会、情报资料等方面的专业技术人员，而直接参与数字信息资源内容生产的专业技术人员，则是电子多媒体出版领域中最具有行业专业特色的人力资源。

2015 年年底，北京市人力资源和社会保障局、北京市新闻出版广电局印发了《北京市新闻系列（数字编辑）专业技术资格评价试行办法》，推进数字出版技术人员职业资格制度建设。根据北京市人力资源和社会保障局、北京市新闻出版广电局的规定，数字编辑技术人员是指：在数字图书、数字报纸、数字期刊、网络原创文学、网络教育出版物、网络地图、数字音乐、网络动漫、网络游戏、数据库出版物、手机出版物（彩信、彩铃、手机报纸、手机期刊、手机小说、手机游戏）等单位，利用高新数字技术手段，从事数字信息资源传播的内容的筛选复制、组织整理、策划加工、审读把关、提升和优化的编辑、校对工作的专业技术人员。

3.3.1 电子多媒体出版技术人员职业资格

2017 年出版专业高级职称评审工作中，将数字副编审、数字编审明确列入其中，从全国层面上，为数字出版的正副高职称评审建立了通道。

北京市数字编辑技术人员职业资格，是依据国家有关政策，对新闻出版系列数字出版从业人员从事专业技术工作所必备的素质和能力的认定，分为初级资格、中级资格、高级资格三个级别。

初级资格是可以从事数字专业技术工作的“入门”条件。凡取得初级资格者，可以参照《出版专业人员职务试行条例》有关规定，受聘担任助理编辑（助理技术编辑或二级校对）职务。

中级资格是数字出版一些重要岗位工作的必备条件。凡取得中级资格的专业技术人员，可以参照《出版专业人员职务试行条例》有关规定，受聘担任编辑（技术编辑或一级校对）职务，并担任数字专业的责任编辑（责任校对）。新进入数字信息资源传播单位担任负责人和总编辑（副总编辑）或主编（副主编）职务的人员，除应具备国家规定的任职条件外，还必须具有中级以上（含中级）数字出版职业资格。

北京市实行初、中级数字编辑职业资格考试，并通过以考代评的方式取得专业技术职务资格。对高级数字出版职业资格采取综合评价评审制度，经过专家评委会评审的办法评定高级数字出版技术职务任职资格。申报高级数字出版职业资格时，必须取得低一级相应的数字出版职业资格。

北京市数字编辑技术人员职业资格管理规定：凡新参加工作并进入数字信息资源传播单位从事数字出版技术工作的高等院校应届毕业生，应当在进入数字信息资源传播单位后的下一年度内通过数字出版职业资格考试。新调入数字信息资源传播单位的在职非数字专业技术人员，要在调入后的下一年度内通过规定级别的数字出版职业资格考试，否则，不能从事相应的数字出版技术工作。

3.3.2　电子多媒体出版领导岗位持证上岗

国家对新闻出版广电行业的领导岗位实行持证上岗制度。按照国家新闻出版署的相关规定，图书、报纸、期刊、音像、电子和互联网出版机构的社长（总经理）和总编辑（包括副职），以及法定代表人或主要负责人均须持有《岗位培训合格证书》。

上述电子多媒体出版单位领导人员，无论是在职的还是拟任职的，都要在当年内或任职后半年内按规定参加由国家新闻出版署和各省级新闻出版广电局组织或指定培训机构举办的相应的岗位培训班，学完规定的全部课程，并经考试、考核合格，方可获得《岗位培训合格证书》。各个岗位的规范内容和培训要求，由新闻出版广电总局统一规定。

《岗位培训合格证书》由国家新闻出版署统一印制并加盖印章，分别由国家新闻出版署和各省级新闻出版广电局指定的培训机构颁发，在全国新闻出版广电行业有效。该证书的有效期为五年。持证人要在有效期满后的第一年内再参加培训，重新取得《岗位培训合格证书》。持证人调离原单位但不改变任职岗位性质的，其证书继续有效。脱离原岗位工作并改变岗位性质不超过三年的，回原岗位工作时其证书要经新闻出版广电行政机关核验方可有效；改变岗位性质时间超过三年的，其证书自行失效。

电子多媒体出版单位领导持证上岗率列入单位年检内容，达不到一定要求的，年检主管机关将视不同情况给予警告或暂缓登记。被警告或暂缓登记的单位，要在年检主管机关规定的时间内使持证上岗率达到要求。

3.4　电子多媒体出版物出版单位申办

根据《出版管理条例》、《电子出版物出版管理规定》和《网络出版服务管理规定》，电子多媒体出版单位包括电子音像出版物出版社、互联网出版机构诸如数字化报社、数字化期刊社、电子图书出版社等各种数字化终端产品的出版单位，或者不是法人单位的数字阅读终端产品编辑部、数字媒体制作公司等。

3.4.1　审批制

对于电子多媒体出版物出版单位的设立，目前基本采用类似传统出版单位申办的审批制，即设立电子多媒体出版物出版单位需经国务院出版行政主管部门审批许可，取得《电子出版物出版许可证》或《网络出版服务许可证》。国家规定，数字报纸、数字期刊、电子图书、电子出版物和互联网出版物等应当由电子多媒体出版单位出版，还规定了设立机构应当具备的条件和申请、审批、登记等的程序，并对未经批准擅自设立电子多媒体出版单位或者擅自从事电子多媒体出版的业务，以及假冒电子多媒体出版单位名称或伪造、假冒数字报纸、数字期刊名称出版产品的行为规定了具体的处罚办法。

审批设立电子多媒体出版单位的原则，除依照规定条件外，还应当符合国家关于出版单位总量、结构、布局的规划。《出版管理条例》第十条规定："国务院出版行政部门制定全国出版单位总量、结构、布局的规划，指导、协调出版事业发展。"国家新闻出版署就是根据这个规定对设立数字出版单位实行宏观调控，这是加强管理、优化结构、提高质量的必要措施。

3.4.2 申办条件

设立电子出版物出版单位，应当具备下列条件：（一）有电子出版物出版单位的名称、章程；（二）有符合国家新闻出版署认定条件的主管、主办单位；（三）有确定的电子出版物出版业务范围；（四）有200万元以上的注册资本；（五）有适应业务范围需要的设备和工作场所，其固定工作场所面积不得少于200平方米；（六）有适应业务范围需要的组织机构，有2人以上具有中级以上出版专业职业资格；（七）法律、行政法规规定的其他条件。

图书、音像、电子、报纸、期刊出版单位从事网络出版服务，应当具备以下条件：（一）有确定的从事网络出版业务的网站域名、智能终端应用程序等出版平台；（二）有确定的网络出版服务范围；（三）有从事网络出版服务所需的必要的技术设备，相关服务器和存储设备必须存放在中华人民共和国境内。其他单位从事网络出版服务，除上述所列条件外，还应当具备以下条件：（一）有确定的、不与其他出版单位相重复的，从事网络出版服务主体的名称及章程；（二）有符合国家规定的法定代表人和主要负责人，法定代表人必须是在境内长久居住的具有完全行为能力的中国公民，法定代表人和主要负责人至少1人应当具有中级以上出版专业技术人员职业资格；（三）除法定代表人和主要负责人外，有适应网络出版服务范围需要的8名以上具有国家新闻出版署认可的出版及相关专业技术职业资格的专职编辑出版人员，其中具有中级以上职业资格的人员不得少于3名；（四）有从事网络出版服务所需的内容审校制度；（五）有固定的工作场所；（六）法律、行政法规和国家新闻出版署规定的其他条件。

3.4.3 申办程序

设立电子出版物出版单位，经其主管单位同意后，由主办单位向所在地省、自治区、直辖市新闻出版行政部门提出申请；经省、自治区、直辖市新闻出版行政部门审核同意后，报国家新闻出版署审批。

申请从事网络出版服务，应当向所在地省、自治区、直辖市出版行政主管部门提出申请，经审核同意后，报国家新闻出版署审批。国家新闻出版署应当自受理申请之日起60日内，作出批准或者不予批准的决定。不批准的，应当说明理由。

从事网络出版服务的申报材料，应该包括下列内容：（一）《网络出版服务许可证申请表》；（二）单位章程及资本来源性质证明；（三）网络出版服务可行性分析报告，包括资金使用、产品规划、技术条件、设备配备、机构设置、人员配备、市场分析、风险评估、版权保护措施等；（四）法定代表人和主要负责人的简历、住址、身份证明文件；（五）编辑出版等相关专业技术人员的国家认可的职业资格证明和主要从业经历及培训证明；（六）工作场所使用证明；（七）网站域名注册证明、相关服务器存放在中华人民共和国境内的承诺。

设立网络出版服务单位的申请者应自收到批准决定之日起 30 日内办理注册登记手续：（一）持批准文件到所在地省、自治区、直辖市出版行政主管部门领取并填写《网络出版服务许可登记表》；（二）省、自治区、直辖市出版行政主管部门对《网络出版服务许可登记表》审核无误后，在 10 日内向申请者发放《网络出版服务许可证》；（三）《网络出版服务许可登记表》一式三份，由申请者和省、自治区、直辖市出版行政主管部门各存一份，另一份由省、自治区、直辖市出版行政主管部门在 15 日内报送国家新闻出版署备案。

网络出版服务单位经批准后，申请者应持批准文件、《网络出版服务许可证》到所在地省、自治区、直辖市电信主管部门办理相关手续。

第4章 在线型电子多媒体出版（数字出版）物的行政管理

随着经济的高速发展，互联网技术和移动通信技术的提高和应用普及，互联网的环境日益完善，以及智能手机的迅速普及和国民阅读习惯的明显变化，我国的在线型电子多媒体出版（数字出版）产业在短短几年内突飞猛进，实现了跨越式发展，呈现出以产值屡创新高、手机出版异军突起、电子阅读风生水起、数字出版盈利模式不断创新等发展特点。随着出版产业与数字技术、信息网络技术的加速融合，数字出版与传统出版并重发展的格局逐步形成，甚至将超越传统出版，出版产业发展方式将发生根本性的变化。数字出版是出版业的新兴领域，也已成为全球出版业的发展重点。在互联网和移动互联网迅猛发展、全球媒体格局面临深刻变革、全球出版业步入数字化转型的进程之中，互联网既是出版业未来的发展方向，也是其壮大自身的发展途径。

2014～2018年间，数字出版取得了快速发展，年增长率始终保持在30%以上，2015年，我国数字出版产值再创新高，达到4403.85亿元，占中国新闻出版全行业营业收入的20.3%，对全行业营业收入增长贡献率达60.2%。2018年我国数字出版产业年收入超8000亿元，比上年增长17.8%，增长速度与增长贡献率在新闻出版业类别中均位居第一。数字出版已成为拉动中国出版业发展的重要力量，也对数字出版管理提出了强有力的挑战。国家明确了数字出版物作为出版物的本质属性，说明了加强数字出版物管理的必要性，明确了可操作的管理方法，颁布了一系列的法规和政策规划。本章总结了在线型电子多媒体出版（数字出版）物的行政管理体制、行政管理政策和行政管理规定。

4.1 在线型电子多媒体出版（数字出版）物的行政管理体制

4.1.1 政府管理的主要内容

数字出版行政管理，主要是指国家政府机关对产业的规划、引导、扶持和监管。政府管理部门以其宏观调控能力及其所拥有的权力，成为数字出版产业最重要的管理主体。即使在诸如英、美、法等产业行政管理色彩不是很浓厚的西方发达国家，依然可以看到政府在其产业管理中所发挥的重要作用。他们通过制定一定的产业发展政策和规范性法律文件实现对数字出版产业的监管，通过实施一定的战略性产业规划影响数字出版产业的布局，优化产业结构等。在我国，政府在数字出版产业管理中的重要性更是不言而喻的。

在数字出版产业发展过程中，构建和维护良好的市场环境和秩序是政府管理部门的首要任务。一个产业的健康快速发展，良好的环境是首要基础，无序的市场环境很可能会毁掉一个产业。如何为数字出版产业的发展营造良好的市场环境，应该是政府管理部门工作的出发点和着力点。一方面，数字出版产业具有出版产业的产业经济和意识形态双重属性，产业的双重属性决定了其管理任务更重、更复杂；另一方面，数字出版产业又属于新兴领域，产业技术、产品形态等发展迅猛，由此导致数字出版市场的各种新情况、新问题层出不穷。而产业管理法律法规、政策制度却有一定的滞后性，难以在较短时间内对所有的新情况、新问题进行规范，这是不争的事实。因此，政府管理部门如何创造性地开展管理工作，为数字出版产业的发展营造有序、健康的市场环境，既是数字出版产业管理的一项重大课题，也是一个难点。

政府对数字出版产业管理的内容主要体现在六个方向：

（1）制定法律法规和政策规划。通过法律规章来约束企业行为，为构建数字出版产业的良好市场环境保驾护航。同时，发布政策规划，明确产业发展方向和重点，进一步增强宏观调控和引导能力。

（2）强化扶持、引导功能。一方面，通过各种税收、投/融资等政策扶持产业内企业做大做强，以扩大产业规模、提高产业竞争力，并增强企业的产业归属感。另一方面，积极引导企业行为、市场资源流向，以规范市场秩序、优化资源配置、合理布局产业结构等。

（3）打击侵权盗版。数字出版产业发展到今天，数字版权的侵权盗版已经成为制约产业发展的重要因素，极大地抑制了出版产业的积极性，侵害了权利人的合法权益。加大对侵权盗版的打击力度，通过典型案例震慑侵权盗版者，才能彰显政府管理部门维护市场秩序、保护合法权益的信心和决心。

（4）组织开展调查统计。数字出版的统计工作一直是薄弱环节，统计范围、统计指标、分类指标、数据来源等都还有待进一步规范。各地方管理部门应该按照属地管理的要求，结合本地实际情况，主动开展辖区内数字出版产业的统计工作，通过统计结果为政策研究、市场监管和扶持发展提供依据。

（5）领导和建立行业中介组织。数字出版产业链很长，涉及多个领域和环节，行业间需要协调、沟通和磋商的问题很多。因此，政府管理部门应积极组建各种类型的行业中介组织，加强领导，充分发挥他们的桥梁纽带作用，使其在凝聚产业力量、开展专题研究、倡导行业自律、搭建沟通桥梁、维护市场秩序等方面都能发挥积极作用。

（6）服务企业。企业是产业管理的对象，更是产业发展的主体。没有企业的积极参与和实践，产业就不可能发展壮大起来。因此，政府在实施管理的过程中，要更加注重服务，主动听取企业的意见和建议，听取他们的呼声，切实帮助企业解决发展过程中的实际困难和问题，将管理和服务有机结合起来。这样的管理，才是科学的管理，也是易于被企业接受的管理。

4.1.2 行政管理的手段

数字出版的行政管理手段主要有法律手段、行政手段和经济手段。法律手段主要指通过制定各种法律法规来规制产业主体的行为，用以加强对市场的监管，规范产业的发展。数字出版产业的发展依赖各类相关法律法规尤其是数字版权保护法律体系的完善，以及对相关违法行为的惩处。因而法律手段的主要任务就是完善产业发展所需的相关法律法规，以及对违法行为的执法。法律手段对维护正当的市场经济秩序、限制市场垄断、提高资源配置效率、防止无效率的资源配置、保护大多数社会公众的利益等具有直接影响。

行政手段是指行政管理机构依据其职权对数字出版产业进行组织、规划、协调、监控的一种管理方式，是产业发展最为直接的管理手段，能够有效弥补市场调节存在的缺陷。主要有：一是政策引导，即通过制定一定的产业政策引导、扶持产业的发展，包括产业组织政策、产业结构政策、产业布局政策等产业发展政策，以及投/融资政策、价格政策、税收政策等经济扶持政策。政策引导的管理方式，可以合理调整产业结构，调控产业区域布局，优化资源配置，扶持产业发展，是常见的产业管理手段。日本作为产业政策研究与实施较早的国家，也积极运用政策杠杆调控本国数字出版产业布局，尤其是数字动漫产业的布局。二是公共服务，即强调政府管理部门在产业发展过程中的服务职能，是政府公共服务职能的必然要求。数字出版产业管理中的公共服务包括数字出版技术推广、政策法律咨询服务、政策性信贷以及利用公共资源对数字出版从业人员进行培训等。

经济手段是指政府管理部门借助经济杠杆的调节作用对数字出版产业发展实施的一种宏观调控行为，通过经济的调节手段来影响和调整产业的发展是较为常见的一种产业管理手段。经济手段更易于发挥市场对数字出版产业的调节作用，通过经济杠杆调节和控制产业的经济活动，能有效调节数字出版产业的市场供需，也更利于调动数字出版产业各市场主体的积极性。常见的经济调节手段主要包括价格、税收、工资、信贷、利率、资助、补贴等。

在这三种数字出版行政管理手段中，较为合理的做法是以法律手段和经济手段为主、行政手段为辅，尽量避免过多的行政干预。因此，遵循数字出版产业发展规律，借鉴发达国家数字出版产业管理经验，科学定位不同管理主体的管理功能，发挥不同管理主体的积极作用，科学调用不同管理手段，提升数字出版产业管理水平，对促进我国数字出版产业的发展具有重大意义。

4.1.3　主要的政府管理部门

1. 国家新闻出版署（中央宣传部统一管理）及其主要职责

在我国，国家新闻出版署（中央宣传部统一管理）是当前我国数字出版产业国家层面最主要的政府管理部门；各省、自治区、直辖市等地方新闻出版管理部门及其他相关管理部门，是地方数字出版产业行政管理的主体。然而，我国具体的政府产业管理部门的名称不是固定不变的，而是随着数字出版产品形态的变化而变化的，这也反映了产业发展的实际。20 世纪 80 年代末期，新闻出版署内设音像电子出版管理司专门负责音像电子出版产业的管理，这是电子多媒体出版物的早期形态；2002 年机构改革后，新闻出版总署顺应产业发展变革的实际，开始针对网络出版产业实施管理，内设音像电子和网络出版管理司专门负责音像、电子和网络出版产业的管理；2008 年新一轮机构改革时，我国数字出版已进入高速发展期，产品形态不断丰富，产业规模不断扩大，产业链日益完善，数字出版的概念也深入人心，国家新闻出版总署（国家版权局）和国家广播电影电视总局作为国务院直属机构，各自对全国报刊、图书出版印刷发行活动，以及广播、电影、电视活动实施监督管理。新闻出版总署内设科技与数字出版司专门负责数字出版产业的管理与发展。2013 年 3 月，经第十二届全国人民代表大会第一次会议批准，国家新闻出版总署（国家版权局）和国家广播电影电视总局合并，组建国家新闻出版广电总局，由数字出版司专门负责数字出版产业的管理与发展。2018 年 3 月，根据第十三届全国人民代表大会第一次会议批准的国务院机构改革方案，在国家新闻出版广电总局广播电视管理职责的基础上组建中华人民共和国国家广播电视总局，不再保留国家新闻出版广电总局。为加强党对新闻舆论工作的集中统一领导，加强对出版活动的管理，发展和繁荣中国特色社会主义出版事业，将国家新闻出版广电总局的新闻出版管理职责划入中央宣传部。中央宣传部对外加挂国家新闻出版署（国家版权局）牌子。调整后，中央宣传部关于新闻出版管理方面的主要职责是：贯彻落实党的宣传工作方针，拟定新闻出版业的管理政策并督促落实，管理新闻出版行政事务，统筹规划和指导协调新闻出版事业、产业发展，监督管理出版物内容和质量，监督管理印刷业，管理著作权，管理出版物进口等。

目前新闻出版署下的数字出版司是具体负责数字出版产业管理事项的政府部门。数字出版司的主要职责是：承担数字出版内容和活动的监督管理工作，对网络文学、网络书刊和开办手机书刊、手机文学业务进行监督管理。上述职能可以划分为两部分：一是推动数字出版产业发展，二是数字出版监管。数字出版监管的主要对象就是海量的数字出版内容，因而数字出版监管也成为数字出版产业健康有序发展的重要保障。基于此，推动数字出版产业发展成为数字出版司的核心职能，充分体现数字出版产业的特性，即数字出版是高新科技催生的新型出版业态。

2. 其他相关部门及其主要职责

此外，由于数字出版产业形态的多样性以及产业融合的广泛性，部分数字出版产业组织同时涉及不同行业领域，因而我国数字出版产业存在多部门管理的现象。例如，工信部也主管网络游戏出版产业和手机出版产业等。文化和旅游部及工商管理部门等也在数字出版产业管理中承担各自的责任。县级以上地方各级人民政府，其他有关行政部门，包括公安、工商管理等部门，在各自的职责范围内负责有关的数字传播活动的监督管理工作。基于此，协调、处理好数字出版产业多头管理问题，是强化我国数字出版产业管理需要解决的重点难题之一。以下是除了新闻出版署外，其他几个和数字出版管理相关的部门。

1）文化和旅游部

主要职责：（一）贯彻落实党的文化工作方针政策，研究拟订文化和旅游政策措施，起草文化和旅游法律法规草案；（二）统筹规划文化事业、文化产业和旅游业发展，拟订发展规划并组织实施，推进文化和旅游融合发展，推进文化和旅游体制机制改革；（三）管理全国性重大文化活动，指导国家重点文化设施建设，组织国家旅游整体形象推广，促进文化产业和旅游产业对外合作和国际市场推广，制定旅游市场开发战略并组织实施，指导、推进全域旅游；（四）指导、管理文艺事业，指导艺术创作生产，扶持体现社会主义核心价值观、具有导向性代表性示范性的文艺作品，推动各门类艺术、各艺术品种发展；（五）负责公共文化事业发展，推进国家公共文化服务体系建设和旅游公共服务建设，深入实施文化惠民工程，统筹推进基本公共文化服务标准化、均等化；等等，共计 13 项。

2）工业和信息化部

主要职责：负责网络强国建设相关工作，推动实施宽带发展；负责互联网行业管理（含移动互联网）；协调电信网、互联网、专用通信网的建设，促进网络资源共建共享；组织开展新技术新业务安全评估，加强信息通信业准入管理，拟定相关政策并组织实施；指导电信和互联网相关行业自律和相关行业组织发展。负责电信网、互联网网络与信息安全技术平台的建设和使用管理；负责信息通信领域网络与信息安全保障体系建设；拟定电信网、互联网及工业控制系统网络与信息安全规划、政策、标准并组织实施，加强电信网、互联网及工业控制系统网络安全审查；拟定电信网、互联网数据安全管理政策、规范、标准并组织实施；负责网络安全防护、应急管理和处置。

3）国务院新闻办公室

中华人民共和国国务院新闻办公室组建于 1991 年 1 月，其主要职责有：第一，推动中国媒体对外说明中国、指导和协调对外新闻报道；第二，推动中国媒体对国际问题的报道，包括政治、经济、科技等方面的新闻信息；第三，制定互联网新闻事业发展规划，并指导协调互联网新闻报道工作；第四，组织综合性、跨部门、跨地区大型文化交流活动，组织制作对外介绍中国情况的图书、音像、影视出版物；第五，研究世界主要媒体及中国香港、澳门、台湾舆情；等等，共计 14 项。

4）国家互联网信息办公室

国家互联网信息办公室成立于 2011 年 5 月 4 日，是在国务院新闻办公室上加挂了国家互联网信息办公室的牌子，没有另设新的机构。其主要职责如下：第一，落实互联网信息传播方针政策和推动互联网信息传播法制建设。第二，指导、协调、督促有关部门加强互联网信息内容管理，负责网络新闻业务及其他相关业务的审批和日常监管。第三，指导有关部门做好网络游戏、网络视听、网络出版等网络文化领域业务布局规划。第四，协调有关部门做好网络文化阵地建设的规划和实施工作。第五，负责重点新闻网站的规划建设，组织、协调网上宣传工作。第六，依法查处违法违规网站。第七，指导有关部门督促电信运营企业、接入服务企业、域名注册管理和服务机构等做好域名注册、互联网地址（IP 地址）分配、网站登记备案、接入等互联网基础管理工作。第八，在职责范围内指导各地互联网有关部门开展工作。

4.2　在线型电子多媒体出版（数字出版）物的行政管理政策

数字出版的政策是一种行政手段，为数字出版提供软性的指导性准则，具有波动性和针对性，带有阶段性、灵活性。而数字出版的法律具有强制性和约束力，时效长，更具稳定性。政策是立法的基础，法律又是保证其政策实施的重要手段。完善的数字出版政策体系有助于数字出版产生有益的系统效应。

4.2.1　我国数字出版的政策支持

1. 行政手段方面的政策

数字出版产业被列入国家“十二五”发展规划、《国家中长期科学和技术发展规划纲要（2006—2020 年）》和《新闻出版产业“十二五”时期发展规划》之中。加强国家出版传媒产业园区的建设发展是新闻出版业“十二五”时期发展规划的重要任务，以此推动出版资源整合，充分挖掘多种出版资源的潜力，从而促进体制机制创新。

《2006—2020 年国家信息化发展战略》进一步明确互联网发展的重点：首先，推进国民经济信息化、推行电子政务、推进社会信息化等。其次，为了构建下一代互联网及加快商业化应用，必须尽快实现电信网、广播电视网和互联网的“三网融合”。再次，还提出要大力发展网络文化产业、发展网络文化信息装备制造业，确立了发展战略，旨在促进现代产业发展，促进国家的信息化和工业化，形成良好的产业体系。

工业和信息化部 2012 年颁布《互联网行业“十二五”发展规划》，其中明确提出了涉及经济社会发展、战略性新兴产业等七大发展目标。进一步强调，一是为了实现互联网新一代 Web 应用技术、智能搜索技术等方面的重大研发突破，要积极组织并推进应用平台建设；二是重点面向生产和公共服务领域，要建立互联网应用创新孵化基地；三是在教育培训、医疗卫生、城市管理、视频安全、智能交通等领域，积极开展网络视频、增强现实等新型应用示范。

党的十八大报告中明确指出：“促进文化和科技融合，发展新型文化业态。”党的十九大报告中也提出：“加强互联网内容建设，建立网络综合治理体系，营造清朗的网络空间。”

新闻出版总署2010年出台的《关于加快我国数字出版产业发展的若干意见》中指出：“数字出版是指利用数字技术进行内容编辑加工，并通过网络传播数字内容产品的一种新型出版方式，其主要特征为内容生产数字化、管理过程数字化、产品形态数字化和传播渠道网络化。目前数字出版产品形态主要包括电子图书、数字报纸、数字期刊、网络原创文学、网络教育出版物、网络地图、数字音乐、网络动漫、网络游戏、数据库出版物、手机出版物（彩信、彩铃、手机报纸、手机期刊、手机小说、手机游戏）等。数字出版产品的传播途径主要包括有线互联网、无线通信网和卫星网络等。”该意见的出台针对数字出版发展的实际状况，对数字出版的内涵及外延都做了相关界定，使得范围更加明晰，概念更加清楚，使得数字出版产业更加规范，发展更加健康有序。

2014年4月，国家新闻出版广电总局与财政部联合发布《关于推动新闻出版业数字化转型升级的指导意见》。面向全行业提出“通过三年时间，支持一批新闻出版企业、实施一批转型升级项目，带动和加快新闻出版业整体转型升级步伐。基本完成优质、有效内容的高度聚合，盘活出版资源，再造数字出版流程、丰富产品形式，提升新闻出版企业的技术应用水平”等主要目标。并提出“开展数字化转型升级标准化工作、提升数字化转型升级技术装备水平、加强数字出版人才队伍建设、探索数字化转型升级新模式”四项主要任务；同时将进一步加大财政对新闻出版业数字化转型升级的支持力度，将新闻出版业数字化转型升级项目作为重大项目纳入中央文化产业发展专项资金扶持范围。

2014年8月18日，中央全面深化改革领导小组第四次会议审议通过了《关于推动传统媒体和新兴媒体融合发展的指导意见》。指出：要顺应互联网传播移动化、社交化、视频化的趋势，积极运用大数据、云计算等新技术，发展移动客户端、手机网站等应用新业态，不断提高技术研发水平，以新技术引领媒体融合发展、驱动媒体转型升级。同时，要适应新兴媒体的传播特点，加强内容建设，创新采编流程，优化信息服务，以内容优势赢得发展优势。习近平总书记还在会议上发表了关于媒体融合发展的重要讲话，强调了当前推进媒体融合发展的重要性与紧迫性，指出推动传统媒体和新兴媒体在内容、渠道、平台、经营、管理等方面的深度融合，着力打造一批形态多样、手段先进、具有竞争力的新型主流媒体等。该意见和习总书记的重要讲话，推进了媒体融合发展上升到战略高度。

为贯彻习总书记重要讲话精神和中央出台的《关于推动传统媒体和新兴媒体融合发展的指导意见》，实现中央精神和行业实际有机结合，融合发展任务具体落脚到出版业，

2015 年 4 月，国家新闻出版广电总局与财政部又联合出台了《关于推动传统出版和新兴出版融合发展的指导意见》，提出“力争用 3～5 年的时间，研发和应用一批新技术新产品新业态，确立一批示范单位、示范项目、示范基地（园区），打造一批形态多样、手段先进、市场竞争力强的新型出版机构，建设若干家具有强大实力和传播力公信力影响力的新型出版传媒集团”的工作目标。并重点提出要加大财政政策支持力度，包括要加大中央文化产业发展专项资金支持力度，完善和落实项目补助等措施；加大国家出版基金对涉及出版融合发展的出版项目支持力度；继续实施新闻出版业转型升级重大项目，探索将传统出版和新兴出版融合发展纳入重大项目支持范围。

2015 年两会上，李克强总理在政府工作报告中提出 2015 年政府的工作重点，指出加快实施创新驱动发展战略，改造传统引擎；同时提出将制定“互联网+”行动计划。创新是数字出版产业的重要驱动引擎，互联网是传统出版与新兴出版业态融合的重要载体，政府部署的出台与落实，对于新闻出版业的融合发展起到极为有力的助推作用。

2016 年，《中华人民共和国国民经济和社会发展第十三个五年规划纲要》明确提出要“加快发展网络视听、移动多媒体、数字出版、动漫游戏等新兴产业”。这是数字出版首次被列入国家五年规划纲要，大力推动了数字产业的发展。《新闻出版业数字出版“十三五”时期发展规划》也于 2016 年 6 月 29 日正式印发，该规划提出了“十三五”时期要完成的重点任务：全面完成传统新闻出版业数字化转型升级、初步实现传统媒体与新兴媒体融合发展、基本建成数字出版公共文化服务体系、努力拓展数字出版服务领域、积极探索新兴管理体制机制、继续推动数字出版“走出去”、加强数字出版人才队伍建设，并规划了重点项目和保障措施等。

2017 年政府工作报告首次提及数字经济，提出将“促进数字经济加快成长”，明确了数字经济在国家经济整体转型升级中的重要作用和战略意义。而数字内容产业作为数字经济在文化领域的重要体现，同样具有巨大的发展潜力。

2016 年 11 月 29 日，国务院发布《“十三五”国家战略性新兴产业发展规划》，将数字创意产业与新一代信息技术、高端制造、生物、绿色低碳产业共同列为“十三五”时期五大战略新兴产业，并指出要“促进数字创意产业蓬勃发展，创造引领新消费，以数字技术和先进理念推动文化创意与创新设计等产业加快发展，促进文化科技深度融合、相关产业相互渗透”。

2018 年以来，党中央和政府持续推进网络强国战略，以习近平总书记为核心的党中央作出一系列重大部署，不断夯实网络强国根基。

2. 经济手段方面的政策

引导各省制定产业调整规划，鼓励传统出版产业向数字化转型。设立数字出版产业基金，扶持诸如网络动漫、网络游戏、手机游戏等数字出版产业。如湖北省每年安排 2000 万元设立湖北数字出版专项资金，同时明确提出对数字出版企业实行七大税收优惠政策。

上海张江高科技园区对数字出版产业风险企业实行税收优惠政策。对出版企业的数字化工程进行直接投资。如奖励或资助入驻张江高科技园的企业等；再如财政部下达 2016 年文化产业发展专项资金 44.2 亿元，支持项目 944 个，推动传统媒体和新兴媒体融合发展。

成立国家数字出版基地，为促进数字出版产业的发展，推出了政策支持、资金支持、找寻产业交流平台、建设公共服务技术平台和人才培养等一系列措施。截至 2018 年，我国已有 14 家国家数字出版基地。比如张江国家数字出版基地充分利用浦东“综合配套改革、先行先试”的优势，承接国家新闻出版署关于数字出版的规划、政策，成为在全国率先开展数字出版制度创新、技术创新与出版内容创新的试验田。

推动数字出版“走出去”。鼓励企业充分利用国际国内两种资源和两个市场，加快推动优秀出版物通过数字出版方式进入国际市场，参与国际竞争，提高中华文化的国际影响力。重点扶持和培养在“走出去”方面措施得力、成效显著的数字出版骨干企业和示范单位，对切实跨出国门并取得显著成绩的重大项目和重点企业予以资金资助、税收减免和其他奖励。

4.2.2 国外数字出版的政策支持

1. 美国

在数字内容的发展进程中，美国政府对其给予了相当大的支持，游戏、影视、动画、音乐下载已经成为美国发展较好的数字内容产业。美国政府在政策上采取了“杠杆方式”，以“资金匹配”来要求和鼓励各州、各地方以及企业拿出更多的资金来赞助和支持数字内容产业，美国联邦政府每年投入约 11 亿美元，而州地方政府和企业的赞助高达 50 亿美元以上。

2. 英国

英国政府成立专门机构，支持产业集群发展，特别成立了文化、媒体和体育部，对于广告、建筑、设计、电影、游戏互动软件等 13 种产业，以集群的方式加以辅导，并提供创业基金以及创意工作者之间的交流平台。英国还建立了全行业性综合服务平台。英国贸工部组织建立全行业网站和论坛，包括经销商、零售商、硬件制造商、专业服务提供商、产品外发商和出版商，加强各方的交流与协作；同时建立产业链各环节的数据交换机制，采用统一的数据形式，增强决策的科学性。

3. 日本

日本政府高度重视并大力支持数字出版产业与传播产业的发展，促进和协调数字内容产业的迅速健康发展。日本经济产业省于 2003 年成立了内容产业全球策略委员会。还成立了数字内容协会，不仅积极推动日本与国际相关企业的交流计划，还为日本国内从业者提供海外发展所需情报。日本同时出台了税收、资金方面的优惠政策扶持中小企业发展数字出版业务，以推动本国数字出版产业的发展。

4. 韩国

韩国设立了情报通信部、文化观光部和产业资源部等多个专门政府机构用于负责数字出版与传播产业。设立了版权信息中心，针对互联网上作品类型的不同，成立了不同的在线监控小组。韩国特别强调其政府管理部门的公共服务职能，韩国软件振兴院（Korea IT Promotion Agency，KIPA）负有提供国内外数字内容产业发展状况信息、培训公众数字内容的使用与阅读能力等服务职能，而韩国计算机程序审议裁判委员会（Program Deliberation & Mediation Committee，PDMC）的工作则包括向公众进行相关的普法教育、为市场主体提供法律咨询等。

韩国政府鼓励游戏软件的制作、数字出版人才的培养及数字出版基础设施的建设。韩国政府在 2000 年推出《电子游戏产业综合育成方案》，2003 年制定《游戏产业振兴中长期计划》，2010 年发布了以培育电子出版产业为目的的《电子出版产业培育方案》。韩国政府对数字出版相关企业的支持还体现在投融资机制方面。它不仅成立了促进数字内容产业发展的各类基金和游戏投资联盟，还为游戏企业提供了长期税收优惠，并直接通过资金资助的方式扶持本国网络游戏企业参与海外竞争，以提升网络游戏出版产业的国际竞争力。政府加大投入和鼓励社会各界向文化产业投融资，一是制定大量促进产业发展的文化法规和经济政策，如对进驻文化产业园区的单位提供长期低息贷款，甚至免税。二是设立各种专项基金，包括“游戏专门投资组合”“文化产业振兴基金”等。三是运作“文化产业专门投资组合”，这是以社会资金为主，政府、民间共同投融资的运作方式，按照“集中与选择”的原则，有目的有重点地实施资金支持，在经费上确保文化产业的发展。

5. 欧盟

欧盟于 2008 年 11 月启动的每年划拨 250 万欧元推动欧洲数字图书馆发展的计划，也是运用经济手段调控欧洲电子书出版产业发展的具体体现。2010 年 5 月 19 日，欧盟正式发布欧洲“数字化议程”计划，这是“欧洲 2020 战略”中的七大旗舰计划之一。内容包括促进电信盈利增长、部署欧盟成员国超高速网络和促进合法音乐下载等，主要包括关注数字市场的统一、信息技术标准和信息兼容性、互联网信任与安全、宽带覆盖、研发投资、全民数字素养和使用信息与通信技术应对全球性问题七大领域，致力于促进数字技术投资和应用的良性循环。

4.3 在线型电子多媒体出版（数字出版）物的行政管理规定

数字出版的立法是一项全球性的课题。有两种情形：一种是对已有的法律条文进行修正和补充，来适应相应的管理；另一种是有针对性地制定新的法律，用于规范数字出版活动。立法目的在于：既要利用数字出版促进文化繁荣、经济发展和社会进步，又要消除其不利的影响；既要规范数字出版活动，又要促进数字出版业的发展。通过有针对性的法律法规来保障数字出版按其自身的规律快速、安全、健康地发展。

数字出版的立法涉及数字出版的内容管理、网络基础设施和数字出版的商务活动。

（1）数字出版内容管理的立法有三个目标：保障出版内容和相关信息存储、传输的安全，防止违法有害信息传送，保障信息本地化的份额和网络文化多样化的权利。对相关利益主体在互联网上所发布和传播的虚假信息、有害信息、垃圾信息进行监督和管理。数字出版涉及的知识产权问题不容忽视。数字出版的信息安全立法涉及有关通信和网络技术的安全性、信息保密与加密技术，有关国家机密、商业机密的界定和保护的规定等。

（2）数字出版的立法要调整数字出版的基础设施建设和运行的法律规范。关于基础设施与技术的正当使用，应当以法律法规加以明确规定，政府部门对网络运营商及其之间的业务关系，以及计算机信息交换设备、终端设备等互联网相关设备要进行监督和管理，惩治滥用各种网络基础设施和技术的行为。立法要包括相关基础设施技术标准的规定、全球互联互通的相容性规定、基础设施与所有权、使用权以及惩罚侵权行为的规定。

（3）数字出版的商务活动也迫切地需要立法。这方面的立法是电子商务领域的金融法律法规，包括电子支付、支付工具、网络银行和认证中心的业务范围以及权利和义务、电子合同、电子税收等内容。

4.3.1 我国与数字出版相关的法律法规

1. 关于数字出版的总的立法

《网络出版服务管理规定》(2016 年 3 月 10 日起施行)：共 7 章 61 条，厘清了网络出版服务等概念表述，明确了管理职责。科学设定网络出版服务许可的准入条件，规范与鼓励并重。细化了网络出版服务的管理要求，增强了可操作性。强化事中事后监管要求。原有的《互联网出版管理暂行规定》（2002 年 8 月 1 日起施行）被废止。暂行规定填补了当时网络出版管理工作缺乏法律依据的空白，为原新闻出版总署在依法履行网络出版监管职责、促进产业发展方面提供了重要的参考。该规定至今实施已有十几年，无论是网络出版的快速发展还是中央对于网络管理的要求都有一些新情况、新要求，亟待通过修订予以解决。

《互联网文化管理暂行规定》（2011年4月1日起施行）（根据2017年12月15日发布的《文化部关于废止和修改部分部门规章的决定》（文化部令第57号）修订）：目的是加强对互联网文化的管理，保障互联网文化单位的合法权益，促进我国互联网文化健康、有序地发展。本规定所称互联网文化活动是指提供互联网文化产品及其服务的活动。

2. 数字出版内容管理相关法律

《互联网站从事登载新闻业务管理暂行规定》（2000年11月6日起施行）：为了促进我国互联网新闻传播事业的发展，规范互联网站登载新闻的业务，维护互联网新闻的真实性、准确性、合法性，制定本规定。

《计算机软件著作权登记办法》（2002年2月20日起施行）：为促进软件产业发展，增强我国信息产业的创新能力和竞争能力，国家著作权行政管理部门鼓励软件登记，并对登记的软件予以重点保护。

《信息网络传播权保护条例》（2006年5月18日发布，2013年1月修订）：信息网络传播权是指以有线或无线方式向公众提供作品、表演或者录音录像制品，使公众可以在其个人选定的时间和地点获得作品、表演或者录音录像制品的权利。

《互联网著作权行政保护办法》（2005年4月30日发布）：为了加强互联网信息服务活动中信息网络传播权的行政保护，规范行政执法行为，根据《著作权法》及有关法律、行政法规，制定本办法。

《互联网信息服务管理办法》（2000年9月25日公布，根据2011年1月8日《国务院关于废止和修改部分行政法规的决定》修订）：为了规范互联网信息服务活动，促进互联网信息服务健康有序发展，国家对经营性互联网信息服务实行许可制度，对非经营性互联网信息服务实行备案制度。

《移动互联网应用程序信息服务管理规定》（2016年6月28日发布）：为了加强对移动互联网应用程序（App）信息服务的规范管理，明确了网民在使用移动互联网信息服务中的合法权益，为构建移动互联网的安全、健康、可持续发展的长效机制提供了制度保障，促进行业健康有序发展。

《互联网新闻信息服务管理规定》（2017年6月1日起施行）：加强互联网信息内容管理，促进互联网新闻信息服务健康有序发展，制定了该规定。规定所称新闻信息，包括有关政治、经济、军事、外交等社会公共事务的报道、评论，以及有关社会突发事件的报道、评论。

《互联网用户公众账号信息服务管理规定》（2017年10月8日起施行）：旨在促进互联网用户公众账号信息服务健康有序发展，保护公民、法人和其他组织的合法权益，维护国家安全和公共利益。规定所称互联网用户公众账号信息服务，是指通过互联网站、应用程序等网络平台以注册用户公众账号形式，向社会公众发布文字、图片、音视频等信息的服务。

3. 数字出版基础设施和商务活动相关法律

《中华人民共和国计算机信息网络国际联网管理暂行规定》(1996 年 2 月 1 日发布):旨在加强对计算机信息网络国际联网的管理,保障国际计算机信息交流的健康发展。

《中华人民共和国电信条例》(2000 年 9 月公布,根据 2014 年 7 月 29 日《国务院关于修改部分行政法规的决定》(国务院令第 653 号)第一次修订;根据 2016 年 2 月 6 日《国务院关于修改部分行政法规的决定》(国务院令第 666 号)第二次修订):旨在规范电信市场秩序,维护电信用户和电信业务经营者的合法权益,保障电信网络和信息的安全,促进电信业的健康发展。电信是指利用有线、无线的电磁系统或者光电系统,传送、发射或者接收语音、文字、数据、图像以及其他任何形式信息的活动。

《互联网域名管理办法》(2017 年 8 月 24 日公布,11 月 1 日起施行,原 2004 年 11 月 5 日公布的废止):旨在规范互联网域名服务,保护用户合法权益,保障互联网域名系统安全、可靠运行,推动中文域名和国家顶级域名发展和应用。

《中华人民共和国电子签名法》(2004 年 8 月 28 日公布,2015 年 4 月修订):为了规范电子签名行为,确立电子签名的法律效力,维护有关各方的合法权益而制定的法律。

《互联网上网服务营业场所管理条例》(2002 年 9 月 29 日公布,2011 年和 2016 年修订):旨在加强对互联网上网服务营业场所的管理,规范经营者的经营行为,维护公众和经营者的合法权益,保障互联网上网服务经营活动健康发展。

4.3.2 国外与数字出版相关的法律法规

1995 年 7 月 19 日,欧共体颁布了《信息社会中的版权与邻接权绿皮书》。

1995 年 9 月,美国知识产权工作组提出《知识产权与国家信息基础设施》(简称 NII 白皮书)报告,是有关网络知识产权的基础。

1996 年 3 月 11 日,欧洲议会与欧盟理事会颁布了《关于数据库法律保护的指令》,并规定各成员国在 1998 年 1 月 1 日之前实施。

1996 年 12 月,世界知识产权组织(WIPO)通过了《世界知识产权组织版权条约》和《世界知识产权组织表演与唱片条约》,保护原有的著作权在网络环境中不被侵犯。

1997 年,美国政府颁布《全球电子商务纲要》,欧洲贸易委员会发布《欧洲电子商务动议》,两者都主张通过 Internet 的电子交易免征关税。1998 年,美国通过《数字千年版权法》,目的是在网络环境下调整各方版权利益。

为适应数字时代文化产业发展的需要,韩国政府相继制定颁布了《游戏产业振兴法》(2001 年)、《在线数字内容产业发展法》(2002 年)、《出版及印刷振兴法》(2002 年)、《电子出版产业育成法》(2010 年)等法律法规。并陆续对《影像振兴基本法》《著作权法》《电影振兴法》《演出法》《广播法》《唱片录像带暨游戏制品法》等做了部分或全面修订。韩国通过制定和修改一系列相关法律,形成了较为完备的数字出版法律体系,将网络出版物、电子书、电子游戏、网络多媒体等各种形式的数字出版物纳入了法律规制范围。

英国政府将网络媒体视为出版物的一种，通过沿用已有的相关法律规定来对数字出版内容进行规范。这些法律有：《诽谤法》（1991 年）、《公共秩序法》（1991 年）、《数据保护法》（1998 年）、《青少年保护法》（1999 年）、《刑法》（2003 年）、《隐私和电子通信条例》（2003 年）、《通信法》（2003 年）。并且英国还有完善的版权保护法律体系，目前英国版权法沿用的是《版权、设计和专利法》（1988 年），相关版权法还有《数据库版权与权利条例》（1997 年）、《版权与相关权条例》（2003 年）、《数字经济法》（2010 年）。

日本与数字出版有关的法律法规有《著作权法》（1970 年）、《反不正当竞争法》（1993 年）、《著作权与邻接权管理事务法》（2000 年）、《提供商责任限制法》（2001 年）、《内容促进法》（2004 年）、《防止盗录电影法》（2007 年）。这些法律分别从不同方面对数字出版的发展予以规范，共同构成了日本相对完备的数字出版法律体系。

数字出版在德国发展很快，德国政府出台了一系列法律对其进行调节。这些法律的颁布、实施对德国数字出版产业的健康、有序发展起到了基础性的规范和保障作用。1997 年 8 月 1 日，德国正式实施了全世界第一部规范计算机网络服务和使用的单行法律《为信息与电信服务确立基本规范的联邦法》，又称为《多媒体法》。1997 年还颁布了《电信服务数据保护法》和《数字签名法》。2002 年颁布了《广播电视和电信媒体中人格保护和少年保护国家合同》以及《限定图书价格法》。2007 年颁布了《电信法》。

第 5 章 在线型电子多媒体出版（数字出版）物的版权管理

随着数字网络技术的飞速发展，数字出版已经成为出版行业的发展必然趋势。数字出版赋予了传统的版权保护和版权交易新的内容，同时也引出了新的法律问题。从一定角度上看，版权保护已经成为制约数字出版产业发展的瓶颈问题。我们必须重新设计可行的版权管理模式，从而促进数字出版产业的繁荣与发展。本章首先定义了数字版权的含义和特点，接着分析了数字版权保护的困境，并从数字出版版权的法律保护、行政保护、技术保护和社会保护四个方面详细阐述了数字出版的版权管理方式。

5.1 数字版权的含义和特点

5.1.1 数字版权的含义

数字版权，也称为网络著作权，网络著作权的概念最早出现在《最高人民法院关于审理涉及计算机网络著作权纠纷案件适用法律若干问题的解释》（法释〔2006〕11 号）第二条规定："受著作权法保护的作品，包括著作权法第三条规定的各类作品的数字化形式。在网络环境下无法归于著作权法第三条列举的作品范围，但在文学、艺术和科学领域内具有独创性并能以某种有形形式复制的其他智力创作成果，人民法院应当予以保护。" 根据这一司法解释，作品的数字化形式和新的数字化作品均受著作权法保护，任何媒体，不论是传统媒体，还是网络媒体，未经著作权人许可，也不符合法定许可的条件，擅自复制、转载、传播他人作品的，均构成侵犯著作权，应依法承担法律责任。

数字版权广义上是指著作权人对受著作权法保护的作品在网络环境下所享有的著作权权利。包含了这几方面的内容：

（1）对已存在的网络作品进行复制、转载、修改、加工、加密、删除等；

（2）传统作品的网络数字化：扫描、拍照、制作成各种格式的文档；

（3）信息网络传播。

数字版权狭义上特指信息网络传播权。所谓信息网络传播权，是指以有线或者无线方式向公众提供作品、表演或者录音录像制品，使公众可以在其个人选定的时间和地点获得作品、表演或者录音录像制品的权利。

我国 2001 年修改的《著作权法》第 10 条关于著作权的具体权利形式中增加了十多项规定，其中第 12 项是关于“信息网络传播权”的规定，承认了传统著作权在网络等电子环境下所享有的受保护地位。

在世界各国的版权法中，关于合理使用所规定的内容各不相同，但涉及个人使用和图书馆使用的不具有商业目的的使用，则是许多国家普遍承认的合理使用的范畴。但随着网络传播技术的发展，合理使用的范围有缩小的趋势。在传统的印刷和传播途径下，高成本、长周期以及受较强地域性限制等因素，使得个人的合理使用还不足以给著作权人的利益带来严重的影响，但在数字技术日益成熟、网络普遍应用的信息时代，任何人在任何地方只要拥有可以上网的电子设备，便可接收来自世界各地的包括网络出版物在内的各种信息，并能快速、低廉地进行复制甚至修改后向全世界发送。使用的范围大到足以影响作品在市场上的销售份额。显然，网络出版的巨大覆盖率和广泛的公开性，使传统的合理使用变得不那么合理了。不具有商业目的不再是合理使用的理由。

5.1.2 数字版权的特点

数字版权有以下特点：一是作品传播速度快，地域影响大；二是作品丰富多样，除文字图像外，新业务的出现带来了更多丰富多彩的作品；三是网络技术特征和运营模式给版权保护带来了极大的挑战。数字时代的版权保护面临极大挑战，其中一个很重要的原因就是社会各方主体的版权保护意识淡薄。主要表现在如下方面：一方面，部分网民不愿有偿购买正版的数字出版产品，而是利用数字出版易复制、易传播的特性随意下载和使用，缺乏尊重权利人劳动成果及自觉抵制盗版的意识。同时版权权利人对版权的定义认识不足，只是在权利受到侵害时才意识到要进行版权保护，缺乏应有的自我维权意识。另一方面，用任何数字化的方法进行传播都要经过作者的直接授权，且牵扯到网络传播权、复制权等诸多权利，过程烦琐又复杂，因此一些数字出版从业者和经营者在产业价值利益的驱使下，在未经版权权利人同意的情况下就随意转载他人作品。这些都使网络时代的版权保护面临极大的挑战。

5.2 数字版权的侵权和保护困境

5.2.1 数字版权侵权现象和模式

数字版权侵权现象有以下几种形式：

（1）“上网”类版权纠纷：未经版权人同意，擅自将传统媒体上发表的作品上传到网络上，提供下载和复制。

（2）“网上”类版权纠纷：未经版权人同意，擅自将版权人载在某个网站上的作品转载、复制或者抄袭到其他网站，即网络出版本身的侵权问题。此外像BBS、FTP等网站未经版权人许可，擅自转载或者收集、整理其他网站上享有版权的作品，提供商业目的的使用，网络服务提供商（Internet service provider，ISP）故意为各种侵权作品的传播提供途径等侵权问题都属于“网上”类侵权。

（3）“下网”类版权纠纷：将网络上的原创作品（即网络出版物）擅自下载，并发表在报刊等传统媒体上。

（4）网页的侵权：网页的设计涉及各种素材的制作或收集以及对各种素材的编辑、组合，这个过程需要一定的人力和技术、资金上的投入，而所制成的网页由于素材选择及其编辑的不同而有所差别。如果任由他人随便模仿、抄袭，不但会损害主页所有人的权益，也会扰乱整个网络秩序。因此，网页的制作是一种智力活动，是一种独特的构思，是一种具有独创性的智力成果，应该给予版权保护。

（5）超链接的纠纷：超链接本身不具备独创性，不是版权意义上的作品，但因超链接引起的侵权事件不少，这种侵权并不是侵犯超链接本身的版权，而是超链接所引起的版权侵权。如存储超链接的图像、视频本身就未经版权人许可，侵犯版权人的复制权、保护作品完整权以及获得报酬权等。超链接所指向的内容只是完整作品的一部分，从而可能侵犯版权人的署名权、保护作品完整权等。

近几年，网络版权侵权模式又出现了一些新的情况，主要呈现以下几种模式：

（1）网络站点侵权模式。侵权人通过建立专门的网络站点，未经作者和经作者授权的网络平台的许可，擅自将作品上传至网站进行分享，通过搜索引擎和网页进行推广宣传，吸引公众点击浏览，并通过巨大的流量引入广告商，然后在广告商、盗版网络站点以及搜索引擎三方甚至多方之间进行利益分配。该模式目前已经形成了一条完整的利益链条，再加上互联网的虚拟性，使得对这种盗版模式打击成果收效甚微。

（2）文档分享平台侵权模式。互联网文档分享平台是为网民提供文档或知识信息的，通过上传文档来积累积分或获得奖励，网友可以免费在线阅读或下载他人上传的文档。但很多文档分享平台对于注册成员并不要求实名制，再加上对海量的上传文档无法做到精确的审查，导致侵权人可以任意上传未经授权的作品而逃避处罚，使得文档分享平台成为非法传播网络文学作品的重要途径。

（3）云储存侵权模式。这是近年来伴随云技术发展产生的一种新型盗版模式。侵权人以知识和信息共享的名义将未经许可的作品擅自上传至网络服务商提供的资料储存平台，并共享储存平台的账户和密码，网民通过检索即可发现云储存平台的网络地址。由于云储存平台的服务成本极低，因此该盗版模式有愈演愈烈之势。

（4）应用软件（App）侵权模式。随着个人智能设备的普及，以及移动网络的逐渐成熟，以App应用软件为代表的阅读模式也如雨后春笋般出现，网络文学盗版开始向智能设备转移，应用软件盗版现象也开始蔓延。

（5）微信公众号侵权模式。腾讯微信公众号数以百万计，大量公众号非法转载原创版权作品，既不依法获得许可，也不向权利人支付稿酬。原创作者、原发媒体都是受害者。

5.2.2 数字版权保护的困境

1. 侵权量大面广

数字技术让侵权行为更普遍、简单易行、手法隐秘。侵权行为已遍及互联网产业链的各个环节，涉及侵权的著作权类型越来越多，除文字类作品及网页、游戏、音乐、视频外，还有新技术催生的大量新类型作品。而通过纵深链接、点对点传输等技术实施的复制传播作品等侵权行为更加隐秘。无论是官方的网络警察还是网络公司，都难以逐一进行检查。互联网四通八达，在某地被禁止入网的信息可以轻易在其他地方或以另一种形式入网，对传播者极难实施有效的控制。

2. 侵权对象的无形性和侵权行为难以确认

任何人都可以通过连入互联网的计算机等设备调阅网络中传播的文字或图像信息，过程无须登记甚至可以匿名，一些服务器在境外的网站和个人网页，他们往往没有详细的备案资料，确定谁是网站的所有者比较困难，因此对这些操作者很难进行管理和控制。由于电子束转瞬即逝，操作者可以轻易地改变信息的内容和形式而不留痕迹，犯罪分子要销毁证据也十分容易，要想按照法庭要求的可靠性证明某信息是从 A 点发出到达 B 点极为困难。还有一些网站采取种种技术手段使权利人无法明确分清是这个网站在侵权，还是仅仅连接了其他侵权网站。

3. 维权困难重重

维权取证难度大、成本高、收益低。互联网版权侵权行为数量大、类型齐、环节多，取证维权需动用很多技术手段和侦查技巧，所花人力、物力及时间成本普通人很难承受。目前国内法院对著作权侵权案件的赔偿金额普遍较低，达不到惩处效果。且互联网覆盖全球 100 多个国家和地区，发生在这个无国界的网络空间中的案件必然会牵涉不同的国家和地区。由于各个国家和地区的有关法律也不尽相同，网络纠纷中的原告通常会对诉讼地点进行比较和选择，以确定在哪里提起诉讼最为有利，容易引起国际纠纷。

4. 行业生态混乱

表现在产业链各方利益诉求不一致，利益分配协调困难。加之行业自律不足，甚至某些公司本身就把侵权行为作为盈利手段，导致市场缺乏公平、有序的竞争环境，互联网新媒体版权市场未能做大。同时，随着传播途径的变化，版权交易方越来越多，一部作品有多个提供者的现象十分常见，内容上同时集成文字、美术、影视的副媒体现象不断出现，给数字版权运营带来巨大困难。对版权企业来说，甄别多个权利主体并进行版权约定和收入分配的难度越来越大。目前还缺乏全国数字版权交易平台，相关版权未能集中统一高效管理。

5. 行业法规有待完善

现阶段，数字出版的版权保护机制（包括技术手段、授权模式和保护体系等）尚不完善。现有法律相较于数字出版明显滞后，如《著作权法》等现有法律对版权载体缺乏前瞻性界定，未涉及新的网络侵权行为，没有细化互联网信息服务提供者在版权保护上的义务，在约束细节上仍存在较多漏洞。例如，“在有关利害关系人提出请求或国家有关机关作出决定后”，多少时间内可视为“立即删除”，在作品非法挂网时期产生的利益是否应返还版权所有者等。且版权授权不规范，著作权人的合法权利和出版社的出版权益都难以得到基本保障和有效维护，所以行业的法律法规有待进一步修改和补充。

5.3 在线型电子多媒体出版（数字出版）物版权的法律保护

5.3.1 国际相关法律

国际条约中有关数字版权保护问题的立法，主要体现在《保护文学和艺术作品伯尔尼公约》(以下简称《伯尔尼公约》)。在《伯尔尼公约》中，文字作品包括计算机软件为当今网络传输的主要客体。条约中未规定享有传播权的作品还有摄影、美术、图形作品等，而这些也是网上传播的主要内容。

世界知识产权组织于 1996 年 12 月在日内瓦召开了关于版权和邻接权若干问题的外交会议，通过了关于版权和邻接权保护的两个新公约，即《世界知识产权组织版权条约》（WIPO Copyright Treaty，WCT）和《世界知识产权组织表演和录音制品条约》（WIPO Performances and Phonograms Treaty，WPPT）。这两个公约对《伯尔尼公约》和《保护表演者、音像制品制作者和广播组织罗马公约》做出了进一步的完善，使得电子出版物的版权保护不再是空白。在《世界知识产权组织版权公约》中明文规定：今后计算机网络中信息的存储、拷贝都必须经版权人许可，作品的内容、署名等不得任意改变，对加密信息的擅自解密，即擅自生产解码设备，均是侵犯版权人的权利。这两项公约还确认了《伯尔尼公约》中的“向公众传播权”这一概念中包含权利人在网上传播其作品的权利，明确规定著作权人有权许可他人以有线和无线方式向公众传播其作品。世界知识产权组织通过这一规定赋予了著作权人一项新的专有权利，即网络传播权。把作者的权利有效地覆盖到了网络空间，为保护原有的著作权在网络环境中不被侵犯提供了依据。

上述两项条约的制定，主要是为了解决因新技术，尤其是在数字技术和网络环境下使用作品所引起的版权和邻接权问题，这两个条约的通过是近二十多年来国际版权和邻接权领域中最为重要的事件。首先，它们适应了信息传播技术发展的需要，提高了对版权和邻接权的保护水平；其次，它们使发展中国家越来越重视版权的保护，并在国际版权保护领域中发挥着越来越重要的作用。这两个条约在序言中指出其制定的目的是为了尽可能以有效和一致的方式发展和维护作者对文学和艺术作品的权利及邻接权人的权利，承认有必要采用新的国际规则并澄清对某些现有规则的解释，以提供解决因经济、社会、文化和技术发展新形势所带来的新问题的适当办法，承认信息和通信技术的发展和交汇对文学和艺术作品的创作与使用的深刻影响，强调版权保护作为文学和艺术创作促进因素的重要意义，承认有必要保持作者的权利与广大公众的利益，尤其是教育、研究和获得信息的利益之间的平衡。

此后，世界主要发达国家纷纷对其国内法进行修订，以加入上述两公约。美国、澳大利亚、日本、欧盟等分别采取了不同的立法模式，实施上述两项公约中对网络传播权的规定。

（1）美国。从1993年开始，美国总统克林顿就任命了信息基础设施工作机构，以推动信息技术在美国的发展和应用。工作机构负责知识产权的工作组于1994年提交了草拟的报告《绿皮书》，在广泛征询各方意见之后，于1995年9月公布了工作组的正式报告《知识产权和国家信息基础设施》（称《白皮书》）。白皮书既是美国信息时代知识产权保护的宣言，又是各种利益冲突与妥协的产物，因此白皮书一再强调保持使用者与权利人利益的平衡，既保证使用者得到最广泛多样的信息，又保护权利人在信息网络上的合法权利和商业预期。1997年还通过了《网络著作权责任限制法案》《世界知识产权组织著作权条约实施法案》《著作权与科技教育法案》。

为了适应数字技术的挑战，美国在1998年10月29日由总统克林顿签署通过了《数字千年版权法案》（Digital Millennium Copyright Act，DMCA）。该法是美国为了执行WIPO 1996年的版权条约（WCT）和保护表演者和录音制作人权利的条约（WPPT）而制定的一部专门针对互联网的法律，是为网络环境下调整各方版权利益制定的一部数字版权法。通过国内立法的方式，对网上作品著作权的保护提供了法律依据。规定了数字化信息的版权保护和使用的问题，同时赋予信息所有者“数字化作品如果在互联网上使用，就可以对其收取使用费”的权利。这一法案是数字时代网络著作权立法的尝试，也是网络初期著作权利益冲突各方折中的产物。其主要特点体现在以著作权人为中心，加强对其权益的保护，同时又对网络服务提供商（ISP）的责任予以限制，以确保网络的发展和运作。

（2）澳大利亚。对其版权法的修订是大刀阔斧地重组各项权利，根据其1999年《版权法修正案》，传播是指以电子形式传输或者在线提供，必须使用接受设备才能听到或者看到的声音、图像或者视听资料。作品的“公开传播权”所适用的传播方式包括所有需要借助设备影响公众的传播种类，不仅有无线电广播、有线传播，还包括网络传输。

（3）日本。其版权法在1997年和1999年两次修改后，确立了一个新的“公众传送权”，修正的主要内容是扩大原来的公开传播权的范围，使之与网络传播相适应。它的范围极广，包括所有的以“有线和无线方式、数字和模拟形式、单向和互动模式”向公众传送版权作品的权利。公众传送权与表演权、发行权一起，共同构成“公众传播权”。从发展的眼光看，不限定传输使用的技术，在立法上有前瞻性。考虑到各种传播方式确有逐渐融合的趋势，这样的立法也不失为一种有远见的选择。

（4）欧盟。采取的措施与两大公约直接对应。1998 年，欧盟委员会向欧洲议会提交了《关于信息社会的版权及有关指令的建议草案》，1999 年 5 月欧盟在对草案进行修改后予以公布。在该草案中，欧盟建议用“公众传播权”协调联盟各国对网络传播的立场。该“公众传播权”是指版权人享有的以有线或无线的方式向公众传播其作品的原件或复制件的专有权利，也包括让公众中的成员以个人选择的时间和地点访问作品的方式和获得作品的权利。

5.3.2 我国相关法律

针对“互联网+”背景下新业态引发的一些版权问题，相关立法、行政、司法部门积极应对，网络版权法律体系的构建和完善取得进展。中国在网络领域的版权法律制度已经基本成型，我国网络版权法治保护环境有了很大的改善。

2001 年 10 月 27 日，我国修改的《著作权法》里，主要内容就是增加了软件和音像制品的出租权、放映权、信息网络传播权等有关网络著作权的条款。

2005 年 4 月 30 日公布的《互联网著作权行政保护办法》明确规定了侵犯信息网络传播权的一系列行为。著作权行政管理部门可以根据《著作权法》的规定责令互联网信息服务提供者停止侵权行为并追究责任。该法第二条规定：“本办法适用于互联网信息服务活动中根据互联网内容提供者的指令，通过互联网自动提供作品、录音录像制品等内容的上载、存储、链接或搜索等功能，且对存储或传输的内容不进行任何编辑、修改或选择的行为。”第十一条规定：“互联网信息服务提供者明知互联网内容提供者通过互联网实施侵犯他人著作权的行为，或者虽不明知，但接到著作权人通知后未采取措施移除相关内容，同时损害社会公共利益的，著作权行政管理部门可以根据《中华人民共和国著作权法》第四十七条的规定责令停止侵权行为，并给予下列行政处罚”。此办法的制定实施为保护著作权人的信息网络传播权营造了良好的环境。它不仅填补了国内关于互联网著作权行政保护的法律空白，也对人民法院在司法实践中细化信息网络传播权的原则产生了极其重要的影响。

2006 年 5 月 18 日公布的《信息网络传播权保护条例》是著作权法为适应网络环境下各方利益博弈而做出的有力的补充，不仅进一步完善了我国著作权相关法规，更促进了我国信息数字化进程。它比较明确地规定了使用者可以在什么样的条件下无偿使用版权，版权人发现被侵权应该采取什么行动维护自身利益，等等。这是我国首次立法规范互联网事业健康发展，对于完善著作权保护制度、保护网络知识产权、遏制网上侵权现象意义重大，并为互联网环境下的版权保护提供了立法支持。

2007 年中国加入《世界知识产权组织版权条约》和《世界知识产权组织表演和录音制品条约》。

2010 年的《侵权责任法》中针对通过网络侵害他人民事权益的情形进行了规定。

2011 年 7 月开始，新闻出版总署、国家版权局启动《著作权法》第三次修订，2012 年和 2014 年国家版权局就《著作权法》第三次修改草案公开征求意见后，引起社会广泛关注。《著作权法》的修订被列入了版权工作“十三五”规划重点任务。

2014 年 10 月，最高人民法院公布《最高人民法院关于审理利用信息网络侵害人身权益民事纠纷案件适用法律若干问题的规定》：针对网络侵权诉讼难等问题都做出了新的规定。这份司法解释是继规范审理侵害信息网络传播权民事纠纷案件、办理利用信息网络实施诽谤等刑事司法解释之后，最高人民法院针对互联网法律问题出台的又一裁判规则。

在刑事保护方面，2015 年 11 月 1 日起实施的《中华人民共和国刑法修正案（九）》，增加了知识产权保护，尤其是对著作权保护的重要条款，增加了对“提供互联网接入、服务器托管、网络存储、通信传输等技术支持，或者提供广告推广、支付结算等帮助”的主体的处罚，强化了对网络行为和网络犯罪的监管，明确了网络帮助侵权行为的刑事责任。

在行政处罚方面，2015 年《著作权行政处罚实施办法（修订征求意见稿）》向社会公开征求意见，该意见稿就行政处罚程序、网络服务提供者的行政责任以及网络环境下的版权执法等内容进行了修改，以解决版权行政执法工作中特别是办理侵犯著作权行政案件中遇到的实际问题，进一步完善版权行政保护制度，加大对侵权盗版行为的行政打击力度。

2017 年 6 月实施的《中华人民共和国网络安全法》明确规定要保护网络技术知识产权。

2018 年 9 月 6 日，最高人民法院印发《最高人民法院关于互联网法院审理案件若干问题的规定》。该规定明确了互联网法院的管辖范围、上诉机制和诉讼平台建设要求，以及身份认证、立案、应诉、举证、庭审、送达、签名、归档等在线诉讼规则，对于实现“网上纠纷网上审理”，推动网络空间治理法治化，具有重要意义。

2018 年 12 月 13 日，最高人民法院发布了《最高人民法院关于审查知识产权纠纷行为保全案件适用法律若干问题的规定》。该规定明确了知识产权案件中的“紧急情况”，确定了行为保全审查标准，加强了知识产权的保护，使权利人在符合条件的情况下可以考虑使用知识产权临时救济措施，进一步完善了行为保全制度。

与网络版权纠纷相关的互联网行业竞争规则在实践和司法审判中日渐明晰。随着互联网领域新型版权和不正当竞争纠纷不断涌现，司法机关对此类案件的处理经验愈加丰富，纠纷处理规则逐渐细化，对技术中立、技术创新和违法行为界限的判断逐渐明晰，消费者和用户权益成为处理案件的重要考量因素。司法行政双管齐下，惩罚力度加强。

5.4 在线型电子多媒体出版（数字出版）物版权的行政保护

对数字版权进行行政管理和行政执法保护是我国数字版权保护制度的重要组成部分，也是我国现阶段数字版权保护的一大特点。多数西方国家的版权法都没有规定行政管理的内容，而是直接对侵权、盗版行为予以刑事处罚。但我国现阶段相关法律还不够完备、人们对版权的法律意识还比较淡薄，因此需要以行政手段作为辅助来遏制盗版、侵权现象。

行政保护主要体现于制定并颁布相关管理政策和集中开展各项打击违法行为的整治行动。在数字出版时代，通过行政手段对数字版权进行保护，是一种化被动为主动的策略，在数字版权保护中发挥着不可或缺的作用。行政手段是直接面向侵权行为的版权保护活动，是惩处侵权行为、挽回利益损失的快捷便利渠道。

我国已逐步建立了国家和地方著作权行政管理部门，国家版权局是国务院著作权行政管理部门，主管全国著作权行政管理工作。政府也在不断促成网络反盗版平台的建立、网络著作权集体管理组织的形成等。但由于各种因素的影响，我国对数字版权进行行政保护的功效并未真正完全发挥出来，现阶段的行政手段更多的是一种事后弥补策略，缺乏前瞻性和系统性。因此提高行政管理水平是建立数字版权防控机制的重要环节。如何能从政府的角度运用行政的手段进一步加大保护数字版权的力度，这需要政府更深入地介入到数字版权的保护中来，更主动地发挥行政管理的职能。

5.4.1 一般领域版权保护的相关政策

2005 年 5 月 30 日，我国第一部网络著作权行政管理规章《互联网著作权行政保护办法》正式实施。2006 年 4 月 30 日，国家版权局发布《著作权行政投诉指南》，为著作权人及与著作权有关的权利人向行政机关投诉指示了门径，同时也为处理著作权纠纷提供了依据。

2008 年 6 月 5 日，国务院发布的《国家知识产权战略纲要》进一步完善了各项制度，促进了版权的市场化，加大了盗版行为的处罚力度，有效应对了互联网等新技术发展对版权保护的挑战。2018 年是纲要实施十周年。

2015 年 7 月，国务院《关于积极推进“互联网+”行动的指导意见》指出，要加强网络知识产权和专利执法维权工作，严厉打击各种网络侵权假冒行为，增强全社会对网络知识产权的保护意识，加大对新业态、新模式等创新成果的保护力度。

2015 年年底，国务院印发《关于新形势下加快知识产权强国建设的若干意见》，意见指出要深入实施国家知识产权战略，深化知识产权重点领域改革，实行更加严格的知识产权保护，促进新技术、新产业、新业态蓬勃发展，提升产业国际化发展水平，保障和激励大众创业、万众创新，该意见的出台，为“十三五”期间版权工作指明了方向，版权强国建设提上日程。

2016 年 12 月，国务院印发《“十三五”国家知识产权保护和运用规划》。这是包括版权工作在内的知识产权规划首次被列入国家重点专项规划，对进一步提升包括版权在内的知识产权工作地位具有重要作用。

2017 年 1 月，中共中央办公厅、国务院办公厅印发《关于促进移动互联网健康有序发展的意见》指出，要规范网络服务秩序，提高侵权代价和违法成本，有效威慑侵权行为。

2017 年 6 月，国务院知识产权战略实施工作部际联席会议办公室印发《2017 年深入实施国家知识产权战略加快建设知识产权强国推进计划》，提出加强网络侵权盗版治理、探索对新型网络侵权盗版行为的有效治理模式等具体工作措施。

5.4.2　重点领域版权保护的相关政策

针对互联网的传播方式和版权侵权特点，实施重点监管和分类管理，相关部门连续出台了规范重点领域版权秩序的相关政策，社会影响空前。

2014 年 9 月，国家版权局与国家发展和改革委员会联合发布了《使用文字作品支付报酬办法》。该办法中将原创作品的基本稿酬标准，由 1999 年《出版文字作品报酬规定》的每千字 30～100 元提高到 80～300 元。办法中将使用文字作品付酬标准的适用范围从出版领域扩大到数字网络等领域，对于日益增多的数字版权案件的司法审判确定赔偿标准具有现实指导意义。

由多部委联合发布的《深入实施国家知识产权战略行动计划（2014—2020 年）》，明确要求加强对视听节目、文学、游戏网站和网络交易平台的版权监管，规范网络作品使用，严厉打击网络侵权盗版，优化网络监管技术手段。提出要加强重点领域知识产权行政执法。

为规范媒体融合背景下的网络转载秩序，2015 年 4 月 17 日，国家版权局发布《关于规范网络转载版权秩序的通知》，10 月 14 日，国家版权局发布《关于规范网盘服务版权秩序的通知》，旨在规范网盘服务版权秩序、促进网盘服务健康有序发展。这些政策在著作权法基本原则基础上探索符合网络使用需求和规律特点的商业模式，实现权利人、使用者和社会公众之间利益的平衡，有利于推进网络版权创业创新和产业发展。

2015 年 10 月 26 日，国务院办公厅印发《关于加强互联网领域侵权假冒行为治理的意见》，意见明确，强化对网络（手机）文学、音乐、影视、游戏、动漫、软件及含有著作权的标准类作品等重点领域的监测监管，及时发现和查处网络非法转载等各类侵权盗版行为。

音乐网站的版权重点监管工作取得突破，极大地促进了我国数字音乐市场版权规范化。2015 年 7 月 8 日，国家版权局发布《关于责令网络音乐服务商停止未经授权传播音乐作品的通知》，责令各网络音乐服务商于 2015 年 7 月 31 日前将未经授权传播的音乐作品全部下线；2015 年 8 月，国家版权局启动了对 20 家主要网络音乐服务商的版权重点监管工作，推动主要网络音乐服务商就音乐作品转授权积极洽谈版权合作，促进音乐作品的广泛传播。2015 年 9 月初，国家版权局下发《关于开展网络音乐版权重点监管工作的通知》，要求列入监管名单的 20 家网络音乐服务商按要求向国家版权局报送获得独家授权和非独家授权的音乐作品及重点音乐作品版权预警名单，并向社会公告，相关音乐服务商主动下线未经授权音乐作品 220 余万首，网络音乐版权秩序明显好转。在国家版权局的协调和敦促下，国内主要网络音乐服务商、唱片公司和版权公司共同签署了《网络音乐版权保护自律宣言》，促进了音乐作品广泛授权和有序传播。

国家版权局发布的《关于加强网络文学作品版权管理的通知》自 2016 年 11 月 4 日起实施，这是国家版权局加强网络文学版权保护的一项重要举措，对规范网络文学版权秩序具有重要的意义。其针对不同的网络服务商明确了各自应当承担的不同法律责任，并要求各网络服务商落实企业主体责任，履行好法律义务，建立健全四项工作机制，具体包括侵权处理机制、版权投诉机制、通知删除机制和上传审核机制。

5.4.3 版权执法

版权执法在打击网络侵权盗版方面措施得力、成效显著。自 2005 年起，国家版权局、公安部、工信部三部门已经连续联合开展了 14 次网络专项治理行动，进一步完善了互联网信息内容主管部门、版权管理部门、公安机关、通信管理部门的网络侵权盗版联合治理机制。此外，中央和地方均成立了包含版权、公安、通信、网信等部门的专项行动领导，对专项治理工作进行部署指导，对各地专项治理工作开展情况进行督导检查，对具有全国影响的重大案件实行联合挂牌督办。

2016 年 7～11 月，我国第十二次打击网络侵权盗版的专项行动“剑网 2016”圆满收官，此次专项行动共查处行政案件 514 件，行政罚款 467 万元，移送司法机关刑事处理 33 件，关闭网站 290 家，进一步净化了我国的网络空间及网络版权环境。在前 10 年的工作基础上，“剑网 2016”专项行动措施更加有力，成效更加显著，对推动版权相关产业发展起到了积极的规范作用。“剑网 2017”专项行动在立案调查和行政查处的案件数量上均有稳步提升，共检查网站 6.3 万个，关闭侵权盗版网站 2554 个，删除侵权盗版链接 71 万条，收缴侵权盗版制品 276 万件，立案调查网络侵权盗版案件 543 件，会同公安部门查办刑事案件 57 件，涉案金额 1.07 亿元。“剑网 2018”专项行动，以网络侵权多发领域为重点目标，通过 5 个多月的集中整治，有效运用分类监管、约谈整改、行政处罚、刑事打击等多种措施，集中整治了网络转载、短视频、动漫等领域侵权盗版行为。“剑网 2019”专项行动聚焦院线电影、媒体融合发展、流媒体、图片等重点领域，开展版权专项整治，加强平台版权治理，查办了一批侵权盗版大要案件，进一步净化了网络版权环境。

5.5　在线型电子多媒体出版（数字出版）物版权的技术保护

5.5.1　技术保护措施的含义

著作权的技术保护措施：指著作权人主动采取的能有效控制使用受著作权保护的作品，防止侵犯其合法权益行为发生的设备、产品或方法。

技术保护措施必须符合以下条件：①技术保护措施只能是防御性的而不能是攻击性的；②只可以给侵权行为设置障碍，不可以采取过激的技术手段对故意侵权者或无意侵权者的计算机系统进行破坏；③不能对他人的作品或已处于公共领域的作品设定技术保护。

保护的内容包括：①数字内容的保密性，即内容的机密；②数字内容的完整性，即内容不可篡改，要可分辨；③数字版权的描述与验证，数字版权的权利内容，发放许可用户身份校验等；④数字版权的合法使用，数字版权的不可复制；⑤数字产品传输的安全，即安全交易，一般由标准的安全传输协议实现。

技术保护措施的种类有以下几种：

（1）控制访问作品的技术保护措施，如设置密码、付费浏览等，目的是使用户未经允许无法访问、接触某个网站或该网站的某些内容；

（2）控制传播作品的技术保护措施，主要是防止作品未经许可被复制、打印等；

（3）识别非授权作品的技术保护措施；

（4）制裁非授权使用的技术保护措施，一般通过在著作权作品内暗藏一定程序的手段进行防护。

5.5.2　技术保护措施的发展历史

在互联网普及以前，数字内容及其盗版现象很少能成为一个焦点，对图书、音像制品等传统作品的保护基本上通过相关法律和一定的机构来实行。当然，保护数字信息文件、防止非法复制的问题，早在前 PC 时代（20 世纪 80 年代以前）就已经存在。那个时候，往往通过文件访问许可机制来保护多用户计算机上的数字文件，这种机制已经在我们今天所用的 Web 服务器和数据库服务器上广泛存在。后来，随着 PC 机的出现，人们可以使用软盘来传播软件等数字文件。针对软盘很容易被复制的特点，软件销售商们通过使用产品序列号和加密锁等方式来保护软件，防止盗版。到了 20 世纪 80 年代后期，局域网（local area network，LAN）的广泛应用使得在不同用户的机器上共享数字内容更加便利，使用加密的手段来保护数字文件、进行访问控制成为主要的版权保护方式。

1994 年后，随着互联网的普及和数字化技术的发展，特别是 P2P 技术（如 Napster、Gnutella、KaZaA 等）的发展，网上传播的数字内容越来越多，盗版现象日益严重。传统的版权保护方式已不能满足数字内容版权保护的需要。1994 年，Xerox PARC 研究室的 Mark Stefik 博士在他的文章“*Letting loose the light: Igniting commerce in electronic publication*”中首次将人们引入了一个自动定义和控制版权的世界，给出了第一个数字内版权描述语言 DPRL 和一个控制数字内容使用的可信系统。但是，Stefik 的可信系统并不是一个 DRM 系统，它不支持数字内容的交易和版权的转移。在接下去的两年内，出现了第一个基于硬件的 DRM 系统（EPR 公司的 end-to-end 系统）和纯软件的 DRM 系统（IBM 公司的 infoMarket 系统）。尽管 Xerox 的 DPRL、IBM 的 infoMarket 和 EPR 的 DRM 系统都不是很成功，但是数字版权保护技术从此开始成为新兴的热门课题。当前，Xerox（现在的 ContentGuard）的 DPRL 已经发展成为 XrML，InfoMarket 已经发展成为一个主要的流媒体版权保护系统 EMMS，而 EPR 则发展成为业界最为著名的 DRM 研究机构和产品提供商 InterTrust。

数字版权保护技术自产生以来，得到了工业界和学术界的普遍关注，被视为数字内容交易和传播的关键技术，特别是在数字出版领域，DRM 已经成为必需的技术。国内外许多著名的计算机公司、大学和研究机构纷纷参与到 DRM 技术的研究和开发中，这些公司和研究机构遍及美国、中国、韩国、日本、新加坡、加拿大、瑞士、挪威、荷兰、澳大利亚等，包括 Microsoft、Adobe、Intertrust、OverDrive、NetLibrary、IBM、Intel、RealNetworks、ContentGuard、Reciprocal、香港大学、北京大学、清华大学、中国科学院、北京邮电大学、西安交通大学和北京方正阿帕比技术有限公司等，主要的产品和系统有微软的 WMRM 和 Digital Asset Server、Intertrust 的 DigiBox 和 RightslSystem、IBM 的 Cryptolope 和 EMMS、RealNetworks 的 RMCS 和 HelixDRM、Adobe Content Server、SealedMedia DRM、Authenticas Active Rights Management、OMA DRM、Apabi DRM 等。现有的 DRM 系统，根据保护的对象，可以分为针对软件的 DRM 系统和针对电子图书、流媒体等一般数字内容的 DRM 系统；根据有无使用特殊的硬件，可以分为基于硬件的 DRM 系统和纯软件的 DRM 系统；根据采用的安全技术，可以分为基于密码技术的 DRM 系统、基于数字水印技术的 DRM 系统以及两者结合的 DRM 系统。由于数字水印技术本身的不完善性，基于水印的版权保护系统存在各种问题。现有大部分 DRM 系统都是基于密码技术或者密码和数字水印两者相结合的技术。

5.5.3 数字版权保护技术的类型和功能

数字版权保护技术（digital rights management, DRM）是用来保护各类数字内容版权的一整套的软硬件技术或方法。其目的就是通过技术的手段，在整个生命周期内，对数字内容的知识产权进行保护，确保数字内容的合法使用和传播，平衡数字内容价值链中各个角色的利益和需求，促进数字化市场的良性发展和信息的传播。它提供了一系列关键的技术和功能，相当于在内容提供商和最终消费者之间建立起了一个安全的数字内容传播交易环境，进行基于内容的各种商业活动，可以满足实现数字商业的需要，保证通过互联网进行一系列商务活动的安全。

具体来说，数字版权保护技术包括对数字内容各种形式的使用进行描述、识别、交易、保护、监控和跟踪等各个过程。对数字内容的版权进行保护，必须根据所保护的数字内容特征及相应的商业模式和现行的法律体制进行。主要分为以下技术：

（1）加解密技术：以密码学理论为基础，采用的传统方法是将文件加密成密文的密钥系统或公钥系统，只有授权用户才能得到解密的密钥。这种方式能够有效防止数字内容的非法拷贝和非法扩散。

（2）数字水印技术：在数字内容中嵌入隐蔽的标记，只有通过专用的检测工具或计算机软件才能检测出隐藏的数字水印版权信息。可以在开放的网络环境下认证数字内容的来源和完整性，从而达到确认版权的目的。

（3）身份鉴别技术：是实施权限管理的基础。权限管理关系到人和数字内容之间的一种约束，关键就是要确认和辨别版权权利人。

（4）资源标识技术：数字内容资源通过有效的标识符进行统一标识加注，可以对数字内容进行有效管理和授权，防止数字内容资源的非法传播和盗用，可以在数字内容资源盗用后进行追踪和辨别。

（5）密钥管理技术：是最关键的一步，主要是对数字版权保护体系中使用到的密钥进行管理。

（6）权利描述技术：权利描述的核心是权利描述语言，是在数字版权保护应用中用于表述数字内容以及关于使用权利的表述语言，具有通用性。

（7）硬件捆绑技术：也称硬件绑定技术，是目前 DRM 技术应用中比较常见的一种软硬件结合模式。通过一定的算法提取出数字内容资源被授权使用的设备的某些机器信息，并构造成唯一标记，从而形成文件使用权限限定于某台机器上的效果。该技术通常与内容加解密技术相配合，实现内容的防拷贝和防扩散。

（8）安全通信技术：是所有信息安全系统都要关注的基础技术。通常包括数字资源内容通信的安全、权利许可证通信的安全和认证与追踪过程的安全。

如何确保数字内容的合法使用，防止非法复制和非法扩散，是所有 DRM 系统需要考虑的首要问题。众多的 DRM 系统虽然在侧重的保护对象、支持的商业模式和采用的技术等方面不尽相同，但是它们的核心思想是相同的，都是通过使用数字许可证来保护数字内容的版权，用户得到数字内容后，必须获得相应的数字许可证才可以使用该内容。并且，用户只能按照数字许可证中授予的使用权利使用数字内容，不能进行超出这些授予的权利以外的操作。

数字版权保护技术的功能如下：

（1）数字内容的保护和安全传输：DRM 使用带有密钥的加密算法对数字内容信息进行加密，只有拥有密钥的人才能进行解密，它能够保证数字内容在网络上安全传输给授权用户，保证数字内容不被非法使用。

（2）保障数字内容的安全发布：经过 DRM 加密的数字内容只有通过使用解密密钥

才能进行解密，获得真实的内容。保证了数字内容发布的安全性，可以有效地控制内容的使用对象和使用方式，防止数字内容的非法发布与传播。

（3）有效进行内容真实性的鉴别：DRM 用单向散列函数和脆弱数字水印技术来保证内容的真实性。

（4）防止盗版和进行侵权检测：如果数字内容使用数字水印技术，在原始内容中嵌入版权信息或发布序列号，那么在发现该作品被盗版或者出现版权纠纷时，版权所有者就可以通过从盗版作品中提取嵌入的数字水印版权信息进行检测，以此作为依据，有效保护数字内容版权所有者的合法权益。

（5）保证交易可信性：交易发生的证明对交易的各参与方都是至关重要的。在网络传播环境下，数字内容可以经过数字签名、数字指纹等技术进行有效保护，因此在交易时，使用交易参与方的数字签名可以保证交易的不可抵赖性，保证数字内容交易的可信性。

（6）参与者的身份认证：要保证交易的安全正常进行，就必须对交易参与方的身份进行认证，DRM 使用数字证书技术，可以保证参与者身份的真实性。

5.6 在线型电子多媒体出版（数字出版）物版权的社会保护

所谓社会保护，就是把所有的权利人联合在一起，通过专业的方式和专业的机构，用专业的流程进行保护，用真正的社会力量进行反盗版。目前，一些社会团体、维权组织正不断加入数字版权社会保护的行业中来，通过法律咨询、收集侵权证据，为权利人进行司法保护、协助行政机关执法等。

5.6.1 集体管理组织

为了有效地保护版权权利人的合法利益，目前美国、日本及欧洲一些发达国家等都建立了功能完备、管理科学、运转良好的著作权集体管理组织体系。这些国家的集体管理组织一般都按照相关国际组织制定的标准，建立了自己的作品数据库，有些组织还实现了在线询问、在线许可，以及在线收费的系统。版权集体管理组织可以代表作者去发放许可证，收取使用费，并向作者分配版税，作者通过这一组织可以实现自己的诸多权利。

我国于 2001 年修订的《著作权法》增加了“集体管理组织”的规定。2005 年国务院又根据《著作权法》制定了《著作权集体管理条例》，这为创办各类集体管理组织提供了法律依据。我国于 1992 年成立的第一家著作权集体管理组织——中国音乐著作权协会，自成立至今，始终定位在服务全体会员，服务广大音乐著作权人，服务各类音乐使用者，服务社会，在积极推进中国音乐著作权保护事业的进程之上，多次通过行政处罚和司法诉讼等法律手段，有效地维护会员作品权益。目前，我国的著作权集体管理组织有中国音乐著作权协会、中国音像著作权集体管理协会、中国文字著作权协会、中国摄影著作权协会、中国电影著作权协会五家。由此可见，著作权集体管理组织在著作权所有人与作品传播者和使用者之间架起一座便捷的桥梁，能够有效地维护著作权所有人的合法权益，有序、便捷地促进版权贸易的发展与繁荣。

随着我国著作权立法逐渐完善，2015 年中国音乐著作权协会（MCSC，音著协）收取音乐作品著作权许可使用费共计 1.7 亿元人民币，较 2014 年增长 24%，再创新高。至 2015 年，音著协成立 23 年来，为音乐著作权人收取使用费总额突破 10 亿元大关，达到 10.6 亿元人民币，年均增长率超过 30%。在所收取的著作权使用费中，信息网络传播权占比最高，达 27%。此外，面对网络技术快速发展的挑战，其他著作权集体管理组织也积极配合政府部门的重点监管工作，维护会员利益，在切实加强网络版权相关工作的同时不断完善协会自身管理。

但是我国的著作权集体管理组织更多的是由国家版权局和原有相关协会共同组建，与国外一般由权利人自发组织或者国家按照法律新设立的著作权集体管理组织相比，行政管理色彩重，缺乏市场服务机制。因此，如何促进这一保护制度更好地运用，仍然需要不断地努力。

5.6.2 行业协会与版权联盟

行业协会是指介于政府与企业之间，商品生产者与经营者之间，并起到服务、咨询、沟通、监督、公正、自律、协调等作用的社会中介组织。行业协会是政府与企业之间的桥梁和纽带，一般具有代表职能、沟通职能、协调职能、监督职能等。考察世界出版强国在这方面的情况，其主要特点就是通过行业协会自律来管理、发展出版业。因此，对我国来说，应充分发挥行业协会作用，组织各种发展力量，协助政府规范市场竞争秩序，引导数字出版产业健康有序发展。

目前，版权保护的社会服务体系已初步建成。在市场经济条件下，版权保护服务体系对维护权利人的利益、促进作品的传播、推进版权相关产业的发展，都具有不可替代的重要作用。自 1988 年我国的第一家版权代理公司“中华版权代理总公司”成立至今，已在三十多年的发展历程中，基本形成了由版权协会、著作权集体管理组织、版权认证和登记机构、版权代理公司、律师事务所等构成的版权社会服务体系。目前，全国大多数省市陆续成立了版权协会，中国版协、中国文联、中国作协、中国电影家协会等作者团体以及网络、软件等相关产业的行业组织也相继成立了为其会员提供版权服务的专门机构，2011 年，我国还成立了中国网络视听节目服务协会，是互联网领域规模最大的行业协会。在组织协调版权相关行业、支持配合版权行政管理与执法、打击侵权盗版、宣传普及版权知识、开展专业培训等方面正在发挥积极作用，积极提升了服务质量，促进了行业交流。

2015 年 11 月，由中国版权协会主办的第八届中国版权年会在京举行。此届年会以“互联网+时代的音乐——价值挖掘与实现途径”为主题，探讨如何运用互联网的音乐资源整合与价值发掘功能，实现各方共赢。会议针对网络音乐版权保护和产业的健康发展展开探讨，有力配合了国家版权局 2015 年对网络音乐的重点监管工作，对互联网环境下数字音乐价值的实现具有重要意义。

2015 年 12 月，中国作家协会作家法律服务团在中国现代文学馆揭牌成立，该法律服务团由知名法律专家、学者和律师组成，成立作家法律服务团，是中国作协推动文学事业繁荣发展的重要举措，也是我国文学界和法律界的一次重要合作，对进一步激发广大作家的创作活力，推动摄影、音乐、书法、美术等多个领域整体版权保护水平提高有着重要示范意义。

版权联盟开展自我维权和自我救济，维权手段多样化，在行业发展中的重要作用凸显。早在 2002 年中国互联网协会就发布了自律公约，并于 2004 年 6 月发布了《互联网行业自律公约》。随着互联网版权保护的日益加强，中国互联网协会于 2005 年 1 月 28 日成立了网络版权联盟，加强网络环境知识产权，特别是版权保护意识。该联盟现有成员单位 80 余家，包括中国移动、中国联通、中国电信、中国网通等网络运营服务商，新浪、雅虎、百度等网络内容服务商，以及中国唱片公司、中国大百科全书出版社、上证所信息网络公司等版权所有人或者邻接权人。联盟制定并发布了《中国互联网网络版权自律公约》，电信运营商、互联网领域企业，以及国家版权局等行政执法部门参与了公约的修订过程。

2015 年 7 月，互联网视频正版化联盟成立，该联盟由搜狐视频、腾讯、优酷、土豆、凤凰视频、爱奇艺、56 网、PPS、PPTV 等国家版权局重点监管的互联网公司发起组建，旨在通过联盟成员的自律、互助，维护互联网视频版权市场的良好秩序。该联盟的成立推动了我国网络版权产业的健康发展，有利于企业与政府、主管机构和版权方加强合作，增强技术手段，打击盗版行为，共同推进网络正版化进程。

2015 年中国 App 移动应用正版联盟于第 15 个世界知识产权日版权周期间发起成立。该联盟的成立对规范版权秩序、配合主管部门整治和打击 App 侵权盗版、服务权利人的版权保护和主管部门的有效监管起到了积极作用。

2016 年 9 月 19 日，由国家版权局指导、中国版权协会主办，《中国版权》杂志社、掌阅科技股份有限公司、阅文集团、咪咕数字传媒有限公司共同承办的“网络文学版权保护研讨会”在北京举行。在本次研讨会上，由掌阅科技、阅文集团、咪咕数字传媒有限公司等 30 余家单位共同发起的中国网络文学版权联盟宣布成立，掌阅科技创始人张凌云代表联盟宣读自律公约。

但是应对不断发展变化的数字出版环境，我国版权社会服务体系还不够完善，现有的社会中介、集体管理组织尚不能充分发挥作用。主要表现在：首先，行业协会不能充分代表数字出版企业利益与政府进行有效的沟通，不能就企业目前的版权现状向政府提出有价值的版权维权建议，同时在代替政府进行版权侵权调查、协调企业纠纷方面做得很不到位。其次，行业协会在保护数字版权方面的服务功能不健全，缺乏为企业服务的意识。很多协会吸纳会员的目的就是收取会费，自身缺乏为企业服务的意识，缺少鼓励企业进行版权创新活动的措施。再者，行业协会自身建设不够到位，缺乏数字版权管理的专业人员和实践经验，无法就数字版权纠纷提出有效的解决办法，未能建立事前预警机制。

5.6.3　培养公众的数字版权保护意识和加强互联网企业的自律

数字产品生产的最终目的是为了广大公众。因此，提高数字出版产品消费者和公众的版权保护意识，是实现版权保护的根本途径，是保障数字出版产业价值链得以延续的关键所在。一方面，政府应通过各种渠道普及版权基本法律常识，使公众认识到知情消费侵权产品可能给自己和社会带来的危害，增强公众的版权保护意识；另一方面，可宣传正确的维权途径，帮助消费者运用合法手段保障自身权益，善于利用法律武器，及时制止侵权行为，营造尊重和保护数字出版产业版权的良好氛围。

2008 年启动的国家版权监管平台是运用技术手段进行版权执法监管与公共服务的综合性工作平台，每天 24 小时不间断地监控网络上是否出现盗版行为。通过加大盗版举报奖励力度，提高社会公众举报盗版的积极性。国家版权监管平台二期工程已于 2018 年建设完成，并投入试运行，建设国家版权监管平台是国家版权局“十二五”规划中的重点工作，也是国家版权局履行公共服务和监管职能的重要手段。

权利人采用多种方式积极维权，互联网企业互诉与合作并存。目前，不少中国互联网公司已从最初的粗放式发展进入规范化、法制化发展轨道。尽管过热的 IP 资源利益分配不均仍引发诸多版权纠纷，但更多的产业主体在市场资源昂贵而稀缺的情势下，在版权司法和执法日趋从严基础上，深刻反思和主动转型。互联网企业以声明为基础，加强自律，保护原创作品，完善版权保护和维权机制、加大版权合作力度。互联网企业是版权保护的一个重要主体，网络版权保护事业的健康发展，离不开互联网企业对版权保护的重视，一些互联网平台企业也在采取各种技术和措施维护权利人的利益，探索如何进一步为权利人创造收益，并实施切实可行的措施防止盗版、侵权行为的发生。

为有效遏制互联网原创平台的抄袭盗版之风，2015 年 3 月，今日头条联合百度百家、凤凰新闻客户端、搜狐新闻客户端、网易新闻客户端、微博、一点资讯等八家知名互联网平台共同发布《保护原创版权声明》，抵制抄袭盗版，保护内容消费者权益。此前，微信平台也推出“原创声明”等“零容忍”举措打击抄袭。该举措扭转了抄袭者“收益高风险低”的局面，能有力地维护内容消费者权益，推动社会诚信的进步。

针对云盘领域版权侵权问题突出的情况，2015 年 11 月，北京市版权局和首都版权产业联盟共同发起云盘版权保护共同声明发布会，百度、搜狐、乐视、爱奇艺、腾讯、中国电影著作权协会等企业或权利人组织共同签署了《关于云盘版权保护的共同声明》，共同努力维护版权方利益，促进版权市场在法律框架下蓬勃发展。

为规范网络媒体转载秩序，推动移动互联网环境下新媒体与传统媒体的和谐发展，

2015 年，在国家版权局的推动下，北京日报和奇虎 360 分别代表传统媒体和互联网媒体发布了维权声明和自律声明。搜狐新闻与湖北日报、网易新闻与法制晚报、腾讯新闻与光明日报、今日头条与中国证券报分别签订了版权合作协议，共同致力于营造健康有序、合作共赢的网络版权转载环境。

为便于社会公众和知识产权权利人了解微信的知识产权保护对象、措施、概况及成效，2016 年年初腾讯公司发布《2015 微信知识产权保护白皮书》，这也是国内互联网企业第一次以白皮书的形式，对平台的知识产权保护情况进行全维度的披露。白皮书统计了 2014 年第四季度至 2015 年第三季度微信平台处理的知识产权侵权案件，就涉嫌侵害著作权的行为分布的作品类别、公众账号与个人账号之间著作权侵权数据的差异进行了梳理与分析。该报告为保护知识产权和打击侵权行为提供了有效指引，一定程度上促进了健康的网络知识产权生态环境的构建。

2017 年 8 月，首届中国“网络文学+”大会召开，掌阅科技、中版集团数字传媒有限公司、中文在线等 16 家企业代表和 4 位作家代表共同发起《中国“网络文学+”大会北京倡议书》，倡导业界坚持以人民为中心的创作导向，坚持把好网络文学质量关，此倡议书的发布标志着我国网络文学的自律意识的提升。

2018 年 11 月初，在国家版权局的推动下，阿里巴巴集团、拼多多等主要电商平台与京版十五社反盗版联盟、少儿出版反盗版联盟积极开展版权合作，针对图书版权保护签订合作协议，共同保护著作权人的合法权益。

2018 年 12 月，腾讯、百度、爱奇艺等公司共同发起中国网络版权产业联盟，发布《中国网络短视频版权自律公约》。

在“剑网行动”的高压态势和网络版权重点监管工作的积极引导下，我国互联网版权环境明显好转。经过多年的努力，我国尊重知识、尊重创作、尊重版权的良好社会氛围正在逐步形成：随着行业自律的加强与相关法规的完善，正版率正在逐年提升，我国的网络版权格局已基本走出“野蛮生长”的无序状态。面对技术发展所带来的新问题、新矛盾，经过十年来各方持续、不懈的努力，我国网络版权市场正在走向理性和规范，越来越多的互联网企业通过合法运营版权资源获得收益，一个健康、有序的网络版权环境正在形成。

第6章 在线型电子多媒体出版（数字出版）物的企业管理

互联网与其他媒体截然不同之处在于网络的互动性，因此数字出版企业和传统企业在运营管理、流程管理、产品发展策略、营销管理、盈利模式上有诸多不同，但是目的和传统企业一样，也是追求效益最大化。因此我们需要把握住变与不变之处，更好地来进行在线型电子多媒体出版物的企业管理。本章论述了数字出版企业管理的重点及其流程管理的内容，数字出版产品的特征及其发展策略、数字出版产品的质量管理，并详细分析了数字出版产品的营销模式和营销的策略，以及几种主要的数字出版企业的运营模式。

6.1 在线型电子多媒体出版（数字出版）物的企业及其流程管理

6.1.1 数字出版企业

数字出版企业既是产业发展的主体，也是政府管理的对象，更是政府服务的对象。企业内部的自我管理和自我约束是当前数字出版管理中不可或缺的重要一环。因而，数字出版企业也是数字出版产业管理组织的重要构成部分。

一般来说，传统出版产业链较短，主要分为出版、印刷（复制）和发行三大块，都属于新闻出版领域。而数字出版产业链较长，业界一般用内容生产商、内容集成商、技术提供商、渠道服务商、平台运营商和终端生产商来划分。由此可见，数字出版产业很多环节都不在新闻出版领域，这就必然导致数字出版产业的管理会面临更多问题和更为复杂的局面。参与主体的多元化，产品的生产方式、存在形式、传播方式、消费方式的改变，决定了数字出版产业的管理不能复制传统出版产业管理的方式和方法，必须要有所创新。但是，从本质上说，数字出版归根到底还是内容产业，技术、渠道、平台和终端都是为内容的展现、传播和消费服务的。因此，对数字出版企业的管理，基本要求以及所遵从的法规也还需以新闻出版业的固有传统为主。目前，我国对数字出版产业的管理仍然沿用了传统出版业大多数既有的做法，主要体现在以下几方面：

（1）从内容生产的角度看，与传统出版业务一样，政府管理部门对从事数字内容生产的传统出版企业和民营企业实行准入制管理。

一方面，对于传统出版企业开展数字出版业务，除严格遵守传统出版对内容生产的各项要求以外，还要申请开展数字出版业务的资质——网络出版服务许可。但是，目前我国报刊、图书出版企业的数字化转型还处于起步阶段，国家正大力推动传统出版企业向数字出版转型，对于传统出版企业申请网络出版服务许可，政府管理部门一般都会予以批准。同时，政府管理部门还通过政策扶持和项目资助加大引导传统出版企业向数字化转型的力度，鼓励出版企业坚定不移地按照数字出版的需要改造传统出版流程，积极从事数字出版内容的生产、投送等业务。

另一方面，对于民营企业，特别规定了要有适应网络出版服务范围需要的 8 名以上具有国家新闻出版署认可的出版及相关专业技术职业资格的专职编辑出版人员，其中具有中级以上职业资格的人员不得少于 3 名；并要有从事网络出版服务所需的内容审校制度。由此可见，政府管理部门对于内容原创的把关仍然非常严格，主要的原因在于民营企业在内容的审核队伍、审核机制以及法律法规的把握上与传统出版企业几十年的积累相比，还有很大的差距。

（2）从内容传播的角度看，主要是对渠道商和平台商这一类企业的管理。从事数字内容传播的企业，按现行规定，同样必须申请网络出版服务许可。

（3）从内容展现的角度看，主要是对技术商和终端商这一类企业的管理。对于从事内容数字化加工和转换的技术企业，按现行规定，要获得电子书复制资质。对于从事技术开发和服务的企业，并不涉及内容的生产、传播和加工，按现行规定，不用获取出版领域的相关资质。对于预置数字内容在终端内的终端设备制造商，同样需要获得电子书复制资质；未预置任何数字内容的终端设备制造商，同样不用获取出版领域的相关资质。

综上所述，我国政府管理部门对数字出版企业的管理重点始终聚焦在“内容”这一核心环节上，各类与内容生产、加工、聚合、传播相关的企业，除了要按规定获得相应资质许可外，还要在内部建立严格的内容审核把关机制，严把内容发布这一关口，确保传播出去的内容符合现行新闻出版法律法规的具体要求。但是，较之内容生产，对从事数字内容传播和展现业务的企业，管理相对较松。未来，随着“逐鹿”数字出版“战场”的企业逐渐增多，在坚持分类管理标准的基础上，除严把内容生产关外，应逐步放开内容发布、传播等其他环节的市场，提高数字出版产业竞争的有效性。此外，还应充分发挥行业协会的沟通协调与企业自身的自我管理和自我约束功能，实现数字出版产业的健康、快速发展。

6.1.2 数字出版企业的流程管理

数字出版是以数字化的内容资源为核心的生产，主要包括内容资源采集和制作、内容资源加工、内容资源管理和产品发布等环节。①内容资源采集和制作：内容资源主要包括文字、图片、音视频等，它可以是作者创作的书稿、字画、网络原创文学、网络原创音乐或制作的动漫、动画和拍摄的图片、视频、电影等作品。该环节主要是通过作者、记者、采编人员、版权交易、内容提供商等获取内容资源，并对采集到的内容资源进行审读和校对。②内容资源加工：该环节主要是对采集到的内容资源，按有关标准和元数据要求进行分类、标引等深度加工，以实现内容资源的“碎片化”管理。③内容资源管理：该环节主要是基于内容资源管理系统，将加工后的内容资源分类入库，实现对内容资源的存储、利用、检索、更新及统计分析等管理操作。④产品设计：数字出版产品的设计，一般包括市场调研、需求分析、原型设计、视觉设计、技术实现、测试、发布和分析总结等几个阶段，其中的产品发布环节主要是根据用户需求，将内容资源以各种产品形态，通过多渠道进行发布，实现一次采集，多形态生成、多渠道传播。⑤产品运营：指一切用于连接用户和产品，并产生产品价值和商业价值的手段。包括市场运营、用户运营、渠道运营、内容运营、活动运营、品牌运营等。

以上只是数字出版企业的几个主要业务环节，每一业务环节均可细分为许多具体的业务。数字出版企业的流程管理就是要规范企业具体的数字出版业务操作，并用流程图的形式进行描述。

6.2　在线型电子多媒体出版（数字出版）物的产品

6.2.1　数字出版产品的特征

尽管数字出版产品种类和形态多样，但它们都具有以下一些共同特征：

（1）创新性：数字出版产品与物质产品不同，它不可能是以前出现的产品的简单重复，必须是有所创新，有所突破的。它必须是生产者创造性劳动的成果，必须体现出内容、形式或观念上的某种独特性。

（2）价值的非消耗性：数字出版产品的消费方式更多地表现为欣赏，其文化价值不但不会消耗，反而会在人们的共鸣中变得更加丰富。而且，由于人们文化观念的差异，人们对于同一数字出版产品的评价会相差很大，因而数字出版产品的效用很难直接衡量。同时，数字出版产品的价值也难以计量，更没有统一的社会平均必要劳动量作为标准。

（3）商品性：数字出版产品除了作用于人们的精神世界，满足人们精神生活的需要，产生一定的社会效益之外，还能投入生产领域转化为有形的物质产品，满足人们物质生活的需要，产生一定的经济效益。在商品经济的条件下，数字出版产品具备了商品的基本属性，或者说是商品化了。也就是说，数字出版产品是人们生产出来并用于交换的劳动产品，可以进入市场并营利。当然并不是所有的数字出版产品都能成为商品，某些数字出版产品或公益性的数字出版产品就不能商业化。但数字出版产业范畴里的数字出版产品，必须面向市场，走商品化之路。否则，数字出版产业就不可能存在。

（4）大众化：数字出版产业链中的数字出版产品，不面向广大受众是不可能的。即数字出版产品必须首先流行起来，得到大众的青睐，也就是有成群的人听它们、买它们、读它们、消费它们，并能尽情地享受它们，才能够在市场中生存。这种对受众的重视也导致产品本身必须在“大众化”方面做出应有的努力。这里所说的“大众化”，意味着产品本身要做到令人喜闻乐见，要表现大众的审美趣味，满足大众的审美期待。

（5）可复制性：数字出版产品原则上可以无限地、大量地被复制，其复制成本几乎可以忽略不计。数字出版产品的可复制性，一方面为人们共享信息提供了方便，另一方面对数字出版产品的版权保护提出了更高的要求。

（6）网络传播性：数字出版产品主要是通过网络传播。其传播途径主要包括互联网、无线通信网和卫星网络等。

6.2.2 数字出版产品发展策略

1. 整体规划，分步实施

数字出版经过多年的发展，已步入快速发展期，但从传统出版业的发展情况看，数字出版的收入在出版业整体收入中所占的比例还比较低，数字出版的盈利能力尚不强，致使很多传统出版企业不愿投入太多的资源发展数字出版业务，一些出版企业还处于数字出版的起步和尝试阶段。数字出版是出版业发展的重要趋势和方向，如何发展数字出版，加快推动传统出版和数字出版融合发展，数字出版产品研发是关键。数字出版产品的开发商，要遵循整体规划、分步实施的原则，出版企业要根据自身内容资源的特点和优势、资源建设的可行性、可能投入的资金和人力资源、产品的技术实现难度及其他资源的配置等情况，在产品的发展方向上做好整体规划，选择投入少、技术门槛低的产品入手，逐步落地、稳步推进。

2. 品种和产品形态多样化

多品种、多产品形态开发，实现数字出版产品的多样化和规模化是数字出版企业扩大数字出版业务规模、提高数字出版发展水平的重要途径。多品种开发是指产品内容不同，而产品形态相同或不同的数字出版产品。安德森的“长尾理论”告诉我们，只要存储和流通的渠道足够大、成本低，需求不旺或销量不佳的产品所共同占据的市场份额可以和那些少数畅销产品所占据的市场份额相匹敌甚至更大。数字出版产品的存储、流通、运营管理及销售成本几乎可以忽略不计，可以说一次制作，永远受益。因此随着时间的推移，任何小众产品在互联网上都会有被点击和被卖出去的机会。小众产品在企业销售或利润曲线上会形成一条长长的“尾巴”，许多小众产品的点滴销售累加起来，也可以使数字出版企业获得丰厚的回报，有时甚至可以超过畅销产品带来的利润。互联网时代是关注“长尾”、发挥“长尾”效益的时代。数字出版企业以自身特色和优质资源为依托，重视和开发长尾小众产品，采取大众产品和长尾小众产品营销并存的经营增长方式，将更有利于数字出版产业的发展和繁荣。

多产品形态开发是指同一内容资源开发成不同形态的数字出版产品，即复合出版。如同一内容资源可以开发成电子书、电子杂志、手机读物及多媒体光盘等多种形态的产品。

3. 内容为王，打造品牌

出版的本质是传播优秀文化，从出版业的发展和变革来看，数字出版只是出版业发展的一个新阶段，数字出版的本质依然是传播优秀文化和提供精准的知识服务。在数字出版发展初期，内容企业、渠道企业、技术企业可谓群雄并起，逐鹿市场，“内容为王”“渠道为王”“技术为王”“用户为王”“服务为王”等曾是业界和学者讨论的热点话题。经过多年的发展，数字出版已经进入了一个全新的发展时期，以今日头条、掌阅科技、中文在线、得到、知乎等为代表的新媒体内容传播平台，其优质原创内容的影响力、传播力令人瞩目，“内容为王”再一次被越来越多的人所提及，内容资源已经成为传媒企业的核心资源，优质原创内容的生产和供给能力已经成为传媒企业的核心竞争力。

数字出版企业要充分挖掘利用以往的优势内容资源和现有品牌资源，如畅销书和规模化的专业图书资源，并借助互联网、移动媒体、影视等多种传媒手段，打造特色化、专业化、品牌化的数字出版产品，铸造自己的“拳头产品”和“金字招牌”，树立良好的产品形象和企业形象，形成品牌效应。

4. 加强技术创新，打造特色产品

近几年来，云计算、物联网、大数据、人工智能及 VR/AR 等新技术发展迅速，并且在许多行业得到了广泛的应用。加强技术应用创新，打造差异化和特色产品是出版企业提升产品竞争力的重要途径。数字出版是一种新的出版形态，数字出版企业在产品的创作、设计、生产和制作过程中要不断融合新技术，以实现内容和技术的完美结合，赋予产品更强的生命力，以特色产品获得用户的信赖，赢得市场竞争。

6.2.3 数字出版产品质量管理

出版的目的是传播优秀文化，出版工作的本质是通过出版的专业活动，对内容资源进行加工整理，为读者提供精准的知识和信息服务，数字出版也不例外。目前互联网技术及新媒体的发展非常迅速，导致出版的边界变得越来越模糊，部分网络直播、网络文学、知识服务 App 等未经审批和加工的内容是否属于出版工作的范畴，引起了许多出版工作者的质疑和担忧，内容低俗、侵权、数据不准确甚至造假等已经成为数字出版亟待解决的问题。因此，从长远的发展来看，规范数字出版制作流程、完善数字出版审读制度、加强数字出版质量管理是保障数字出版健康发展的关键。

产品质量就是企业的生命，是企业生存的基础，数字出版企业必须以质量为导向，增强质量意识，坚持质量第一、效益优先的原则，严格把控选题策划、选题论证、编写队伍遴选、内容审读、内容校对、设计、技术实现、产品发布等环节，借鉴传统出版的多层策划、多级论证、多级遴选、内容三审三校和“齐、清、定”等质量保障措施，从学术、内容编校、产品设计、产品营销、服务、版权等各个方面加强数字出版质量管理，逐步形成全员、全流程、全媒体的数字出版质量管理体系。

6.3 在线型电子多媒体出版（数字出版）物企业的营销管理

6.3.1 数字出版产品营销

出版物营销主要有传统的实体渠道营销和网络营销两种方式。在互联网和电子商务大环境下，出版物营销正在主要由新华书店集团发行、实体书店销售的传统营销模式向基于互联网的网络营销模式转变。

互联网是企业不可或缺的营销推广渠道，网络营销已经成为企业一种重要的营销方式。中国互联网络信息中心（CNNIC）发布的第 40 次《中国互联网络发展状况统计报告》显示，截至 2016 年 12 月，利用互联网开展营销推广活动的企业比例为 38.7%，较 2015 年增长 4.9 个百分点。在各种主流互联网营销渠道中，即时聊天工具营销推广的使用率最高，达 65.5%；电子商务平台推广、搜索引擎营销推广分列第二、三位，使用率分别为 55.1%和 48.2%。即时聊天工具、电子商务平台、搜索引擎，长期占据企业互联网营销推广渠道的前三位置。

微信、微博、QQ 等社交应用正发展为连接一切的生态平台。社交应用日益丰富，从即时通信到新闻推送、视频直播、视频聊天、评论、支付交易、游戏、公共服务等，都可通过社交应用实现。社交应用已经成为企业精准和个性化营销最活跃的场所。

电子商务平台营销、社交媒体营销、数据库营销、电子邮件营销、搜索引擎营销等已经成为数字出版产品营销的主要方式。

（1）电子商务平台营销：随着当当网、京东、亚马逊等电子商务企业进入数字出版产品分销领域，电子商务企业将成为数字出版产品重要的分销渠道。数字出版企业将数字出版产品按一定的折扣分销给当当网、亚马逊、京东等电子商务企业，电子商务企业依托其电子商务平台，自行定价，以 B2C 的方式销售给消费者。

（2）社交媒体营销：微信、QQ、微博已经成为人们交友、娱乐、相互交流和沟通的重要场所，也是信息交流和传播的重要平台。人以类聚、物以群分，在社交网络上，网民按社交圈和兴趣圈等实现了精确分类，这无疑为企业实现精准营销和口碑营销提供了成本低廉的营销信息传播通道。社交媒体营销已经成为企业不可或缺的一种营销方式和企业电子商务重要的流量入口。

（3）数据库营销：数据库营销也叫精确营销或精准营销，是指企业通过应用客户关系管理（customer relationship management, CRM）和销售等信息系统，记录、搜集和积累消费者的大量购买信息，并储存在数据库中，再利用信息统计分析和挖掘工具，对数据库中的信息进行统计分析和挖掘，以预测消费者的购买行为、购买习惯和购买力等，从而有针对性地向消费者传递相关产品的营销信息，达到精准营销的目的。数据库营销作为市场营销的一种形式，能更好地帮助企业实现“以客户为中心”的理念，提升顾客忠诚度。数据库营销已经成为如当当网、亚马逊、京东等网上商城一种重要的营销方式，通过数据库营销，定期或不定期地以电子邮件的形式向客户推送产品信息。这种方式极大地推动了销售业务的增长。

（4）电子邮件营销：电子邮件营销是在用户事先许可的前提下，通过电子邮件的方式向目标用户传递有价值信息的一种网络营销手段。邮件营销有三个基本因素：用户许可、电子邮件传递信息、信息对用户有价值。电子邮件营销已成为企业一种重要的营销手段，低廉的成本和精准的效果，使其优势充分凸显。数字出版产品较传统出版物更适合邮件营销，商家可以根据客户订阅的数字出版产品，如电子杂志、数字报纸、数字期刊等直接发送到客户邮箱中，供客户浏览和阅读。

（5）搜索引擎营销（search engine marketing，SEM）：就是根据用户使用搜索引擎的方式利用用户检索信息的机会尽可能将营销信息传递给目标用户。简单来说，搜索引擎营销就是基于搜索引擎平台的网络营销，利用人们对搜索引擎的依赖和使用习惯，在人们检索信息的时候将营销信息传递给目标用户。搜索引擎已成为企业互联网营销推广的主要渠道之一。数字出版产品由于可以直接通过互联网进行浏览、阅读、使用和交易，所以更适合利用搜索引擎进行营销推广。数字出版企业要加强和主流搜索引擎的合作，一方面调整产品信息链接网页在搜索结果页上的排名，从而给网站带来更多的访问流量；另一方面，要不断完善搜索引擎营销方案，带给搜索引擎用户更好的使用体验，以提高网站流量转化率。

（6）全媒体整合营销：全媒体整合营销是全媒体出版的营销模式。全媒体出版是指书稿内容在付诸纸质图书出版的同时，通过互联网、手机、手持阅读器等终端数字设备进行同步出版。同一内容多渠道、多媒体形态同时发布的方式，体现了数字时代、网络时代媒体融合和合作共赢的新趋势。

互联网时代，网络营销已经发展成为企业一种重要的营销手段和方式，许多出版企业的网络营销业务已经大大超出了实体营销。数字出版企业要根据自己的实际情况，积极运用电子商务平台、网络社区、微博、电子邮件、移动平台等新的营销工具和平台，开展数字出版物的多渠道营销，以不断扩大数字出版业务规模。

6.3.2 营销管理的策略

分析网上消费者特征以确定适合网上销售的产品，企业产品在网络上销售的费用低于其他渠道的销售费用，像电脑软件等一些产品，在网上销售要比其他渠道方便得多，自然花费也就低得多，这样无形中降低了企业成本，提高了企业产品在市场上的竞争力。企业应利用网络上与顾客直接交流的机会为顾客提供定制化产品服务，同时企业应及时了解消费者对企业产品的评价，以便改进和加快新产品研究与开发。

研究价格策略以满足消费者需求，网上销售使得单个消费者可以同时得到某种产品的多个厂家的价格，以做出最合理的购买决定，而这也决定了网上销售价格的弹性较大。由于网上价格具有公开化的特点，消费者很容易全面掌握同类产品的不同价格，网上价格随时会受到同行业竞争的冲击，所以企业可以开发一个自动调价系统，根据季节变动、市场供需情况、竞争产品价格变动、促销活动等因素，在计算最大盈利基础上对实际价格进行调整，同时还可以开展市场调查，及时获得有关信息来对价格进行调整。消费者决定购买，可直接在线购物在线支付，也可以电汇付款，企业采用邮寄或送货上门，进行货物交割。随着网络技术和在线支付手段的日新月异，网上交易必将会越来越完善。

1. 内容为王的策略

出版物是公认的最适合进行网上传播和销售的产品，因此它成为网络媒体内容竞争的焦点。网络多媒体应用和服务的内容策划、节目来源、版权处理和编辑制作离不开出版产业的合作和支持，尤其是网络多媒体应用和服务项目的营运迫切需要造就一批具有良好互联网络知识、信息服务理念和文化艺术修养的复合型人才，而这样的人才应该更多来自出版和传播行业而不是计算机行业，因为网络出版的实质内容是出版和传播，网络只是一种新的传输工具。

出版产业参与网络媒体的应用和服务，首先要对网络消费群体和消费环境进行分析。通常网民具有一定的学历，易于接受新事物。进而针对网民的特点，把握市场趋势，量身定制各种各样的网络媒体消费，满足网民个性化需要。因此，参与网络媒体服务，不仅要改变传统出版技术，而且要改变传统出版观念。出版工作者要注重培养信息意识，自觉改善知识结构；培养对信息的特殊感受力，善于从司空见惯的现象中发现有价值的信息；培养对信息持久的注意力，习惯于把各类信息与自己要解决的问题进行联系；培养对信息的准确判断力，能够洞察信息的内在价值并做出正确的选择。

网络媒体使网民对信息的需求呈现出个性化的特点，而如何面对这个信息需求市场的新变化，提供庞杂多样的信息不是优势，能否提供个性化的、社区化的信息服务，才是网络媒体的主要任务。在网络媒体环境下，各种出版物的一般性差别缩小，读者更多地把重点放在培养自己的能力和提高工作效率上。媒体市场竞争的焦点将由直接追求买卖实物的利润，逐渐转为提供信息服务获取更高利润。所以，出版企业应当树立新的出版价值观，从为读者提供一般性的图书产品转向为读者提供针对性强的解决方案，从产品供应商转为信息服务商，成为能够帮助读者增强能力提高效率的良师益友。

网络传播无法改变出版的实质，将经过整理和有价值的信息提供给读者，这离不开编辑工作。数字出版由于信息含量巨大、图文声像并茂，编辑加工任务也更加艰巨。因此，在媒体市场竞争日趋激烈的情况下，传统出版的优势不在于拥有资金和技术，而在于拥有丰厚的资源优势，选题资料多、作者队伍广、编辑力量强、读者沟通快，拥有完善的编辑体系和丰富的出版经验。

2. 重视服务的策略

目前数字出版虽然拥有了许多传统出版所不具有的优势，如成本降低、没有库存、即时出版、彰显个性等，但是，在相当长的时间里，数字出版和传统出版将会并存发展，而且传统出版仍将占据主流地位。在数字出版和传统出版二者并存发展的过程中，数字出版将会部分替代传统出版，尤其是在科技类图书、工具书等专业出版领域。同时，数字出版和传统出版将明显地表现出分工合作、互相促进发展的趋势，传统出版为数字出版提供了大量的出版资源，而数字出版又为传统出版提供了更多的出版形式和出版选择，两者在营销上完全可以互相依托和促进。多媒体化、交互性、个性化的数字出版物，将成为全新的内容服务产品。数字出版将成为传统出版物提升内容和服务质量、获取更多经济利益的重要手段。数字出版将能够通过基于内容的智能搜索，根据读者的需要将整本书、书中的章节、每一页、每一个知识点甚至相关的多媒体素材等出版资源，整合成个性化的数字出版物，以读者最喜欢的方式展现和提供。

数字出版涉足的领域和规模，随着网络技术的迅速应用而逐渐扩大。一方面，新技术的应用会将现有的以图书、期刊等内容为主的网络出版领域扩展到以出版社的全部出版资源为核心的全方位出版领域，加快图书、期刊、音像电子等传统出版资源的数字化、网络化，加快内容资源的整合和再出版，实现包含即时出版和网络发行在内的立体出版格局，为读者提供交互丰富、操作简单、传播快捷的跨媒体服务。另一方面，数字出版将会深刻影响传统出版模式。数字出版的即时性、海量数据以及个性化服务特征，都要求对整个传统出版流程进行流程再造，并在此基础上建立和完善出版资源管理系统。

6.4　在线型电子多媒体出版（数字出版）物企业的运营模式

数字出版突破了传统出版的经营关系，传统出版经营包括作者、出版者、发行商、销售商、读者等，其中出版社与发行商的作用举足轻重。而数字出版作者可以直接通过网络渠道独立出版自己的著作。尽管目前数字出版尚未真正成熟，人们还没有找到一种适合的可以给作者和出版商带来最大利益的经营模式，但涌现出来的经营模式多种多样。

6.4.1 数字出版产业链

产业链是产业经济学中的一个概念，是指同一产业中不同分工环节之间基于一定的技术经济联系,并依据特定的逻辑关系和时空布局关系客观形成的链条式关联关系形态。

传统出版产业链中，出版企业作为连接作者、印刷企业、发行企业和读者的纽带，处于产业链的核心位置，主导产业链的运营。传统出版产业链是单向、封闭的链条，其他企业很难参与进来。

数字出版产业链的构成，比传统出版产业链要复杂得多。数字出版产业链角色多，环节多，除了内容提供者、出版企业、内容加工企业、新媒体企业、内容运营企业和消费者之外，技术提供商、智能硬件厂商、网络运营商、支付企业、广告主、版权代理商等企业通过各种服务都加入了产业链。产业链各方关系交错，它不再是以出版企业为核心的单向、封闭结构，而是依靠精准、高效的信息和知识服务能力来决定，是交叉、开放的结构。

在国内数字出版发展过程中，“内容为王”“技术为王”“渠道为王”“营销为王”“终端为王”“产品为王”“服务为王”等诸多理念相继被提出并引发各种探讨和思考。其实，无论是内容、技术，还是渠道、营销，乃至终端、产品、服务，从产业发展的角度来看，都是数字出版产业链的重要环节和不可或缺的因素，上述提法往往更专注于产业链的某一个或多个环节。然而，只有通过分工与合作，强化产业链各环节之间的融合，实现资源的优化配置，形成合理有序的数字出版产业链，才能促进整个数字出版行业的发展和提高数字出版产业整体的盈利水平，才能推动数字出版产业逐步走向成熟。

6.4.2 数字出版的运营管理

运营管理就是对运营过程的计划、组织、实施和控制，是与产品生产和服务创造密切相关的各项管理工作的总称。企业运营管理要控制的主要目标是质量、成本、时间和柔性。它们是企业竞争力的根本源泉。因此运营管理在企业经营中具有重要的作用。特别是近二三十年来，现代企业的生产经营规模不断扩大，产品本身的技术和知识密集程度不断提高，产品的生产和服务过程日趋复杂，市场需求日益多样化、多变化，世界范围内的竞争日益激烈，这些因素使运营管理本身也在不断发生变化。尤其是近十几年来，信息技术突飞猛进的发展和应用，为运营管理提供了强有力的手段，也使运营管理进入了一个新阶段。

现代运营管理涵盖的范围越来越大，已不局限于生产过程的计划、组织与控制，而是扩大到包括运营战略的制定、运营系统的设计以及运营系统的运行等多个层次的内容。把运营战略、新产品开发、产品设计、采购供应、生产制造、产品配送直至售后服务看作一条完整的“价值链”，对其进行集成管理。

互联网和云计算技术的发展和应用，加快了全球经济一体化的发展。全球化运营管理已成为现代企业运营管理的发展趋势。数字出版运营管理，包含数字出版企业产品开发与设计、平台建设、渠道与市场管理及商业模式设计等一系列活动，这些活动涉及数字出版产业链的各个环节。

6.4.3　几种主要的运营模式

就数字出版具体实践来看，数字出版产业是集内容生产、技术服务、渠道运营和终端市场开发等环节于一体的新兴产业。围绕数字出版产业链的各个环节，也就形成了市场上不同的运营主体和产业的上下游企业。不同运营主体通常会基于自身优势来介入数字出版领域，之后或进一步强化自身优势，或谋求与其他运营主体的分工合作，或在产业链上进一步拓宽自身业务范围，由此也就形成了不同的数字出版运营模式。结合国内外数字出版当前的发展情况，根据数字出版产业链上各个主体的核心优势及其运营情况，可以看出数字出版领域主要存在内容运营商主导模式、技术提供商主导模式、通信运营商主导模式、终端+内容平台模式。

1. 内容运营商主导模式

内容资源是数字出版的源头，没了内容，数字出版就是“无源之水”“无本之木”了。内容运营商主导模式，即围绕内容资源来开展数字出版业务的模式，其核心是针对数字环境下不同用户的内容资源需求特征发展有针对性的内容资源组织与服务方式。内容运营商可以分为传统出版商、互联网出版商和内容资源集成商三种类型。

1）传统出版商

内容资源是传统出版单位最主要的优势所在，在当前的数字出版市场上，基于已出版内容资源的数字化，仍是数字出版内容的主要组成部分。但在与传统出版关系密切的数字图书、数字期刊、数字报纸等数字产品市场中，由于资源规模和技术应用方面的局限，传统出版单位往往沦落为内容资源的提供者，既难以从数字产品销售市场获利，也无法主导数字阅读市场进而推动运营模式的形成。但这也并不意味着传统出版单位在数字出版领域难以作为。众所周知，现代出版业可分为专业出版、教育出版和大众出版三个领域。在专业出版领域，基于高端优质学术资源全力打造数据库等数字产品，是专业出版单位向数字出版转型的重要路径，也是实现数字出版盈利的重要运营模式。爱思唯尔（Elsevier）、施普林格（Springer）等可谓这方面的佼佼者。比如爱思唯尔的 Scopus 已成为全球最大规模的文摘和引文数据库。爱思唯尔还围绕高端的内容资源开发各种数字化产品来帮助用户实现对学术资源最大限度的挖掘和使用。国内的专业出版领域，如社会科学文献出版社、知识产权出版社、人民卫生出版社、人民军医出版社等，也都基于自身特色内容资源推出专业学术数据库。在国内的教育出版领域，如中国教育出版传媒集团，不仅全面整合教育教材和教育图书内容资源，进行数字化教学资源建设，打造个性化的网络教材，还建设人教网等资源服务平台和数字复合出版平台，并积极探索增值服务、在线数据库服务、个性化定制等服务运营模式，成为教育数字出版领域的“排头兵”。与此同时，国内一些大型出版集团立足丰富的内容资源和出版资源，纷纷在数字出版产业链上拓宽自身业务范围。上海世纪出版集团不仅推出了全球第一款由传统出版企业自主研发和设计的电子阅读器——辞海悦读器，还开发了“辞海天下”网站作为后续的内容提供平台。中国出版集团也推出了大佳阅读器，并全力打造中国数字出版网——大佳网。这都是大型出版集团通过内容资源平台的打造，推进内容与终端对接，尝试打通整个产业链的一次实践，也进一步丰富了内容运营商主导的运营模式的内涵。“内容为王”是数字内容产业可持续发展的关键，在未来数字内容产业的发展中，传统出版单位会逐步占据产业链的主导地位，从而引领整个产业的发展。内容出版商主导产业链发展模式是数字内容产业走向成熟的标志。

2）互联网出版商

随着信息技术、互联网技术的发展，人们的网络阅读习惯开始养成，一些互联网企业很好地捕捉到这一变化和潜在商机，开始通过创办原创网站或整合小型原创网站的方式来满足网络阅读需求，内容主要集中在网络原创文学领域。网民的巨大阅读需求催生了一大批网络写手，再加上互联网企业的商业运作，促进了网络原创文学的蓬勃发展，在让网络原创文学成为一种重要的数字出版产品的同时，一些互联网企业也一跃成为互联网出版商。这其中，最为成功的无疑是盛大文学。盛大文学是盛大集团旗下文学业务板块的运营和管理实体，通过整合国内优秀的网络原创文学力量，推动纸质书出版，加强第三方版权内容的数字化运营，构建中文正版数字书城，为消费者提供数字图书、数字报刊等数字商品，不断发展成为受作者和读者青睐且互动性强的互联网出版商。在整个经营过程中，盛大文学以原创内容资源及版权资源为核心，通过打通线上出版与线下出版、开发阅读终端并建设内容平台、版权分销和再开发的全版权运营策略、发展全媒体形态的传播方式，除在线出版、纸质出版、移动阅读外，还推出了影视改编、网游改编、漫画改编，在数字出版产业链上进行全方位尝试，最终形成数字出版运营的盛大文学模式。

3）内容资源集成商

在海量信息时代，规模效应对数字出版有着特殊意义，无论是专业出版、大众出版还是教育出版，内容资源的高度集成都是充分满足阅读需求、提供个性化服务的基础和前提，也是产业发展的必然趋势。与传统出版商和互联网出版商不同，内容资源集成商本身并不出版内容资源，只是通过版权合作的方式实现对内容资源的高度集成，进而形成规模效应和品牌效应。正因为如此，数字版权收益是内容资源集成商要解决的核心问题。在国内，内容资源集成商主要围绕期刊和图书展开数字出版业务，前者主要有同方知网、万方数据、维普资讯、龙源期刊等，后者主要有方正阿帕比、超星、书生、中文在线等。内容资源集成商主要通过 B2B、B2C 两种模式进行销售。B2B 的销售对象主要是国内外的公共图书馆、政府局域网和学校学习平台；B2C 主要是付费阅读，通过账号充值、阅读卡、手机支付等方式来实现在线阅读或下载阅读。随着数字出版业务的发展，内容资源集成商已不满足于数据库产品的销售发行，对内容的深度开发与使用及对数据的整合营销成为其进一步发展的目标，并在此基础上提出了“知识服务”的概念，进行知识服务平台的建设工作。

2. 技术提供商主导模式

在数字内容产业发展初期，技术提供商无疑是产业发展的主要推动者，它们在数字内容产业链中处于核心地位，直接面对市场运营内容产品，主导着整个产业链，同时也是主要的获利者。

第一是通过自主研发数字出版技术发展数字出版。在国内，方正是以技术提供商身份介入数字出版领域的重要范例。方正在出版行业积淀深厚，在继承并发展方正传统出版印刷技术优势的基础上，自主研发了数字出版技术及整体解决方案，已发展成为全球领先的数字出版技术提供商。

第二是基于搜索技术发展数字出版。如谷歌的数字出版，谷歌对数字出版业务的介入主要是通过其“图书搜索”项目及成功的运作实现的。谷歌模式的核心就是海量的内容资源加上强大的搜索技术。谷歌多年来一直在努力与图书馆、出版社、作者协商，扫描各种图书内容，拥有了大量的内容资源，客户可以非常便捷地搜索到想要的图书。还有百度的数字出版，百度公司同样依靠其搜索技术介入数字出版领域并做出诸多尝试。2006 年 1 月 12 日正式推出“国学频道”。2011 年 9 月，“百度阅读开放平台”上线，为图书阅读者提供多样化的付费阅读体验。2013 年 12 月，百度推出自媒体平台“百度百家”，通过引入百度联盟的广告模式，入驻作家在该平台发布文章后，将根据流量获得收入分成，并依托百度新闻流量资源，获得流量、渠道、内容方面的推广。2014 年 6 月初，百度与多家专业出版社合作推出了“百度学术搜索”，内容涵盖了各类学术期刊、会议论文，可检索到收费和免费的学术论文。与谷歌模式不同的是，界面上无广告。

3. 通信运营商主导模式

中国互联网络信息中心发布的第 43 次《中国互联网络发展状况统计报告》显示，截至 2018 年 12 月，中国网民规模达到 8.29 亿人，其中手机网民规模达到 8.17 亿人，手机作为第一大上网终端的地位更加稳固。手机阅读习惯的养成和手机阅读用户规模的加大，使得手机阅读市场发展潜力巨大。

通信运营商的数字阅读业务以手机、电子图书、平板电脑等移动终端为载体，业务定位是“打造全新的图书发行渠道”。在手机出版产业链中，由于通信运营商同时具备用户和支付优势，因此，它们既是内容运营商，又是网络运营商，在产业链中占据绝对主导地位。

手机阅读最初是一种移动通信的增值业务，随着手机新闻网站、手机小说、手机报等业务已经成为大众最重要的阅读模式，国内三大通信运营商纷纷将手机阅读定位为继手机音乐之后最具潜力的增值业务。为此，三大通信运营商悉数建立自己的阅读基地，并推出移动阅读平台，如移动的“手机阅读”、联通的“沃阅读”、电信的“天翼阅读”。手机阅读市场的通信运营商所拥有的庞大的用户群、便捷的支付模式、强大的推送能力、方便的阅读工具，是其进军数字出版领域的核心优势，基于这些优势，通信运营商可实现对产业链的强力把控。通信运营商的手机阅读业务是典型的渠道制胜模式，尽管其内容产品不具优势，但其强大的渠道具备垄断优势。目前的通信运营商承担了多种角色，包括运营商、技术提供商、接入服务商、推广商，占据了定价、利益分配的绝对主导权。

4. 终端+内容平台模式

随着数字化阅读和移动阅读日益普及，阅读终端市场日益火爆。电子阅读器凭借其舒适的阅读体验、强大的续航能力和日渐亲民的价格，逐渐被更多人士认定为最适用于数字阅读的移动终端。自 2007 年 11 月 19 日亚马逊在美国发布其首款电子阅读器 Kindle 以来，电子阅读器就以一个“阅读革命者”的姿态进入人们的视野。在国内，电子阅读器市场同样发展迅猛，国内最早介入电子阅读器市场的是汉王科技。由于迎合了数字化阅读和移动阅读的需求，电子阅读器作为推进数字出版的有力支点成为可能，而电子图书阅读器市场的日益火爆，巨大的销量也使其成为广大出版商心中一种理想的电子图书销售渠道。于是，为了进一步提高在终端市场的竞争力，走出依靠卖终端盈利的阶段，终端制造商以阅读终端为依托介入数字出版领域，以终端优势带动内容资源的发展，进而构建“终端+内容平台”的发展战略并使其成为一种重要的运营模式。比较成功地实现了这一运营模式的是亚马逊公司和苹果公司。

还有两种运营模式虽然还不占主流，但是也受到人们的关注。一是作者主导型。这种模式最具数字出版特征，作者就是出版人、发行人。作者不通过出版社、发行商，可以使用专门电子图书制作软件，将自己的作品转化成电子图书，上传到个人网站供读者浏览、下载。既可以让读者付费阅读、复制，也可以让读者免费阅读。二是按需印刷型，即 POD（print on demand），经营者通过互联网展示其可以提供该项服务的电子图书书目或电子图书，顾客选择后向其进行订购，经营者则根据顾客需求即时印刷，装订成纸质书本发给顾客。POD 是比较成功的经营模式，因为它满足了人们往往同时需要电子图书和纸质书的心理需求，因此许多网络书店免费提供 e-Book，但前提是必须购买相应的 POD 印刷版。

6.4.4 盈利的策略

数字出版如何实现盈利，重要前提是必须彻底转变出版社的经营思路，要把自己从图书、光盘以及格式化电子图书等产品的销售商，转变为在线内容的增值服务商。否则，出版社始终沿袭着出书、卖书的经营思路，即使换个载体介质，也难以取得很大的发展。

实践证明，数字出版的形态各异，其盈利模式差异很大。出版单位应根据市场情况和自身优势进行研究，逐步探索出自己的数字出版模式。要仔细研究用户需求和数字技术的优势，用技术手段来满足读者的需求并使之转变为用户，例如通过微博、微信、众筹、众包等新方式合作写“书”，利用即时通信工具等交流手段，将用户联结成社区。数字出版有了盈利模式，能否赚到足够的利润，与产品推广及网络服务密切相关。不同于各种实体书店的纸质图书销售，数字出版的产品或服务要通过互联网进行，除了海量的信息内容外，数字出版单位建好网络平台十分重要，对网站的点击频率、页面浏览指数都必须予以关注。目前许多出版社对此比较忽视，大多数使用原来出版社网站做销售业务，一般流量很低，效果很差。从国际权威的网站排名中可以看出，我国的出版社网站排名普遍靠后，如果网站信息推广的功能薄弱，访问网站的人数较少，真正购买产品和服务的人就更少，很难达到销售与盈利的平衡点。

数字出版盈利不仅是内容和技术问题，还有宏观、中观和微观环境建设问题。从宏观经济环境来看，要培养网民对权威、可靠的知识有偿阅读的意识；要建立信用度高、安全方便的网络支付系统；要解决数字出版不同产品的格式统一问题。从中观产业链条建设来看，要充分考虑数字出版与多媒体、互联网技术的密切合作，要充分考虑数字出版与新闻传播、电视广播的密切合作。横向做到跨媒体、跨行业、跨地区合作；纵向形成上游创作、中游制作、下游服务的完整体系。从微观企业机制完善来看，数字出版技术要求高，市场变化大，传统出版社必须进行内部结构调整；成立专门的数字出版股份公司，对外引资合作；通过持股或期权的方式，吸引懂出版、有技术、会管理的复合型人才；采用企业管理和薪酬激励方法，提高员工的工作效率和管理效能。

一般认为，2015～2016 年是数字出版产业飞速发展并出现重大转折的年度，是数字出版概念被业内广泛认可的年度，也是数字出版产业链、数字出版规模正在形成的年度。之后数字出版一路快速发展，其实践价值与战略意义日益显现，正如《数字出版“十二五”时期发展规划》指出的，数字出版“已经成为新闻出版业的战略性新兴产业和出版业发展的主要方向，也是国民经济和社会信息化的重要组成部分。大力发展数字出版产业，已成为我国实现向新闻出版强国迈进的重要战略任务”。数字出版运营情况既反映了数字出版产业发展的现状和问题，也影响着数字出版产业的进一步发展。

6.5　数字出版产业收入情况与用户规模

6.5.1　数字出版产业收入情况

国家新闻出版署在 2010 年出台的《关于加快我国数字出版产业发展的若干意见》中，数字出版产品主要包括电子图书、数字报纸、数字期刊、网络原创文学、网络教育出版物、网络地图、数字音乐、网络动漫、网络游戏、数据库出版物、手机出版物（彩信、彩铃、手机报纸、手机期刊、手机小说、手机游戏）等。而在由中国新闻出版研究院组织编写的中国数字出版蓝皮书即《中国数字出版产业年度报告》中，从2006年开始，纳入历年数字出版产业收入情况统计的数字出版产品主要包括互联网期刊、电子图书、数字报纸、博客、在线音乐、手机出版物、网络游戏、网络动漫、互联网广告。基于统计口径一致性和相关数据获取难度等因素，本章主要采用《中国数字出版产业年度报告》历年的相关数据来分析描述数字出版产业收入情况。

作为衡量数字出版产业成熟程度的一个重要标志，数字出版产业收入一直保持着快速增长势头。从表6-1可以看出，数字出版产业整体收入情况已从2006年的213亿元上升到2018年的8330. 78亿元，且各种数字出版产品的收入情况也都出现了大幅增长。

为了更准确地理解数字出版产业整体收入情况的统计数据，需要注意一些统计口径下的变化。第一，从2008年开始，互联网期刊收入不再包括多媒体、互动期刊部分。第二，受平板电脑类产品的冲击，国内电子图书阅读器市场在2012年整体陷入低迷，产品销售出现大规模萎缩，所以从2012年起不再统计电子图书阅读器市场收入，电子图书收入主要来源于正式出版物和网络原创出版物两部分（B2B和B2C两种销售模式）。第三，从2008年开始，数字报纸收入由“网络版+手机报”两部分，调整为仅包括网络版及其他收入，“手机报”收入并入“手机出版”中的“手机阅读”部分统计。第四，从2008年开始，手机出版收入构成由“彩铃+铃声+游戏+动漫”调整为“手机音乐+手机游戏+手机动漫+手机阅读”，从2010年开始手机出版收入不再包括手机动漫。这些统计口径上的变化也反映出数字出版产业尚处于探索成长期，发展变化得比较快。

在历年数字出版产业整体收入中，互联网广告、网络游戏、手机出版，一直占据着收入榜的前三位，是数字出版产业收入的主力军。而与传统出版关系密切的互联网期刊、电子图书、数字报纸，虽然在数字出版产业收入整体中的占比偏低，但也基本上保持增长态势。不过通过比较分析可以发现，2016年度互联网期刊、电子图书、数字报纸的收入情况分别为17.5亿元、52亿元、9亿元，而2016年度期刊、图书、报纸出版的营业收入分别为193.70亿元、832.31亿元、578.50亿元，数字出版收入较之传统出版尚有较大差距。这充分说明出版业仍需快速发展数字出版产业，不断促进传统出版向数字出版转型升级。

6.5.2 数字出版产业用户规模

与数字出版产业收入规模持续上升相对应的是数字出版产业用户规模平稳增长。截至2018年年底，我国数字出版产业的累计用户规模达到17.32亿人（家/个）（包含了重复注册和历年尘封的用户等）。在线音乐用户数为5.76亿人，与2017年相比，增长了5.1%；原创网络文学注册用户数为4.32亿人，增长14.2%。数字出版产业的各类用户规模均呈平稳增长态势，说明数字化阅读市场正在发育成长中，也显示出互联网和移动互联网正在切实改变人们的阅读习惯和阅读方式。

表 6-1　2006～2018 年数字出版产业收入情况

（单位：亿元）

数字出版产品分类	2006 年	2007 年	2008 年	2009 年	2010 年	2011 年	2012 年	2013 年	2014 年	2015 年	2016 年	2017 年	2018 年
互联网期刊	5+1（多媒体、互动期刊）	6+1.6（多媒体、互动期刊）	5.13	6	7.49	9.34	10.83	12.15	14.3	15.85	17.5	20.1	21.38
电子图书	1.5	2	3	14（电子图书 4+电子阅读器 10）	24.8（电子图书 5+电子阅读器 19.8）	16.5（电子图书 7+电子阅读器 9.5）	31	38	45	49	52	54	56
数字报纸	2.5（网络版、手机报）	1.5+8.5（网络版、手机报）	2.5（网络版）	3.1（网络版）	6（网络版）	12（不含手机报）	15.9（不含手机报）	11.6（不含手机报）	10.5（不含手机报）	9.6（不含手机报）	9（不含手机报）	8.6（不含手机报）	8.3（不含手机报）
博客	6.5	9.75	—	—	10	24	40	15	33.2	11.8	45.3	77.13	115.3
在线音乐	1.2	1.52	1.3	—	2.8	3.8	18.2	43.6	52.4	55	61	85	103.5
移动出版	80	150	190.8	314	349.8（未包括手机动漫）	367.34（未包括手机动漫）	472.21（未包括手机动漫）	579.6（未包括手机动漫）	784.9	1055.9	1399.5	1796.3	2007.4
网络游戏	65.4	105.7	183.79	256.2	323.7	428. 5	569.6	718.4	869.4	888.8	827.85	884.9	791.1
网络动漫	0.1	0.25	—	—	6	3.5	5	22	38	44.2	155	178.9	180.8
在线教育	—	—	—	—	—	—	—	—	—	180	251	1010	1330
互联网广告	49.8	75.6	170.04	206.1	321.2	512.9	753.1	1100	1540	2093.7	2902.7	2957	3717
合计	213	362.42	556.56	799.4	1051.79	1377.88	1935.49	2540.35	3387.7	4403.85	5720.85	7071.93	8330.78

第7章 在线型电子多媒体出版（数字出版）物的标准管理

随着信息技术和网络技术的发展，电子多媒体出版物成为新闻出版业发展的强大动力，新闻出版正经历着向数字化的转型和升级。电子多媒体出版物更加依赖技术的实现，标准在电子多媒体出版物发展中的作用日益显著。标准化有利于实现其链条上的各方利益，使其能分工合作，从而整体降低成本，实现信息的互联互通。本章首先从标准的定义、分类和作用入手，明确了数字出版标准的概念和特点以及实施数字出版标准的必要性，其次基于数字出版标准的基本内容分类总结了数字出版标准的研制现状，并详细阐述了数字出版标准建设的总体情况和目前存在的问题及解决途径。

7.1 在线型电子多媒体出版（数字出版）物标准管理的概述

谈到电子多媒体出版物标准，我们首先探讨一下什么是标准，标准的分类，标准有什么作用，电子多媒体出版物为什么需要标准化，才能对电子多媒体出版物标准有深刻的认识。

7.1.1 标准的定义、分类和作用

根据GB/T 20000.1—2002《标准化工作指南第1部分：标准化和相关活动的通用词汇》，标准是为了在一定范围内获得最佳秩序，经协商一致并由公认机构批准，共同使用的和重复使用的一种规范性文件。标准需要一个编制、发布、实施的过程，我们称之为标准化。

按照作用范围，可将标准分为国际标准、区域标准、国家标准、行业标准（专业、协会和部门）、地方标准和企业标准。

根据《中华人民共和国标准化法》的规定，我国标准分为四级：国家标准、行业标准、地方标准和企业标准。

按照标准属性，我国标准分为强制性标准和推荐性标准。保障人体健康，人身、财产安全的标准和法律、行政法规规定强制执行的标准是强制性标准，其他标准是推荐性标准。省、自治区、直辖市标准化行政主管部门制定的工业产品的安全、卫生要求的地

方标准，在本行政区域内是强制性标准。其他标准是推荐性标准。强制性标准必须执行，不符合强制性标准的产品将被禁止生产、销售和出口。

按照标准的作用，标准分为基础标准、产品标准、方法标准、管理标准、卫生标准、安全标准、环境标准等。

由于标准涉及领域的广泛性，其重要性和作用也是多方面的。简单地说，标准和标准化的主要作用是为了其预期目的改进产品、过程和服务的适用性，防止贸易壁垒产生，并促进技术合作。

7.1.2 数字出版标准及其特点

数字出版标准是在国家范围内或新闻出版行业内及相关企业内经协商一致制定并由公认机构批准，共同使用的和重复使用的一种规范性文件。数字出版标准化有利于均衡数字出版链条上的参与各方的利益，使其分工合作降低整体成本，使片面有限的资源实现效益的最大化，实现技术兼容、数字内容的互联互通和共享。

数字出版国家标准由国家标准化管理委员会发布。行业标准由国家新闻出版署发布。本书中所说的标准通常是指国家标准和行业标准。本书中所指的数字出版标准，主要是专门针对数字出版形态制定的标准，但也包括同时涉及传统出版和数字出版的标准。

数字出版标准有以下特点：

（1）技术性：科技发展是数字出版的主要推动力，网络出版、手机出版、电子书等新媒体形态无一不是建立在信息技术、软硬件技术、显示技术发展的基础之上的。因此数字出版标准具有很强的技术性，如内容格式标准是用来规范格式软件开发的，测试标准有明确的技术指标，有些需要开发专门的测试工具。

（2）系统性：传统出版的标准往往是单一标准，针对一个目标，解决一个问题，数字出版标准则具有较强的系统性特点，为解决一个问题需要相互支撑和配套的一组标准。如 ONIX（online information exchange，在线信息交换）标准，就是围绕出版供应链，以交易数据、交易流程、交易单证等标准为核心，并与销售信息、图书馆供应、数字资源唯一标识符（DOI）、元数据，以及 MARC（machine readable catalog，机器可读目录）等相关标准一起，构成一个相互联系的科学的有机整体。

（3）先导性：按照传统的标准化方法，标准是在技术相对成熟后才能制定的，显然这样的做法不符合数字出版的要求。数字出版技术更新换代快、产品生命周期较短，所以要求标准化要适当超前，能对产业的发展起导向作用。

（4）动态性：由于数字出版技术发展很快，如果按照传统的标准制修订程序，2 年制定、5 年复审修订显然不能满足数字出版的需要。数字出版标准体系及数据类标准等很多标准都需要动态维护。

7.1.3 数字出版制定标准的意义

（1）数字出版产业发展需要标准的规范：标准化水平是一个产业成熟度的重要指标，近几年虽然数字出版产业呈突飞猛进的发展态势，但存在着质量参差不齐、市场竞争混乱无序、企业投入盲目跟风等现象，业内对标准的呼声越来越高。标准的滞后成为产业发展的短板，标准不成熟也会带来资源的浪费，如各技术提供商标准各异、互不兼容。这些问题都需要研究和制定相应的标准来规范。

（2）数字出版的有序发展需要标准的优化与协调：标准具有先进性，有句俗语叫“一流企业做标准”，一定程度上反映了标准代表的技术高度，业内领先的企业往往通过积极参与制定行业或国家标准，提高产品或服务准入的门槛，保证本企业的市场垄断地位。同时标准又是协调一致的产物，标准的制定过程需要产业内企事业单位的广泛参与，所以标准的内容不可能是一家企业说了算，往往需要多方协调和妥协，这一过程保证了标准的产业适用性。

（3）数字出版产业管理需要标准化工具：有了统一的标准，才能在更为开放的平台上得以应用。国外不少大的出版集团很早就认识到标准化的重要性，在产业升级转型过程中，发起和主导了多项数字出版相关标准的制定，如 ePub 电子书格式就是由兰登书屋和哈伯·柯林斯等多家出版商联合美国出版商协会、国际数字出版论坛制定的。

7.1.4 我国新闻出版标准化管理体制

根据我国标准化法，国务院标准化行政主管部门统一管理全国标准化工作。国务院有关行政主管部门分工管理本部门、本行业的标准化工作。省、自治区、直辖市标准化行政主管部门统一管理本行政区域的标准化工作。省、自治区、直辖市政府有关行政主管部门分工管理本行政区域内本部门、本行业的标准化工作。市、县标准化行政主管部门和有关行政主管部门，按照省、自治区、直辖市政府规定的各自的职责，管理本行政区域内的标准化工作。

国家标准化管理委员会是国务院授权履行行政管理职能，统一管理全国标准化工作的主管机构。该机构由原中华人民共和国国家质量监督检验检疫总局（现为国家市场监督管理总局）进行管理。国家新闻出版署作为国务院有关行政主管部门分工负责新闻出版业的标准化工作。

7.1.5 我国新闻出版标准化机构

根据我国标准化法，专业标准技术委员会具体负责本行业、本领域的标准制修订及宣传和贯彻工作。目前新闻出版业的标准化技术委员会有 5 个，它们分别是全国新闻出版标准化技术委员会、全国出版物发行标准化技术委员会、全国印刷标准化技术委员会、全国新闻出版信息标准化技术委员会和全国版权标准化技术委员会，分别负责新闻出版领域的出版、发行、印刷、信息化及版权的标准化工作。见表 7-1。

表 7-1　新闻出版行业标准化技术委员会情况

名称	成立时间	秘书处挂靠单位
全国新闻出版标准化技术委员会	2012 年	中国新闻出版研究院
全国出版物发行标准化技术委员会	2010 年	中国书刊发行业协会
全国新闻出版信息标准化技术委员会	2007 年	新闻出版总署信息中心
全国印刷标准化技术委员会	1991 年	中国印刷技术协会
全国版权标准化技术委员会	2013 年	中国版权保护中心

7.1.6　标准制定的程序

标准的制定要严格遵循相关的程序。1997 年我国根据 ISO/IEC 导则制定了 GB/T 16733—1997《国家标准制定程序的阶段划分及代码》。根据该标准，我国标准的制定分为预阶段、立项阶段、起草阶段、征求意见阶段、审查阶段、批准阶段、出版阶段、复审阶段和废止阶段 9 个阶段。见表 7-2。

表 7-2　国家标准制定程序的阶段划分

序号	阶段	工作内容	完成周期 /月
1	预阶段	标准化技术委员会或相关部门对新工作项目建议提案进行研究及必要的论证，并上报标准化行政主管部门立项	—
2	立项阶段	标准化行政主管部门对新工作项目建议汇总、审查、协调、确定，下达标准制修订计划项目	3
3	起草阶段	技术委员会成立标准起草工作组，并完成标准草案征求意见稿	10
4	征求意见阶段	征求意见稿等材料经标准化技术委员会登记后，印发各有关部门征求意见	5
5	审查阶段	技术委员会通过会议审查或函审的方式，对标准材料进行全面讨论和审查，并形成报批稿	5
6	批准阶段	有关行政主管部门对标准草案报批稿审核后对其进行程序、技术审核	8
7	出版阶段	标准出版单位收到出版稿后对其进行出版	3
8	复审阶段	标准实施后，根据科学技术的发展和经济建设的需要适时进行复审，国家标准复审周期一般为 5 年	60
9	废止阶段	对已无存在必要的国家和行业标准，由国务院标准化行政管理部门予以废止	

来源：周思源. GB/T 16733—1997《国家标准制定程序的阶段划分及代码》实施指南[M]. 北京：中国标准出版社，2000.

7.2　在线型电子多媒体出版（数字出版）物的主要标准情况

数字出版标准可以根据内容呈现的载体、内容的形式、出版的流程、性质等进行划分。本节我们主要根据数字出版标准的基本内容对其进行分类，以增强对数字出版标准初步的认识。

1. 数字出版基础术语标准

术语是在特定学科领域用来表示概念的称谓的集合。术语标准是行政管理、技术交流、业务往来和信息交换的重要基础性标准。众所周知在生产过程中术语使用错误会导致严重事故，因此为避免对术语理解的偏差所带来的不必要的损失，许多科学技术领域都建有本专业的术语表。出版业的术语的统一有利于出版业的生产、管理和信息交流。

2010 年新闻出版总署出台《关于加快我国数字出版产业发展的若干意见》。该意见对数字出版进行了界定。目前术语标准有：全国印刷标准化技术委员会颁布的 GB/T 9851.8—2013《印刷技术术语第 8 部分：数字印刷术语》；全国新闻出版标准化技术委员会颁布的 CY/T 96—2013《电子书内容术语》、CY/T 149—2016《数字期刊术语》、CY/T 150—2016《数字期刊分类与代码》等。但数字出版中还有诸多概念和术语远未达成统一。

2. 数字出版资源的标识标准

在数字出版环境下，对数字出版内容进行唯一标识有利于海量资源的查找和利用，有利于加强版权保护的力度。制定标识类标准也是国内外数字出版标准化的首要任务。根据国际标准化组织相关标准化技术委员会制定的标准，我国相关标准化技术委员会积极采用和参考国际标准，制定我国对数字内容资源的标识标准。

根据 ISO 26324《信息与文献——数字对象标识符系统（DOI）》，我国制定了《新闻出版数字资源唯一标识符 PDRI》行业标准。该标准根据国际标准规定了我国新闻出版业数字资源唯一标识符编码结构、编码规则和管理规范。其编码结构基本与 DOI 一致，由一个前段码和一个后段码两部分组成，中间以分隔符“ / ”分隔，前段码和后段码的长度均无限制。目前该标准已发布为 CY/T 82—2012。

为适应数字音乐的发展，对 ISO 10957《信息与文献——国际标准乐谱出版物号（ISMN）》进行修订，将数字乐谱纳入标准的标识范围内。根据修订的国际标准，我国正在组织制定《中国标准乐谱出版物号 ISMN》行业标准。该标准针对各种载体形式和格式的乐谱分配标识符，为乐谱出版物在更大范围内的传播提供了条件。

随着数字出版的发展和国际标准的修订，全国新闻出版标准化技术委员会正在组织《中国标准连续出版物号 ISSN》国家标准的修订。该标准在 ISSN 基本分配原则不变的情况下，为适用于不同载体的相同连续出版物间的链接，增加了“ISSN-L”重要章节。这种分配管理办法调整为数字环境下多种媒体的相同出版物的关联和检索提供有效的方法。该标准的修订将有利于我国对网络连续出版物分配编码，有助于我国网络出版物信息走向世界。

2011 年新闻出版总署批准立项了《电子图书标识》行业标准，2015 年该标准已发布，根据该标准电子图书标识由国际标准书号（ISBN）和电子图书格式代码两部分组成，为电子图书的具体标识提供了解决方案。

全国版权标准化技术委员会 2015 年发布了《数字版权唯一标识符（DCI）》行业标准。该标准基于数字版权唯一标志技术，通过数字版权作品版权登记为每件数字作品赋予唯一的 DCI，可以使网上的所有数字作品都具有唯一的身份标识，并以此开展国内外数字版权登记、交易及结算、版权检测取证等服务。

已制定和正在制定的数字出版资源标识类标准如表 7-3 所示，这些标准与之前修订的 GB/T 5795—2006《中国标准书号》和 GB/T 13396—2009《中国标准录音制品编码》构成相互支撑的标识体系，为我国新闻出版业对各种出版资源提供了标识的方法，为海量数字内容的查找、交换以及版权保护提供了技术支撑。

表 7-3　已制定和正在制定的数字出版资源标识类标准

标准名称	内容	目的	与国际标准关系	制定和归口标准化技术委员会
《新闻出版数字资源唯一标识符 PDRI》	针对新闻出版资源，尤其是数字内容资源进行唯一标识	方便对数字内容进行查找和利用	非等效采用 ISO 26324《信息与文献——数字对象标识系统（DOI）》	全国新闻出版标准化技术委员会
《中国标准乐谱出版物号 ISMN》	针对各种载体形式和格式的乐谱分配的标识标准	为乐谱出版物在更大范围内的传播提供了条件	修改采用 ISO 10957《信息与文献——国际标准乐谱出版物号（ISMN）》	全国新闻出版标准化技术委员会
《中国标准连续出版物号 ISSN》	针对连续出版物分配的标识编码，该标准的修订主要是增加对网络连续出版物分配编码的功能	有助于我国网络为数字环境下多种媒体的相同出版物的关联和检索提供极其有效的方法。促进出版物信息走向世界	修改采用 ISO 3297《信息与文献——国际标准连续出版物号（ISSN）》	全国信息与文献标准化技术委员会
《电子图书标识》	针对电子图书分配的标识编码	有助于对电子书的标识和出版及发行		全国新闻出版标准化技术委员会
《数字版权唯一标识符（DCI）》	针对数字版权作品版权登记，赋予每件数字作品唯一的 DCI	为开展国内外数字版权登记、交易及结算、版权检测取证等服务提供支持		全国版权标准化技术委员会

3. 数字出版参与方的标识标准

数字出版内容相关的参与方（如作者、出版商、音像制作者、发布者等）对数字内容的创作、发布和传播等起着关键性或重要作用。人们在建立内容资源库的同时，也建立内容资源参与方和版权人的编码体系，目的是方便大家对内容资源参与方信息的收集、储存、查找和整理。给相关参与方进行编码有利于信息的检索和内容资源的版权保护。

在国际上，2006 年 ISO/TC46/SC9 开始制定 ISO 27729《国际标准数字出版参与方标识》（简称 ISPI），目的是在数字环境下为不同参与方的名称提供有效的标识途径，以便它们能在内容创作、生产、管理和发行产业链上被准确识别，以及与它们相关的内容能被有效管理。此后该标准的名称在研制过程中被改为《国际标准名称标识》（简称 ISNI）。

在我国，2008 年《中国数字出版参与各方标识》立项为国家新闻出版署行业标准项目，后根据国际标准名称相应改为《中国标准名称标识符》，目前该标准已经发布（CY/T 83—2012）。该标准的编码体系由 16 位数字组成，分为 15 位数字+1 位校验码两部分，与国际标准保持一致。

4. 数字出版格式标准

在传统出版中，出版内容印刷在纸上出售给顾客，在数字出版时期，数字出版产品没有具体的出版物形式，取而代之的是数字出版格式。当前数字出版过程中，大多数传统出版单位只是提供纸质的出版物或原始的电子排版文件，技术服务和内容运营商如果想要形成数字内容产品，必须要投入大量的资金和专业技术力量进行内容的加工和数据处理，造成了极大的社会资源浪费。同时大多数技术提供商只提供其专有呈现格式的数字产品而使这些产品具有了专有性，无法实现更大范围内的共享，出版单位对最终数字出版产品的主导性很差，收益很少，这也影响了它们的积极性。

为解决以上问题，新闻出版领域的标准化技术委员会制定相关数字出版格式标准，从不同层面对数字出版格式进行了规范。

2013 年国家新闻出版广电总局发布了《数字内容对象存储、复用与交换规范》系列行业标准。该系列标准目前包括 3 个部分——《数字内容对象存储、复用与交换规范第 1 部分：对象模型》、《数字内容对象存储、复用与交换规范第 2 部分：对象封装、存储与交换》和《数字内容对象存储、复用与交换规范第 3 部分：对象一致性检查方法》，由全国新闻出版信息标准化技术委员会组织制定，该系列标准规定了用于数字内容资源交换的数字出版格式，规范了数字资源的内容结构、特征、表现形式和载体形式，提出了数字内容对象的封装、复用和一致性检查方法，具有一定的创新性。

全国新闻出版标准化技术委员会组织制定的《数字阅读终端内容呈现格式》和《电子图书内容格式基本要求》两项行业标准于 2013 年正式发布。《数字阅读终端内容呈现格式》为数字阅读内容的格式提供制作标准，解决数字阅读内容的格式不统一、转换过程繁杂，以及阅读时错行、乱码、无法打开等问题，普及同时适用于各种数字阅读终端的文档格式。全国新闻出版标准化技术委员会立项制定的《面向长期保存的文档格式》、《数字出版呈现格式》行业标准和《新闻出版业置标语言 PPML》行业标准的预研报告已完成标准的评审。

新闻出版总署于2009年4月正式发布了由全国信息与文献标准化技术委员会出版物格式分技术委员会组织制定的《MPR 出版物第 1 部分：MPR 码符号规范》等 5 项行业标准。规范 MPR 码的使用，不仅能够统一纸质有声出版物码制，实现纸制出版物的有声听读，有助于传统出版向数字出版、跨媒体出版的顺利过渡，而且其广泛应用将极大地促进传统出版的产业升级，成为拉动出版产业增长的重要的高新技术成果。

2018 年 10 月，全国移动阅读电子书格式标准正式发布。该标准在总局《电子书内容标准体系表》（CY/T 25—2013）等行业标准的技术上进行细化，对阅读业务开展中内容提供方与平台间的内容交换所使用的格式提出了约束、规范及发展方向的要求。通过对标签场景定义的细化，对元数据定义增强的细化及包封装格式的按章独立，制定出一个开放的移动阅读电子书内容交换格式，实现一次制作多平台流通，促进实际业务高效运作。截至 2018 年底，已有 318 家出版单位在使用，2228 本出版内容已符合规范，734 家原创单位已经发布新版本离线制作工具，并处于陆续替换中。

5. 数字出版质量标准

我国数字出版产品良莠不齐。许多数字内容制作粗糙，内容出现乱码、错字、空页和半边字的现象屡见不鲜。这严重影响了读者的阅读体验，给社会带来不良影响，不利于我国数字出版的健康发展。规范数字出版内容质量已经势在必行。

全国新闻出版标准化技术委员会正在组织制定《电子图书内容质量要求及检测规范》。该规范主要内容包括电子图书内容质量要求部分和检测部分，其中质量要求部分包括质量结构、差错率计算方法（文字差错率要求在万分之一以下）和各个质量点的差错率要求与差错统计方法；检测部分包括质量检测的方法、流程和抽样比率，以及检测结论的得出和质检报告应包含的内容、参考样表等内容。

2016 年国家新闻出版广电总局发布了行业标准《数字期刊核心业务流程规范》、《数字期刊产品服务规范》和《数字期刊内容质量管理规范》，对于提高数字期刊行业运作水准具有重要的作用。2016 年还制定了《中小学数字教材质量要求与检测方法》《中小学电子课本内容与应用规范》两项行业标准，共同为中小学数字出版物进行了清晰的行业分野。《中小学电子课本内容与应用规范》明确了电子课本的定位：以国家或地方行政规定的课程标准内容为基础的电子图书（包括电子教材、电子教辅）。《中小学数字教材质量要求与检测方法》对数字教材提出了精确定位：以中小学教科书为内容基础，并包含相关辅助资源、工具的，用于教学活动的电子图书。

6. 版权保护标准

网络技术和数字出版的发展拓展了新闻出版的发展空间，给出版内容提供者带来了新的经济增长点，但由于在网络环境下数字内容很容易被复制、修改，网络上传播的数字内容存在大量的盗版和侵权问题，新媒体环境对内容资源的保护手段提出了更高的要求，版权保护问题也成为业界越来越关注的问题。业界越来越清楚地认识到数字出版是以技术开发与版权增值为核心的产业，版权保护是其发展的核心问题。这就要求内容提供者、技术提供商、运营商和终端厂商等产业链各环节相互协作，形成利益共同体，共同推动数字出版的发展。

全国版权标准化技术委员会联合多家单位正在组织多项行业标准的制定，见表 7-4。这些标准将逐步形成版权保护标准体系化发展的基本框架。

表 7-4 目前全国版权标准化技术委员会正在组织制定的标准

序号	标准名称	阶段
1	《数字版权唯一标识符》	已完成
2	《数字内容版权元数据》	研制
3	《数字版权嵌入式服务组件接口规范》	研制
4	《数字作品版权登记电子证书规范》	研制
5	《数字作品版权登记纸质证书规范》	研制
6	《数字作品版权登记信息元数据规范》	研制
7	《数字作品版权登记业务基础代码集》	研制
8	《数字作品版权登记基础数据元》	研制

全国新闻出版标准化技术委员会承担了数字版权保护技术研发工程标准研发包的管控和标准制定任务，其中包括了 27 项工程标准的制定和 22 项测试工具及集成系统的开发。这将为其他技术包设计和整个工程的搭建奠定坚实的基础，也进一步加深了对该类行业标准的制定的探索。

7. 平台标准

近年来数字出版平台风起云涌。各个出版集团搭建了出版、分销于一体的出版平台，三大电信运营商、新华 e 店、四川文轩九月网、汉王书城、当当期刊网等纷纷打造了数字出版物分销平台。但众多平台在研发、运营的过程中，由于缺乏统一技术规范，其服务、接口显现出较大差异，不利于内容信息的传播和交流。同时，由于缺乏统一监管，各平台以及平台与版权所有者之间关于版权的纠纷也不断出现。在这种背景下，建立关于电子图书内容平台的准入要求、技术规范迫在眉睫。准入要求、技术规范的建立利于出版机构和内容平台之间利益的协调，推动整个产业链条的发展。

全国新闻出版标准化技术委员会制定的《基于加解密技术的数字版权保护平台基本要求》（CY/T 89—2013）2013 年正式发布，该标准是针对数字版权保护平台提出的技术规范。同时全国新闻出版标准化技术委员会制定了《电子图书内容平台基本要求》行业标准，本标准介绍和规范电子图书内容平台所需要具备的基本要素和必须具备的基本功能。

8. 统计标准

统计工作是我国新闻出版业的一项重要和长期的工作，担负着为政府决策和行业发展提供重要参考的责任。随着信息技术的发展，新闻出版业出现了崭新的出版载体内容形式，如网络出版、手机出版等，以及电子图书出版、动漫出版、语音出版等内容形式。我国新闻出版领域大大拓展，对我们的统计工作提出更高的要求。将新兴领域纳入我国的统计工作中，是新闻出版工作贯彻落实科学发展观的必然要求，也是新闻出版业深化改革、加快发展新形势的必然要求。

但我国对新媒体的统计还没有形成统一的标准，制定新闻出版业的统计标准可以为我国政府和行业的统计工作提供技术支撑，有助于我国统计数据与国外和国际同行业进行对比。2009 年全国新闻出版标准化技术委员会立项制定《图书、报纸、期刊、音像电子出版物出版和发行统计》（CY/T 99—2013）行业标准，该标准已经于 2013 年发布。2013 年全国新闻出版标准化技术委员会启动《数字出版统计》系列标准，该系列标准拟包括《数字图书统计》《数字期刊统计》《数字报纸统计》和《数据库统计》等标准，旨在为数字出版的统计提供技术支撑和参考。

7.3　在线型电子多媒体出版（数字出版）物标准建设现状

7.3.1　数字出版标准建设的总体情况

1. 国家和各级政府高度重视和积极推动数字出版标准的制定工作

国家和各级政府出台一系列文件，采取相应措施，促进数字出版标准的制定，充分反映了我国各级政府对标准化工作的重视，积极推动标准化工作的开展。

2006 年《标准化“十一五”发展规划》提出加强高新技术和信息技术标准。此外在财政部、科技部等有关部门的大力支持下，标准制定和科研经费得到加强。《2008 年标准化公益性行业科研专项项目》把数字版权及数字内容标准列为项目支持的重点领域之一。2011 年国家标准化管理委员会发布了《标准化事业发展“十二五”规划》，把拓展服务业标准化领域作为“十二五”的一项重要工作。提出研制文化创意产业、动漫业、游戏业、网络文化、演出业服务标准，以及数字出版、网络出版、数字印刷和出版物物流标准。2015 年 12 月国务院办公厅制定了《国家标准化体系建设发展规划（2016—2020 年）》，明确了主要任务，确定了标准化工作的 5 个重点领域等。这是我国标准化领域第一个国家专项规划。

《新闻出版业“十二五”时期发展规划》提出到“十二五”期末，新闻出版业发展方式转变基本到位，新兴业态蓬勃发展，数字出版等战略性新兴产业领域的发展达到世界先进水平的目标，并提出了健全标准化工作机构、加强标准的监督执行、推进数字出版业态的快速发展等目标。《新闻出版业数字出版“十三五”时期发展规划》也提出要贯彻实施《中国标准关联标识符（ISLI）》国家标准、电子书系列标准等数字出版领域标准。

2013 年 12 月 27 日《新闻出版行业标准化管理办法》修订版发布，自 2014 年 2 月 1 日起施行。该办法对我国新闻出版行业标准化工作的管理机构、相关机构和技术委员会的职责进行了明确划分，从标准化工作细节上进一步明确了行业标准化的思路、方法、工作程序和处置措施，规定了标准化工作开展的原则和规程，给标准化工作提供了详尽指导和法理依据。这是我国成立国家新闻出版广电总局后发布的第 1 号令，该文件的发布将为我国标准化工作的科学管理奠定更加牢固的基础。

国家新闻出版广电总局（现国家新闻出版署）还积极同国家发改委、财政部、科技部及中央文资办等机构进行沟通，争取获得更多的国家文化产业专项资金支持，推动数字产业发展和技术创新。各地方政府也把支持本地出版单位数字化转型作为产业政策的重点，多个省市设立数字出版产业发展专项资金，进一步加大支持力度，从政策优惠、项目支持和资金支持等方面予以扶持。这也包括对数字出版标准化工作的财政支持。这些都为数字出版标准化建设的发展提供了强有力的保障。

2015 年，国家启动了《国家标准化体系建设发展规划（2016—2020 年）》编制工作。结合各行业领域、各地方经济社会发展需求，提出今后一段时间标准化发展的方针和目标，以及需要在国家层面部署的标准化体系建设主要任务和重点项目，为新闻出版标准化工作的未来发展提供了重要机遇。

2. 各相关标准化技术委员会和数字出版产业链参与各方积极开展数字出版标准制定工作

在数字出版大潮面前，新闻出版领域的标准化技术委员会对数字出版标准化工作表现出了极大的热情，纷纷组织行业相关机构提出数字出版标准化研究和制定项目，积极申报多项国家标准和行业标准的研究和制定项目，这些项目大多得到了国家标准化管理委员会和国家新闻出版署的批准和支持。

新闻出版单位参与标准化工作的热情空前高涨，为我国新闻出版标准化的发展带来新的活力，推动了我国新闻出版标准化事业的跨越式发展。实力雄厚、信息化程度比较高的传统出版社积极主动参与数字出版标准化工作。主要的数字出版技术提供公司作为数字出版标准化的领头羊，在领跑中国数字出版标准化建设，他们不惜人力和物力对中国数字出版标准化建设贡献了很大力量。同时与数字出版相关的业务公司也积极投身到了中国数字出版标准化建设的队伍里。

目前，全国新闻出版标准化技术委员会完成了 20 多项数字出版国家和行业标准的制定，其中大多都是数字出版标准，内容涉及术语、标识、描述、分类、格式、内容质量、内容平台、版权保护、管理和统计等，包括了互联网出版、手机出版、动漫出版、电子图书阅读器等各种载体以及有声读物等多种形态，还启动了《数字期刊的在线使用量的统计》等数字出版标准。

全国新闻出版信息标准化技术委员会组织制定了《网络出版监管系统规范》系列标准、《新闻出版内容资源加工规范》系列标准、《数字内容对象存储、复用与交换规范》系列标准等30余项行业标准。

全国出版物发行标准化技术委员会完成了《中国出版物在线信息交换》国家标准和系列行业标准。

全国版权标准化技术委员会已制定《数字版权唯一标识符》，正在组织制定《数字内容版权元数据》、《数字版权嵌入式服务组件接口规范》、《数字作品版权登记电子证书规范》、《数字作品版权登记纸质证书规范》和《数字作品版权登记信息元数据规范》等多项行业标准。

全国印刷标准化技术委员会也完成了《数字印刷的分类》、《印刷技术术语　第8部分：数字印刷术语》、《数字印刷纸张印刷适性及检验方法》、《数字印刷品质量要求及检验方法》和《数字硬打样系统质量要求及检验方法》等多项数字印刷国家标准的制定。

3. 数字出版标准制定工作取得重大进展

随着我国新闻出版业改革的不断深入和数字化转型和升级，数字出版规模不断刷新，数字出版市场日趋成熟，数字出版标准的制定成为现阶段标准化工作的主要任务，标准制定进入快速发展时期。数字出版标准化工作经过多年的发展取得了巨大的成绩，近年发布和实施了50多项针对数字出版的国家和行业标准，自2013年1月至2014年1月国家新闻出版广电总局就发布了37项数字出版标准。我国数字出版标准的体系的搭建初见规模。这些标准从数字资源的标识、术语、元数据、格式、平台、监管系统、版权保护、数字信息发行、数字印刷等各个方面进行了规范，将为我国数字出版健康发展提供强有力的技术支撑。

2012年《数字出版标准体系研究报告》的发布标志着我国数字出版标准化的整体框架已基本形成。“数字出版标准体系研究”是国家新闻出版署为加快我国数字出版产业发展、创造公平市场竞争环境、形成符合行业规范的数字出版标准化体系开展的一项重要工作，由国家质量监督检验检疫总局支持并验收。其整体目标是通过调研国内外相关领域的现状和发展趋势，为构建数字出版领域的标准体系提供全面、详尽的依据，为制定各项数字出版标准奠定基础。研究项目组长单位为新闻出版总署信息中心，副组长单位为北大方正集团公司、北京书生电子技术有限公司，分为数字报纸、电子图书、数字期刊、网络原创文学、数据库出版、手机出版等11个分领域，分别由高等教育出版社、中国新闻出版研究院、中国移动通信集团公司、北京万方数据股份有限公司等单位具体承担，将就数字出版标准体系的研究背景、国内外发展趋势、标准体系的设计（编制）原则等进行详细说明。

截至 2014 年 11 月 18 日，《电子图书标识（送审稿）》作为该系列标准制定项目的最后一项通过专家审查。至此，项目组完成了《电子图书标识》《电子图书质量基本要求》《电子书内容版权保护通用规范》《电子图书版权记录》《电子图书内容质量要求及检测规范》《电子图书功能技术规范》《电子书内容平台基本要求》《电子书内容平台服务基本功能》《电子书内容术语》《电子书内容标准体系表》《电子图书元数据》《电子书内容格式基本要求》12 项行业标准的研制工作。其中《电子书内容术语》《电子书内容标准体系表》《电子图书元数据》《电子书内容格式基本要求》4 项已在 2013 年 11 月由国家新闻出版广电总局批准发布。《电子图书标识》、《电子图书版权记录》、《电子书内容版权保护通用规范》、《电子图书质量基本要求》和《电子书内容平台服务基本功能》也于 2015 年批准发布。该项目的完成填补了电子书出版行业缺少标准的空白。

随着市场的发展和数字出版新兴领域的不断涌现，一批新的标准项目已经或正在启动。例如卫星数字发行结合了现代卫星通信技术与数字出版发行技术，实现了将数字出版物直接投递到用户家庭，创造了数字出版和发行的新型业态。2016 年已经出台了《数字出版内容卫星传输规范》5 项行业系列标准，对利用卫星手段传输数字出版内容的技术方式提出了全面而详尽的要求。

近几年，随着电子书包和电子教材市场的不断升温，电子书包和电子教材的标准化问题也进入工作日程。全国新闻出版信息标准化技术委员会正在开展电子教材制作及应用方面行业标准的制定。该标准拟规范电子教材复合文档的结构属性集和元素集、展现方法等，以便实现电子教材交互操作。全国新闻出版标准化技术委员会的电子书包标准预研项目也正在紧锣密鼓地展开。

4. 标准的宣传和贯彻不断加强

随着数字出版标准制定工作的展开，国家新闻出版署和各个标准化技术委员会也加大了标准的培训力度。全国新闻出版标准化技术委员会共举办了《MPR 出版物》国家标准培训和《数字阅读终端内容呈现格式》应用培训。同时在数字出版博览会上举办了《国际标准文档关联码（ISDL）》标准宣贯分论坛。

全国新闻出版信息标准化技术委员会举办了《数字键汉字结构编码规范》等行业标准的培训和宣贯工作。该标准是国内各出版单位在实现出版资源数字化和实施数字出版战略过程中的一项重要技术标准，在业界产生了良好的反响。

全国新闻出版物发行标准化技术委员会围绕《中国出版物在线信息交换》（简称 CNONIX）标准的宣传和贯彻，召开 CNONIX 行业标准出版首发式暨新闻发布会；召开第三届全国出版物供应链论坛，并邀请了国际 ONIX 组织的技术专家到现场与国内出版发行单位的技术负责人进行交流。

5. 不同标委会间的协调机制正在形成

数字出版是内容与技术融合的结晶，正是这种融合形成了崭新的出版媒体和内容形式，如手机出版、网络出版等数字出版媒体，以及动漫出版、语音出版等内容形式。这种新型的出版形式，使新闻出版领域与其他的行业结合得更紧，不同领域标准化机构之间的协调变得必不可少。

全国新闻出版标准化技术委员会在制定《MPR 出版物》系列国家标准的同时，积极与全国信息技术标准化技术委员会进行沟通。同时全国信息技术标准化技术委员会就电子图书的元数据和阅读器格式等与全国新闻出版标准化技术委员会进行积极沟通，并与全国新闻出版标准化技术委员会共同起草《阅读器（电子图书）元数据》国家标准草案。

全国新闻出版标准化技术委员会就《中国标准名称标识符》行业标准的制定听取图书馆领域的意见。全国图书馆标准化技术委员会也就《图书馆数字资源统计规范》行业标准征求新闻出版领域的意见。

此外，新闻出版领域的标准化技术委员会——全国新闻出版标准化技术委员会、全国出版物发行标准化技术委员会、全国印刷标准化技术委员会、全国新闻出版信息标准化技术委员会和全国版权标准化技术委员会之间也通过国家新闻出版署标准化协作平台等各种方式进行沟通和协调。

6. 我国实质性参与国际标准制定的能力增强

当前，随着国际化趋势的增强，标准已成为各国经济和科技竞争的制高点。继产品竞争、品牌竞争之后，标准已成为国家和区域间层次更深、水平更高、影响更大的竞争形式。世界发达国家纷纷制定标准发展战略，以期在国际贸易和科技发展中取得优势和主动权。随着我国国力的增强，文化软实力的提升，国家标准化管理委员会和国家新闻出版署加强对我国参与和制定国际标准的支持力度，积极推动我国新闻出版标准走出去。在这种背景下，我国实质性参与国际标准制定的能力得以增强。

由于我国印刷业的快速发展，2010 年 11 月，国际标准化组织（ISO）批准由我国组建印后标准化工作组，由我国主导提出的两项国际印后标准——ISO 16762《印刷技术——印后要求——一般要求》和 ISO 16763《印刷技术——印后加工——装订产品要求》于 2016 年正式发布。2012 年国际标准化组织——印刷标准化技术委员会（编号 ISO/TC130）秘书处原承担国——德国标准化协会（DIN），在全球经济危机背景下提出无力支撑秘书处的运作，中国积极申请，经由成员国投票，于 2012 年 11 月获准承担秘书处工作。中国印刷技术协会最终成为国际标准化组织 TC130 的秘书处承担单位。这反映了我国综合国力的提高和印刷技术的快速发展，这必将极大地提升我国在印刷标准领域的话语权。

2010 年，我国正式向国际标准化组织——信息与文献标准化技术委员会识别与描述分技术委员会（编号 ISO/TC46/SC9）提交了《国际标准文档关联编码》（简称 ISDL）国际标准提案。2011 年通过国际标准化组织 JSO/TC46/SC9 成员国投票，正式立项为国际标准制定项目。后由中国专家担任项目召集人，组建了由 7 个国家组成的国际标准工作组。该项目在多个部委和部门的支持下，克服重重困难取得突破性进展。根据询问阶段专家的意见，该标准的名称修改为《国际标准关联标识符（ISLI）》。此标准以具有我国自主知识产权的多媒体印刷读物（MPR）出版物标准为基础，并由我国主导制定，极大提升了我国新闻出版业在国际相关领域的地位。

2015 年 5 月 15 日，《国际标准关联标识符》（International Standard Link Identifier, ISLI）标准正式发布。国际标准化组织（ISO）正式发布关联标识符国际标准，使其成为 ISO 在信息与文献领域发布的第 11 项国际标准。2016 年 8 月 29 日，ISLI 中国国家标准正式发布。

ISLI 标准体系的设计，其核心理念是对互联网环境下各种对象的关联关系进行标识，以此解决复合形态的内容产品的标识问题。ISLI 标准是对现有信息与文献领域标识符标准体系的有效补充，将推动标识符标准体系在互联网时代完成转型升级。标志着我国新闻出版标准化在走向国际化的进程中迈出了重要的一步，使我国跻身于世界编码大国的行列，从根本上改变了我国在国际标准化舞台上被动、从属的地位，极大提升了我国在标识符领域的话语权。

7.3.2 在线型电子多媒体出版（数字出版）物标准建设存在的问题及解决途径

1. 标准制定工作程序有待进一步规范

标准制定应严格按照 GB/T 16733《国家标准制定程序的阶段划分及代码》制定。但在实际的标准制定过程中，由于客观和主观的原因，标准的制定还存在程序阶段任务不突出、个别阶段不规范的现象。

2. 部分领域数字出版相关标准数量偏少

如占数字出版产业比重较大的游戏产业，只有《网络游戏防沉迷系统规范》一项标准获批，标准的数量与其产业的规模比例远不成正比。整个游戏行业至今尚没有颁布成型的数字出版标准体系表，没有办法系统地对游戏出版标准进行机制配套的整体掌控和运作，远远不能满足行业需求。

3. 标准制定滞后于国际标准

“十二五”期间，我国虽然完成了新闻出版、信息化、出版物发行等标准体系表的制定工作，但距离建设层次清晰、分类科学、完整适用的标准体系还有一定的差距，基础性标准和关键性标准缺位。国际标准的合作主导权仍不强。目前只有《国际标准关联标识符》这一项国际标准。由于在国际标准化组织的话语权缺失，各标委会仅停留在参与国际组织会议和活动的层面上，难以在国际标准合作中取得主导权。

4. 标准体系尚不完善

出版、印刷、发行、信息、版权 5 家标准化技术委员会虽然都制定了各自的标准体系表，但由于没有有效的动态维护机制，无法跟上瞬息万变的技术发展，而与实际需求尚有距离。标准体系结构不合理，国家标准、行业标准层级定位不清晰，标准间存在交叉重复的情况。

5. 标准还存在质量和水平不高的现象

近年来数字出版蓬勃发展，面对新生事物存在的问题，业界认识到标准和规范的重要性，呼吁相关标准化机构尽快出台数字出版标准，规范数字出版产业的发展，为数字出版的健康和有序发展建立风向标和提供指导。

国家和各级政府对数字出版和标准化工作重视程度空前提高，斥巨资资助出版行业进行数字化转型升级，并开始大批立项研制数字出版标准。更多单位承担或参与标准的起草，但大多数标准的承担单位和起草人并不熟悉标准化程序，对于如何编写标准也不是很了解，造成了在标准起草中耗费大量时间为标准起草人普及标准化知识和讲解标准的编写方法，在一定程度上导致了标准的拖期以及标准的质量和水平不高等现象发生。

该问题的存在有其特定的背景，是发展中的问题，却是不能忽视的，我们必须解决它。标准是行业或国家范围内实施的规定和标杆；标准是规范性文件，其内容及形式具有严肃性；其各种数据要准确，技术要求、试验方法等的确定要严谨、可靠。标准的质量问题直接影响标准的实施，会给行业造成负面影响，应给予足够的重视。

6. 标准实施仍是标准化工作的薄弱环节

在新闻出版标准化领域长期存在“重制定、轻实施”的现象，标准的实施和宣贯仍是标准化工作的薄弱环节。已经制定完成的数字出版标准有很多，但真正在行业里被熟知或引起巨大反响的却不多，在行业里实施起来的标准更是少之又少。标准还未成为行业和市场准入的门槛，没有成为对质量的“硬约束”。新闻出版领域的标准绝大多数是推荐性标准，企业是否执行，执行得怎么样，无人监督，缺乏实施验证，也不会影响到企业的市场收益，更不会关乎生存发展。说明现有标准化机制还存在缺陷，还没有把标准与新闻出版质量管理体系进行有效衔接。虽然，近几年国家新闻出版广电总局（现国家新闻出版署）和各个标准化技术委员会加强了标准的宣传与培训，但与制定的标准数量相比还是远远不够。

我们要认识到，标准的制定只是一个开始，后续需要花费很长的时间和精力进行推广和实施。例如国际标准书号（ISBN）自 1972 年正式发布国际标准，经过了 40 多年的推广，目前已经建立了 160 个国家或地区 ISBN 中心，覆盖全球 200 多个国家和地区，在图书编目、发行、收藏和版权交易和交流中发挥了巨大作用。可见，标准的后期推广是一个艰苦卓绝和漫长的过程。

此外，数字出版是建立在计算机技术、通信技术、网络技术等高新技术基础上，融合了传统出版内容而成的一种全新的出版形态。数字出版标准的对象不仅包括数字出版内容，也包括对相关数字出版技术的规范，而二者经常密不可分，其实施也往往依赖信息系统以及各种软硬件设备，在制定数字出版标准的同时，有些标准的实施需要搭建相关的基础信息系统和软硬件设施，而我国相关的基础信息系统和相关软硬件设施还不完备，阻碍了标准的进一步贯彻和实施。

标准没有推广和实施，犹如道路上没有设置红绿灯和斑马线，将导致道路一片混乱，市场没有秩序，产业的健康发展受到影响。标准没有推广和实施将犹如一纸空文，最多起到探索和预研的作用，而起不到标准的规范作用。只有实施标准，才能使数字出版产生经济效益。这个问题应尽快引起政府相关机构和各个标准化机构的高度重视，否则将影响标准在国家和行业中的形象，对资源也是一种浪费。

第8章 音像出版物与数字音乐

音像出版物自诞生以来一直受到人们的喜爱，但是随着信息技术和网络技术的发展，音像出版业发生了巨大的变革，数字音乐的崛起是行业内的一个重要事件。在新的技术条件下，通过无线和在线两个平台，音乐的传播成功地摆脱了一直必须依赖的实体形态，这大大提高了其传播效率，拓宽了其传播范围。新的传播方式颠覆了传统音乐产业的商业模式，彰显出巨大的盈利潜质，吸引了各方关注的目光。本章首先从音像出版物的概念和特点入手，梳理了国内音像出版物的发展历程，总结了国家对音像出版物的管理规定。然后分析了从音像出版物到数字音乐的转型过程，阐述了数字音乐的特点、发展历程、盈利模式和发展机遇。

8.1 音像出版物的概念和特点

8.1.1 音像出版物的基本概念

1. 概念

根据新闻出版总署2004年颁布的《音像制品出版管理规定》，音像制品是指“录有内容的录音带（AT）、录像带（VT）、激光唱盘（CD）、数码激光视盘（VCD）及高密度光盘（DVD）等”。所以我们认为音像出版物是以声音、图像为主要信号，以磁胶带或光盘为主要载体的通过视听设备播放使用的录制出版物，与书、刊、报等纸质出版物有很大不同。“音”指录音制品，统称唱片；“像”指录像制品，主要记录电影、电视剧、音乐录像等内容。

2. 形式

音像出版物的具体形式包括录音带、录像带、唱片、激光唱盘和激光视盘（CD/VCD/DVD 光盘）、MP3 等。

8.1.2 音像出版物的特点

1. 内容上的特点

音像制品几乎可以承载所有的文化艺术形式。录音制品将语言和音乐集于一体，录像制品将图像、文字、语言、音乐和连贯的动作表演等集于一体，运用各种艺术和技术手段，以形象、生动、直观的方式表达思想，展现艺术和传授知识。高保真音质和高清晰度画面的再现，使它更适合于文化的积累、传承、开发和普及。与其他类型出版物相比，音像制品更具有视觉、听觉的冲击力，更具有强烈的立体感染力，更受大众的喜爱。

2. 生产上的特点

音像制品是可以批量生产的精神文化产品，包括精神生产和物质生产两个过程。但是，音像制品的前期节目制作（即精神生产过程）的资金投入要比书刊等高得多，而后期复制（即物质生产过程）的成本相对而言却又低得多。作为前期生产成果的音像节目可以多次利用，可实现多级开发效益。

3. 流通上的特点

音像制品的内容信息含量很大，而物质载体却小、轻、薄，在流通领域里便于运输、仓储、展示，可以方便、快捷地通过分销渠道转移到消费者手中。

4. 消费上的特点

一是重复率高：音像制品主要供个人消费，但消费重复率却比其他出版物高得多。同一部交响乐作品或同一首歌制成录音带或激光唱盘后，音乐爱好者们会听上几遍、几十遍甚至上百遍。

二是后续需求多：购置了视听设备的消费者，很少有只看一两盘激光视盘或录像带、只听一两盘录音带或激光唱盘的。在重复消费同一种音像作品的同时，他们常常还向往欣赏更多的作品。因此，不断购买录有各种作品的音像制品，是许多消费者的追求。

三是具有趋同性：一部分人对某种音像制品的爱好很容易波及其他人，并吸引他们产生亲身体验的欲望，从而形成某种“热点”或“流行风”。这个特点能为音像制品实现规模效益提供条件。某些音像制品的市场销售量可达几百万盒（盘）甚至上千万盒（盘）的事实，足以说明音像制品消费的趋同性特点。

8.2 国内音像出版物的发展历程

从音像出版物的载体形式的发展来看，从早期1890年左右开始出现的胶木唱片（LP，俗称黑胶碟）开始。19 世纪末，唱片（唱筒）传入我国，至 20 世纪初，最早的“国产唱片”开始在我国灌录和销售。我国最早期的“国产唱片”几乎都是京剧唱段。现存较早的、最具代表性的“国产唱片”当属 1904 年胜利唱片公司灌录的孙菊仙的老唱片和 1907 年百代唱片公司灌录的谭鑫培的老唱片。

1917 年前后，外商开始在上海建立唱片压片厂，由此拉开了我国生产唱片的序幕。主要有法商的东方百代、中日合资的大中华唱片厂和美商的上海 RCA 胜利唱片公司。这一时期的唱片业带有明显的殖民地、半殖民地色彩。但 20 世纪 20～30 年代是我国音乐文化艺术有较大发展的年代。主要作品有《义勇军进行曲》《渔光曲》《金蛇狂舞》《彩云追月》《教我如何不想他》《玫瑰三愿》《天涯歌女》等。这段时间主要是粗纹快转双面唱片（78 转/min）。

新中国成立后，我国先后成立了人民唱片厂、上海唱片厂、中国唱片厂、中国唱片社（后更名为中国唱片总公司）。作品有歌曲《歌唱祖国》《东方红》《我的祖国》《赞歌》《让我们荡起双桨》，小提琴协奏曲《梁祝》，大合唱《黄河》，组歌《红军不怕远征难》，歌剧《洪湖赤卫队》《刘三姐》，民族器乐曲《春江花月夜》，等等。我国还自行研制开发了中密纹慢转唱片。1959～1960 年是我国唱片业发展的第一次高潮，年出版品种近 3000 种，年发行量超过 1100 万张。

1966～1976 年间，我国唱片业遭遇到了极大的破坏。1970 年是我国唱片史上的最低潮，全年出版唱片 64 个品种，发行 219.45 万张。1976 年以后，唱片业得到了迅速恢复，1977 年发行唱片 276 种，发行量首次突破 2100 万张。70 年代到 80 年代中国的胶木唱片产量达到最高峰。1966 年我国自行研制成功塑料薄膜唱片，质地是透明的彩色塑料薄膜，由于价格低廉也曾风靡市场，缺点是易受热变形、易磨损，故 20 世纪 80 年代初就退出了历史舞台。

20 世纪 80 年代中期至 90 年代中期，是我国音像业大发展的年代，音像产业无论是出版制作、生产加工还是发行销售都有了迅猛的发展。这个阶段是以磁带为主要载体。从 1979 年到 80 年代中后期，300 多家音像出版单位、数百家复录加工厂和十余万家销售商如雨后春笋般出现。到 1997 年，我国音像业年生产能力已经达到 2.23 万个品种、2.06 亿盒（张），分别是 1959 年的 10 倍和 20 倍，发行金额高达 18.4 亿元。

1982 年，音像业开始引入数字化技术制作存储音乐的激光唱盘（荷兰菲利普公司发明），后又出现了激光视盘。激光唱片（compact disc，CD）的出现将音乐载体的变迁史又推进到下一个阶段。和磁带不同，CD 是以数字化的形式储存音乐，因为更高的存储密度、更优质稳定的音质，CD 迅速取代磁带成为追求品质人群的首选。越来越多的唱片公司选择将 CD 作为音乐的载体，合适的体积也让它在运输、售卖上具有得天独厚的优势。20 世纪 90 年代中期，音像制品从磁介质占统治地位逐渐向光介质发展，音像经营单位在数量上的增长逐渐放慢，开始由粗放型增长为主向集约型增长为主转变。

20 世纪 90 年代初，一个多国小组开发出 moving picture experts group audio layer III

格式，简称MP3，这是一种全新的有损数字音频压缩格式，能够在保证较好音频质量的同时大大减小存储体积。MP3的出现为数字音乐的流行和传播踩下了最后一脚油门，正式拉开了数字音乐革命的帷幕。和CD相比，MP3能够提供令人满意的音质，同时对存储介质的依赖更小，硬盘、闪存等都可以存储。而且MP3占用的体积更小，一张CD光盘大概的存储容量是700MB，能容纳一个小时左右的音乐，但是换成MP3之后播放时长能够延长数倍。

21世纪以来，随着电子信息技术的发展，录音机、录像机、计算机等播放设备日益普及，音像业发生了很大变化。音像制品载体由单一的唱片，发展为盒带、唱片、录像带、光盘等多种载体竞争的局面；形成出版制作、加工生产、批发销售三大环节的产业链条雏形，并逐渐向专业化公司（如制作公司、光盘制作公司、批发公司和销售公司等）过渡。2003年，我国音像业年出版发行2.82万个品种、4.56亿盒（张），发行金额高达25.77亿元，创历史新高。音像业已经成为我国文化产业重要的组成部分，是对视听设备生产，电影、电视等上游产业产生重要影响的产业，是我国文化领域里一支重要的生力军。书刊业、报业、音像和电子出版业相互间的界限开始模糊，传统音像业也面临着前所未有的挑战。

从对音像出版物管理方式的发展来看，1982年，国务院颁布《录音录像制品管理暂行规定》。1992年11月14日，新闻出版署发布《关于实施“中国标准音像制品编码”的通知》，通知要求凡1993年1月1日以后出版的音像制品，必须编加“标准编码”；1993年1月1日以前出版的音像制品，凡需要再版的必须补编“标准编码”。1992年年底，由中国音乐家协会和国家版权局共同发起的中国音乐著作权协会成立。它是一个完全由音乐著作权人参与，专门维护曲作者、词作者和其他著作权人合法权益的音乐著作权集体管理机构。1994年8月25日，国务院颁布《音像制品管理条例》（自该年10月1日起施行）。1995年8月，新闻出版署、文化部、国家工商行政管理局联合发出《关于实施激光数码储存片来源识别码（SID码）的通知》。1996年8月7日，文化部发布《关于音像制品加贴统一防伪标识的通知》，通知要求自1996年10月1日起，音像出版单位发行音像制品必须加贴防伪标识。1997年12月3日，文化部发出了《关于清理整顿音像制品批发市场的通知》。1998年6月8日，国家新闻出版署发出了《关于加强对委托境外企业加工光盘管理的通知》。2002年2月1日，国务院修订发布的《音像制品管理条例》开始实施；同年，文化部修订发布《音像制品批发、零售、出租管理办法》和《音像制品进口管理办法》。

8.3 国家对音像出版物的管理

8.3.1 国家对音像出版物制定的法律法规

《音像制品管理条例》是我国对音像出版物管理的主要的法律法规。2001年12月30

日国务院第341号令发布该条例，2002年2月1日起执行。在2011年3月16日国务院第147次常务会议通过《国务院关于修改〈音像制品管理条例〉的决定》。之后根据2013年12月7日的《国务院关于修改部分行政法规的决定》进行了第二次修订，根据2016年2月6日《国务院关于修改部分行政法规的决定》进行了第三次修订。该条例共7章50条。修订的条例调整了音像制品进口、发行制度和监管部门，明确了新闻出版行政部门的职责，简化了复制单位接受委托复制音像制品的程序要求。

除《音像制品管理条例》之外，2004年新闻出版总署为了加强对音像制品出版的管理，促进我国音像出版事业的健康发展与繁荣，根据《出版管理条例》《音像制品管理条例》制定了《音像制品出版管理规定》，自2004年8月1日起施行。2015年对此进行了修订。2008年4月15日起开始施行《音像制品制作管理规定》，2010年11月公布了《关于〈音像制品制作管理规定〉的补充规定》。2009年6月新闻出版总署公布了《复制管理办法》，2011年4月出台了《音像制品进口管理办法》。

根据这些管理制度，我们认为有这些制度和规定需要掌握：

（1）保护知识产权制度：《中华人民共和国著作权法》和国务院《实施国际著作权条约的规定》规定，禁止未经著作权人许可，以营利为目的，复制发行其作品；禁止未经录音录像制作者许可，复制发行其制作的录音录像；禁止未经外国录音录像作品的著作权人授权，擅自出租其作品的复制品。所谓非法音像制品，是指不符合国家有关法律法规的音像制品。凡不是国家批准的音像出版单位出版的在社会上公开发行的录音带、录像带、唱片、激光唱片、激光视盘等音像制品都属于非法音像出版物。国家批准成立的正式出版、复制单位非法制作出版的音像制品也属于非法音像出版物，如音像出版单位以向其他单位或者个人转让、出租、出售本单位的名称或者版号的方式出版的音像制品；图书出版社出版非配合本版图书的音像制品和未经批准出版配合本版图书的音像制品；音像复制单位私自加录、销售委托单位委托加工的音像制品；音像复制单位未凭音像出版单位的《录音录像制品复制委托书》而擅自盗制、批销的音像制品等情况。

（2）音像制品分部门、分级管理制度：《音像制品管理条例》和国务院有关文件规定，国家对音像制品实行分部门、分级管理。国务院出版行政部门负责全国音像制品的出版、制作、复制、进口、批发、零售和出租的监督管理工作；国务院其他有关行政部门按照国务院规定的职责分工，负责有关的音像制品经营活动的监督管理工作。

（3）出版权专有制度：音像制品出版权是国家赋予音像出版单位的专有权利。国家对音像制品的出版实行许可制度。未经许可，任何单位和个人不得从事音像制品的出版活动。禁止音像出版单位向其他单位或个人转让、出租、出售本单位的名称；禁止买卖版号；禁止非音像出版单位出版音像制品；禁止出版未取得《音像制品出版许可证》的音像制品；禁止出版有国家规定禁止的内容的音像制品。

（4）音像制品制作许可证制度：国家对音像制品的制作实行许可证制度。未经许可，任何单位和个人不得从事音像制品的制作活动。音像出版单位可以制作音像制品，也可以按照国家新闻出版署规定的办法办理一定手续后，与香港、澳门、台湾地区或者外国的组织、个人合作制作音像制品。音像出版单位以外的单位要设立独立从事音像制品制作业务的音像制作单位，必须向所在地省级新闻出版局提出申请，经省级新闻出版局批准并发给《音像制品制作许可证》后，持该证到工商行政管理部门登记、依法领取营业执照。

（5）音像制品经营许可证制度：凡从事音像制品的经营活动，必须经有关音像制品行政管理部门审查批准，取得相应的《音像制品经营许可证》后，方可办理工商执照。禁止无证经营音像制品。

（6）复制委托书制度：音像复制单位凭音像出版单位的委托书或省级以上音像制品行政管理部门核发的《复制经营许可证》复制音像制品；禁止音像复制单位接受非音像出版单位和个人的委托，复制经营性的音像制品；禁止音像复制单位自行出版、复制、批发音像制品。复制质量必须符合国家规定的标准。

（7）进口音像制品审批制度：凡进口外国的音像制品，必须报国务院出版行政主管部门进行内容审查。通过内容审查后，经国务院音像制品进口管理部门审查批准，方可进口。

8.3.2 国家对音像出版物的编码管理

国家从 1993 年起对音像出版物进行编码是采用的中国标准音像制品编码 GB 13396—1992，该标准参照采用国际标准 ISO 3901—1986《国际标准音像制品编码（International Standard Recording Code，ISRC）。标准规定了中国标准音像制品编码的结构和显示方式，适用于在中国注册的音像制品出版者所录制出版的音像制品，使每一种音像制品以及它所包含的每一项独立的节目均可获得一个唯一的 ISRC，并具有明显的类别区分。一个中国标准音像制品编码由 ISRC 和类别代码两部分组成，其中 ISRC 编码是中国标准音像制品编码的主体，可以独立使用。一个 ISRC 码由分为 5 段的 12 个字符组成，各段之间用一个连字符“-”分隔。编码前面应冠以大写字母“ISRC”。类别代码用以说明一个音像制品整体记录的载体类型和学科分类。ISRC 码与类别代码之间以斜线“/”分隔。其结构关系为：ISRC 国家码-出版者码-录制年码-记录码-记录项码/类别代码。

新闻出版总署于 2012 年 1 月下发了《〈中国标准录音制品编码〉国家标准实施办法》和《音像电子出版物专用书号管理办法》。指出，中国标准音像制品编码（ISRC，即“版号”）自 1993 年使用以来，对规范音像出版活动起到了较大作用。但随着音像载体的不断变化，特别是数字压缩技术和网络的发展，为了与国际接轨，2010 年 2 月中国修订实施了新版《中国标准录音制品编码》国家标准。新版 ISRC 编码仅在录音节目和音乐录像节目（如演唱会、MV、卡拉 OK 等）上使用，变制品登记为单曲登记，电影、电视剧等录像节目不再使用 ISRC 编码，只使用音像制品和电子出版物专用书号（ISBN）。为保证新版 ISRC 标准的顺利实施，规范 ISRC 编码以及新版 ISRC 编码实施后 ISBN 的申领及管理工作，下发了以下两个办法。

《〈中国标准录音制品编码〉（GB/T 13396—2009）国家标准实施办法》规定，新版 ISRC 标准适用制品的范围包括录音制品和音乐录像制品。每一可独立使用的录音制品或音乐录像制品均须分配一个单独的中国标准录音制品编码（ISRC 编码）。该编码只标识被编码对象，不能作为出版物标识。

《音像电子出版物专用书号管理办法》中规定，全国所有正式出版、发行的音像制品或电子出版物，均应使用中国标准书号（ISBN）作为出版物标识。用于音像制品的，为音像制品专用书号；用于电子出版物的，为电子出版物专用书号。在音像制品、电子出版物载体或包装的显著位置须标识 ISBN。中国标准音像制品编码或中国录音制品编码不再承担音像制品版号的功能。音像制品专用书号和电子出版物专用书号，其使用范围和分配原则，参照《中国标准书号》国家标准（GB/T 5795—2006）和《中国标准书号使用手册》规定执行。该办法还对 ISBN 的申领和核发程序作出了规定。

8.4　音像出版物的编辑管理

音像制品出版是出版业的一个组成部分，编辑工作是其重要环节。对纸介质出版物编辑工作的基本要求，同样适用于音像制品的编辑工作。对编辑人员素质和能力的要求方面，以及在信息采集、选题策划、组稿、审稿、加工整理和样品检查、出版物宣传等编辑工作的主要环节方面，音像制品都与纸介质出版物有许多共同之处。

音像制品的编辑工作又有区别于纸介质出版物的许多特点，这是与音像制品本身的许多内在特质紧密联系在一起的。音像编辑工作是一种创造性很强的精神劳动。音像编辑工作的特点主要体现在选题策划、稿件组织、节目内容审查评改、参与节目制作等方面。

8.4.1　基本要领

音像制品编辑工作的基本要领包括：一是声像优化，在音像编辑工作中要使解说、配乐和画面编排的结合达到最佳状态，以形成相互补充、相得益彰的音像效果。二是信息浓缩，音像制品传播速度快、信息高度浓缩的优势满足了人们的需要。在同样的物理载体容量内尽可能扩大音像制品的信息量，以传播更多的信息，充分发挥音像制品的优势。三是全面综合，在编辑、出版音像制品的过程中要全盘统筹考虑，从整体上进行系统规划，既要保证各个工作环节的严谨周密，又要综合考虑编辑、制作、生产、销售的统筹安排，样样兼顾。

8.4.2 选题策划

音像制品编辑工作中的选题策划，主要就是对音像节目的策划。与纸介质出版物的选题策划相比，显著的不同是在策划过程中要充分考虑电、光、磁介质载体的特殊之处，进行综合策划。音像节目的选题策划是音像制品出版的最基础环节。选题策划凝聚着音像编辑的心血，代表着音像编辑的构思；一个好的、成功的选题策划，不仅能产生良好的社会效益，也能带来丰厚的经济效益。

8.4.3 音像节目制作过程中的编辑工作内容

音像节目的制作主要由导演、录音师、摄像师、监听等负责，但音像制品的责任编辑也必须参与其中。

（1）制作音像节目涉及的人员、设备较多，需设立制作组；拍摄录像节目有时还要拍外景，工作更繁复，要建立摄制组。责任编辑要及时做好与导演等主创人员、主要演员和其他参与者签订有关合同的工作。

（2）责任编辑要充分考虑到在哪些环节可能会发生哪些问题以及会产生什么影响，并在录制现场及时提出意见，以免节目编辑合成后因需返工而造成损失。有经验的音像编辑往往能在录音、录像现场及时发现此类错误并当场提出改正意见。

（3）责任编辑要监督制作组（或摄制组）按照经过审定的节目制作具体实施方案，在经费预算范围内组织拍摄制作；有较大变动或需要突破预算，须及时向上级做出专项报告。

（4）责任编辑要在音像素材编辑合成前，根据出版的需要，对于每张光盘的容量、盒式录音带的分面、成套节目的分盘等一些问题提出处理方案，以免合成后又得重新分割而浪费人力、物力、财力。

（5）责任编辑要参与节目制作最后阶段的音像素材编辑合成工作，进行试听、试看、校对等，以便及早发现问题，及时采取补录等补救措施。

（6）责任编辑要提出音像制品彩封、包装、宣传的设计要求并提供所需的文字材料，填写彩封设计通知送审单交美术设计、宣传部门，填写印刷品印制申请单交有关部门安排印刷品加工。编辑还要对音像制品封面包装、说明书、宣传材料上的文字等进行校核。

8.4.4 编辑过程中对相关材料的整理保管

编辑过程中须对以下文字资料进行保管：①音像节目的著作权使用或转让合同，海外引进节目的原始著作权证明书；②国家有关部门的各种批准文件，如批准引进出版的文件、重大选题备案答复的文件、批准合作录制的文件、中国标准音像制品编码分配单等；③音像节目审稿单；④《音像制品复制委托书》存根联，复制加工合同；⑤音像制品彩封及宣传品的审稿单和印刷小样；⑥影视节目剧本（或其译本）；⑦录音制品的歌词

(组织创作的节目应有总谱或曲谱)；⑧委托发行或联合发行合同，联合录制节目的联合录制合同，与主创、主演等有关人员签订的劳务合同以及其他有关业务文件等。还需对录音、录像资料进行保管：原始母带（或母盘），送审样带（或样盘），成品样带（或样盘)；音像节目编辑制作过程中有保留价值的录音、录像素材等。

8.4.5 音像节目审查评改的要求

音像节目的审查包括对稿本的审查评改、母带（或母盘）的审查评改和样品的审查。对稿本的审查评改：责任编辑审稿后须填写初审意见，将文字稿本与节目制作具体实施方案、著作权使用合同及经费预算等一起送编辑部主任复审。编辑部主任对不符合出版要求的要退回修改，文件不齐的退回限时补齐；符合要求的要填写复审意见，送出版单位领导终审。文字稿本等必须经终审通过后，责任编辑才可开始安排节目的实际制作。文字稿本等如需修改，编辑要及时与作者联系，作出安排。修改后的文字稿本等还应重新进行三审。

对母带（或母盘）的审查：仍然由责任编辑初审，编辑部主任复审，出版单位领导(必要时还可邀请专家参与)终审，并分别填写音像节目审稿单。责任编辑按照审查意见安排修改后，须将用于发稿的母带（或母盘）再次送审。审查通过后，责任编辑才可填写复制加工申请单，将母带（或母盘）交有关部门安排复制生产。

对样品的审查：复制单位生产出的音像制品成品，编辑要抽取样品在相应的视听设备上进行测试性审查，以检查音像节目的实际使用效果。防止复制过程中由于种种原因而可能给音像节目带来的瑕疵出现在音像制品成品中。

对文字稿本的审查，与纸介质出版物稿件的审查一样，主要是采用阅读方式。对于母带（或母盘）以及音像制品成品，审查录音节目主要靠听，审查录像节目需要又看又听，眼耳并用。音像编辑需要全神贯注、思想高度集中地进行审查。

审查评改时需要注意：①充分重视文字稿本的审查评改：编辑要根据选题策划时的设想来审查文字稿本是否符合要求，对录像节目分镜头剧本的审查评改尤为重要。②审查评改要全面：对政治性、思想性、科学性、艺术性、知识性等进行全面审查评改。③注意语言文字的把关：音像出版单位一般不设专职校对人员，更应把好这一关。④做好加工整理工作：无论是作者修改还是编辑修改，编辑对修改后的文字稿本都要做好加工整理，使之达到“齐、清、定”的标准，从而避免在进行音像节目的编辑制作时出现大的返工。

8.5 音像出版物向电子多媒体出版物——数字音乐的转型

数字音乐是在传统音乐文化和当前数字化技术不断融合下所形成的时代产物，数字音乐传播范围广，传播效率高，音像出版物向数字音乐转型是时代发展的必然。

8.5.1 数字音乐的含义

数字音乐最早产生于 1987 年，然而这一概念并非由学术界提出，而主要是从技术层面进行界定的。数字音乐的产生、发展和存在是以“数字技术”为前提条件的，“数字”一词并非对音乐技法或者音乐风格的表达，而是泛指一种通过数字技术制作而成的音乐作品，按其基本内涵来看，就是用数字格式存储，可以通过互联网和无线网进行传输，运用数字技术进行处理的音乐，它的实质是一串由“0”和“1”组成的二进制数字信号。数字音乐通常表现的形式为MP3 或 WMA。数字音乐不仅可以很方便地进行存储、拷贝和播放，而且可以利用无线网络技术和互联网技术进行高效传输。

在目前的技术条件下，数字音乐主要表现为有线互联网音乐和无线移动通信网络音乐（利用手机无线网络和终端设备进行传播的音乐）。因此，数字音乐分为网络市场和移动增值市场两大类。通过互联网直接传输到电脑的数字音乐，主要存储在电脑硬盘和便携式数字音乐播放器中，也称为在线音乐。通过无线移动增值服务提供的数字音乐，包括下载的手机铃声、彩铃、IVR (interactive voice response，互动式语音应答)中的音乐收听以及整曲下载到手机中的音乐，也称为无线音乐。

8.5.2 数字音乐的特点

1. 数字化视听

与传统音乐出版传播方式不同，数字化视听是以数字化方式通过网络信息化技术传播，方便快捷。

2. 互动化传播

互动化传播在音乐传播中能够双向交流。通过网络社区平台，能够广泛地与受众即时互动。

3. 多媒体传播

多媒体传播运用网络信息化技术，广泛地把声光影像以及动画、美术等各种艺术元素融入音乐传播，极大地丰富了数字音乐的内容。通过多媒体终端的展示，受众能够方便地欣赏这些音乐，能快速选择节目内容，推荐或定制喜欢的歌曲。还能植入 QQ 等平台，极大地丰富了用户对数字音乐的分享，使原来音乐传播的单一供给变为用户自由选择的个性化服务。

4. 无实物载体

传统音乐总是附着在某种实物介质上，如唱片、磁带、光盘等。数字音乐的出现打破了这一传统。它以数字信号的方式被储存在数据库里，在网络空间中流动传输，根据人们的需要被下载和删除，它的传播不再依仗于某种实物载体。

5. 传输速度快

数字音乐以数字信号的方式在网络空间中传输，其速度不是以物流方式进行传播的传统音乐可比拟的。尤其是在宽带技术日益成熟的今天，数字音乐在传播速度上的优势更加明显。

6. 音质不产生损耗

传统音乐载体，如磁带、光盘等，在多次使用后会产生不同程度的磨损，致使音质下降。数字音乐没有实体形态，所以不存在磨损的情况，无论被下载、复制、播放多少遍，其音质都不会发生变化。

7. 易于被计算机处理

传统音乐的制作和传播必须由受过严格训练的专业人士使用复杂的器材、通过专用的渠道进行。数字音乐的制作则可以运用各种便捷的音频编辑软件对其进行处理，并可以达到采用很多传统手段难以实现的效果。普通的音乐爱好者使用软件，就能制作属于自己的个性音乐，并将其放到网上交流。这在实际上降低了音乐制作和传播的门槛。

8.5.3　数字音乐的发展历史

数字音乐大致产生于 20 世纪 90 年代中期的互联网发展初期，并在 21 世纪初进入商业化开发阶段。依其发展过程中的商业模式及载体的变化，大致可以将数字音乐的发展历程划分为五个阶段：

（1）自由下载阶段：1993 年，MP3 音频压缩技术诞生。其后，众多音乐爱好者利用这一技术将自己的 CD 音乐转成 MP3 格式并上传至互联网供其他用户自由下载使用。这是数字音乐传播活动的最初方式，是依托互联网和 MP3 技术的个人行为，并没有形成商业化，因而也就没有形成规模。从版权保护的角度来看，这种没有获得作者授权的传播行为无疑对数字音乐的发展产生了消极的影响。

（2）免费在线下载平台阶段：自由下载阶段的数字音乐并没有形成规模，到了 20 世纪 90 年代后期，随着其影响力的扩大，人们逐渐看到了其中隐藏的巨大商机，专门的音乐下载网站开始如雨后春笋般涌现。其中，具有代表性的有 MP3.com、eMusic、Napster 等。MP3.com 是最早免费提供音乐下载的在线平台；eMusic 则于 2000 年推出了第一个数字音乐订阅业务，开始了付费下载的探索；而 Napster 则以 P2P 在线音乐业务著称。国内主要是以九天音乐网为首的一批免费分享的数字音乐网站成立。此时，数字音乐产业初具规模，并有了音乐订阅的探索，但仍没有进入付费阶段，也没有形成切实可行的商业模式，运营商主要依靠广告获取报酬。

（3）便携式数字播放器发展阶段：最初的 MP3 文件只能由计算机来播放，随着 MP3 的逐渐流行，部分硬件生产厂商抓住机会推出了可以随身携带的 MP3 音乐播放器，使数字音乐得以普及。随后，音乐手机的出现又进一步扩大了数字音乐的用户群。这两种产品共同刺激着人们对数字音乐的需求，互联网和无线平台上的音乐下载量与日俱增。与移动式播放硬件的结合，成为这一时期数字音乐发展的主要商业模式。但这一时期的数字音乐依然没有解决版权问题，数字播放器中的音乐作品也多为非法的盗版作品。唱片公司不断通过法律行动来打击网络盗版音乐。2009 年 9 月文化部还下发了《文化部关于加强和改进网络音乐内容审查工作的通知》。

（4）付费下载阶段：在数字音乐发展的早期，免费几乎成了其代名词。由于缺乏可行的盈利模式，数字音乐始终难以实现产业化。在唱片公司不断的版权诉讼压力下，2003 年，苹果公司创立了 iTunes 在线音乐商店，创造了将播放器和正版音乐“捆绑”销售的数字音乐销售模式，即 iPod+iTunes 模式。这一模式成为数字音乐史上第一个成功的商业模式，解决了数字音乐的版权问题和下载收费问题，为数字音乐的收费下载提供了一个可操作的样板。数字音乐由此进入了产业化发展的阶段。国内的百度、搜狗、酷我等推出音乐客户端软件供人们收听数字音乐，并迅速占领了市场。

（5）新商业模式探索阶段：音乐网站寻求和移动互联网运营商合作，大量开发完善手机音乐软件，同时数字发行也进入了深层次探索阶段。2011 年 6 月网络音乐行业发展联盟成立，承诺共同促进全行业的正版化，为数字音乐的健康有序发展铺平了道路。

8.5.4 数字音乐的商业模式

1. 产业链模式

根据目前市场上下游合作方式不同，产业链模式主要分为网站发布模式和移动互联网合作模式两种。两种产业链均包含内容提供商、技术及平台提供商、宣传渠道及内容使用者。

网站发布模式：作为内容提供商的唱片公司或独立制作人提供音乐版权给数字音乐网站，网站根据不同用户的需求将音源编辑制作为不同格式的音乐。收费用户可以下载高品质音乐，比如 QQ 音乐的绿钻会员；免费用户可以收听下载普通格式音乐。通过免费音乐吸引用户，进而提高网站流量，吸引广告客户。

移动互联网合作发布模式：内容提供商唱片公司或独立制作人提供音乐版权给数字音乐网站，网站根据手机用户的不同需求对音源进行编辑，制作不同格式的音乐。音乐上传到移动互联网音乐服务商建立的下载平台，用户付费下载。音乐网站向内容提供商购买音乐版权，与移动互联网音乐服务商分成用户付费下载的收入。

2. 盈利模式

（1）音乐前后的时间插播在线广告收取广告费。

（2）美国早期 iPod+iTunes：2001 年苹果公司推出了一款名为 iPod 的数字音乐播放器，几年时间里卖出 2700 万台。2003 年苹果又推出了与 iPod 相配的网上音乐商店 iTunes，iPod 用户可以到 iTunes 网站上下载喜欢的音乐，每首音乐定价 0.99 美元。这种将终端播放设备和音乐内容一体化的新型音乐销售模式直接催生了目前为止国际上最为成熟的在线音乐盈利模式。

（3）手机彩铃、手机铃声：彩铃市场向成熟期过渡。2005 年年底，我国彩铃用户数突破 6000 万，市场规模突破 20 亿。2006 年后增长率放慢，市场逐步规范和细化，用户需求趋于多样化。

（4）音乐客户端包月服务、付费服务等：QQ 音乐、豆瓣 FM、虾米、酷我、网易云音乐等，各家不同的产品在摸索不同的盈利模式。比如 QQ 音乐凭借着强大的用户基础和终端平台，将电台进行二次重组进行精准化的推荐服务。

（5）发行单曲：如某歌手发行了单曲，选择了网上销售方式。单曲有两种定价方式：抢先下载版，每首 2 元，一台电脑收听 1 个月；超值珍藏版，每首 10 元，5 台电脑永久收听。这支单曲在两周内下载量达到 20 万人次。单曲更适合在网络上传播，更符合消费者的习惯。

8.6　数字音乐的发展机遇和挑战

1. 数字音乐发展迅速

2012 年全球数字音乐市场约为 69 亿美元，占唱片行业总规模（165 亿美元）的 41.8%。2013 年全球音乐产业收入 150 亿美元，数字音乐收入 59 亿美元，占 39.3%。2013 年中国数字音乐市场规模仅为 4.3 亿元，到 2018 年数字音乐市场总收入规模已达到 76.3 亿元，其间同比增速均在 30%以上。中国数字音乐收入占比高达 75%，发展速度非常快。

2. 政策法规利好正版数字音乐市场

2009 年，新闻出版总署在《关于促进我国音像业健康有序发展的若干意见》中明确指出，“鼓励和支持音像企业依托新媒体进行数字化转型，与电信运营商、网络运营商等合作，拓展以网络、手机、电子阅读器、集成电路卡等为载体的多种音像出版发行形式。”2011 年 1 月文化部发布《文化部办公厅关于清理违规网络音乐产品的通告》，对 100 首未经内容审查或备案的违规网络音乐产品进行清理整治。同年 4 月，文化部再次下发《关于查处第十二批违法互联网文化活动的通知》，要求各地文化行政部门和文化市场综合执法机构对 14 家涉嫌违法的网络音乐网站及时立案查处。2011 年 6 月 8 日，在文化部协调组织下，成立了网络音乐行业发展联盟。联盟承诺将共同促进全行业的正版化，并通过积极的协调与沟通，建立合理的内容授权模式、产品定价模式以及利益分配机构，推动产业健康发展。政府的行动和政策的稳定，为中国数字音乐未来发展铺平了道路。

3. 新型商业模式助推数字音乐未来发展

各家网站开始积极探索多元化商业模式。众多数字音乐平台都聚集了数千万的用户，具有很大的影响力，它们同样具备了包装和推广能力，在一定程度上甚至可以脱离唱片公司自己培养歌手。不少数字音乐平台都推出了给歌手展现自己、推广自己的服务。只要作品足够出色，歌手甚至可以通过网络成名。所以实体唱片的销量逐渐下滑，数字音乐平台正在成为唱片公司主要的盈利来源。大型正规音乐网站的渠道特点恰好满足单曲发行的需求，可以辅助完成唱片发行推广。中国唱片总公司、太平洋影音公司等开始与海洋音乐、咪咕音乐这样的数字音乐平台谈合作项目，以期达成实体唱片与互联网、移动互联网平台的合作共赢。合作方式上采取内容分享与盈利分成。通过整合音乐行业资源，咪咕音乐根据企业需求量身定制高品质的企业声音名片，建立开放平台，以开放平台接入优质产品，以渠道模式聚合合作伙伴，广泛整合互联网行业资源，构建开放合作与竞争发展的生态圈。

4. 多元化宣传渠道为数字音乐网站带来更多的机遇

各音乐网站与社交网站接口打通，用户在推荐歌曲的同时，提供音乐的链接网站也得到了宣传，增加了其知名度。

5. 盗版音乐屡禁不止

盗版无法完全销声匿迹，盗版音乐网站的存在使得提供正版音乐的网站无法完全开展收费项目。

6. 用户习惯阻碍收费模式推广

用户免费获取数字音乐的思维和行为习惯根深蒂固，同时在网络上也可以方便地找到盗版音乐收听下载。如何转变用户获取数字音乐的观念和习惯对行业发展极具挑战。

7. 数字音乐内容创新不足

中国在原创音乐投资方面的投入仍然非常少。多数投资方都不太愿意把大量资金投放到原创音乐领域，导致国内数字音乐内容缺乏创新性。

第9章 数 据 库

数据库是指按照数据结构来组织、存储和管理数据的仓库。数据库是发展历史最久、影响最广的一种电子信息源，也是一种主要的电子出版物。它产生于距今50年前，随着信息技术和市场的发展，特别是20世纪90年代以后，数据管理不再仅仅是存储和管理数据，而转变成用户所需要的各种数据管理的方式。数据库有很多种类型，从最简单的存储有各种数据的表格到能够进行海量数据存储的大型数据库系统，都在各个方面得到了广泛的应用。本章从数据库的概念、类型和发展历史入手，总结了我国数据库产业现存的一些问题，并详细分析了多媒体数据库的特点和发展，阐述了各国对数据库立法保护的差异。

9.1 数据库的概念和类型

数据库的诞生和发展给计算机信息管理带来了一场巨大的革命。三十多年来，国内外已经开发建设了成千上万个数据库，它已成为企业、部门乃至个人日常工作、生产和生活的基础设施。同时，随着应用的扩展与深入，数据库的数量和规模越来越大，其研究领域也已经大大地拓广和深化了。

数据库产业是指按照一定的信息需求把信息加工成为计算机可读介质并提供服务的信息服务行业，是信息产业的重要组成部分。

按照不同的划分标准，数据库有以下几种类型：

（1）按媒体信息分，数据库可分为文本数据库、数值数据库、声音数据库、图像数据库、视频数据库和多媒体数据库。

（2）按信息处理层次分，数据库可分为书目数据库和全文数据库。全文数据库是指收录全文或者其中主要部分并能够提供全文检索的源数据库。根据不同的划分标准，全文数据库还可有不同的分类：按照存储内容分，全文数据库可分为直接型原文数据库和摘录型原文数据库；按照应用领域分，全文数据库可分为法律法规全文数据库、期刊全文数据库、商情全文数据库、新闻消息全文数据库、医学文献全文数据库等。

（3）按内容性质来分，数据库可分为学术性数据库和商情型数据库。所谓学术性数据库，是指数据库出版公司或机构在制作数据库时是以教学、研究为目的，以教师、研究人员和学生为服务对象的。所谓商情型数据库，是以收录经济、金融、市场、法律方面的内容为主，服务对象主要面向企业。

9.2 数据库的发展历史

9.2.1 国外数据库产业的发展历史

20 世纪 60～70 年代：数据库的萌芽阶段。以科技数据库为主体。早期的联机数据库开始公之于众，但当时使用的联机系统还非常小。数据库通常是提供书目信息、文摘信息的参考型数据库。

20 世纪 70 年代中期至 80 年代中期：数据库的加速改进和提高阶段。全文数据库脱颖而出，提供的信息内容除了书目、索引外，几乎涉及了自然科学、社会科学和人文科学的各个领域，尤其侧重于经济领域的经济信息、产品信息、金融信息、专利信息和标准信息的提供。随着多媒体技术的发展，各类图像、图形、视频数据库等多媒体数据库的数量迅速增加。

20 世纪 80 年代中后期至 90 年代中期：数据库转换发展阶段。以应用新技术方法为主要特征。

20 世纪 90 年代后期至今：数据库的大发展时期。如今国外数据库具有以下特点：一是数据量大、增长迅速、更新速度快，在国外，数据库生产已形成规模，走向产业化和商业化。更新速度快，周期短。电子期刊数据库的更新为每周或每日更新。比如爱思唯尔（Elsevier）的全文数据库 ScienceDirect，施普林格（Springer）的全文数据库 SpringerLink 等。二是品种齐全，内容丰富，从文献的加工程度看，既有目录、索引、文摘等二次文献数据库，又有期刊论文、会议论文等一次文献数据库；从文献类型看，既有电子期刊、电子报纸、电子图书，又有学位论文、会议录、专利、标准等数据库；从学科范围看，既有单学科的，又有多学科综合性的。三是使用便捷，无时空限制，网络数据库借助互联网出版发行，绝大多数是连续作业，24 小时不停机，且同一数据库可同时为多人取用。这就为人们利用数据库检索提供了极大便利。且界面友好，易于理解。四是数据标准、规范、多元，生产标准、规范，如采用超文本、多媒体等先进成熟的信息处理技术，遵循 Z39.50 等通用的标准、协议与规范，使用标准浏览器，以及 PDF 格式文档标准阅读器 Acrobat Reader 等。五是数据库的检索功能强，提供多种检索途径。还提供各种形式的高级检索模块，提供逻辑算符等构造检索式进行组配检索，使得检索更为灵活准确。六是检索结果的显示与输出灵活、多样，每屏显示的记录数有限定；排序方式和显示格式都很多样化。检索结果可提供存盘、打印方式下载数据，且可利用电子邮件发送检索结果，或将检索结果直接输出到文献信息管理软件。

9.2.2 我国数据库产业的发展历史

1975～1979 年，引进、学习和借鉴国外数据库的理论及其成果。如 1975 年由国防科技信息中心和北京市科协共同组建的北京文献服务处引进了美国政府研究报告 GRA 数据库并进行了试验性服务。

1979～1992 年，我国中小型数据库起步建设阶段。如 1979 年由国家科技部重点扶植建立的中国药学数据库等。1980 年化工部信息硬件司建立的中国化学化工文献库。1988 年建立了中国产品信息库等。至 1988 年年底，我国自建的中西文数据库共有 260 多个。

1992 年至今，我国数据库产业形成和发展的重要时期。如 1992 年建成了中文科技期刊数据库、1993 年建成了中国化学文献数据库、1996 年建成了中国人民大学书报资料中心文献资料全文数据库等。1993 年我国第一家数据库专业公司——北京万方数据股份有限公司成立，并推出了万方数据库系统，标志着我国数据库产业开始市场化。

但发展至今，我国数据库产业还存在着一些问题：一是数量少，规模小，商业化水平低，全文数据库比例与发达国家相差甚远。地方特色数据库规模小，商业化程度低。二是具有商品特质的商用数据库比重偏低，美国抢占了全世界数据库市场 60%以上的份额，其中原因之一就是商情数据库的发展，世界商情数据库有 2/3 是美国生产的。商情数据库的聚焦点都是在能够取得巨大经济效益的信息内容服务领域，包括金融、信用、科技、法律等诸多方面。而我国这方面的数据库占比还比较小。

9.3 多媒体数据库的特点和发展

随着信息网络技术的日新月异，特别是国际互联网的突飞猛进，一方面，数据库技术、网络技术和多媒体技术近几年来有了很大的发展，在它们的推动下，建设多媒体数据库的技术条件日趋成熟；另一方面，文字、图片和视频相结合的多媒体信息日益受到社会的欢迎，为适应这一趋势，建设多媒体数据库的需求与日俱增，多媒体数据库技术受到越来越多的关注，很多机构已经或正在开发建设多媒体数据库。

多媒体数据库是数字图书馆进程中的重要产物。多媒体数据库在收藏、检索、使用等方面更具优势。多媒体数据的检索更为便捷，除了常规的检索途径外，还可以对全文进行检索，或者对画面进行检索，远远超出了传统图书馆编目中对检索点的提取，更方便用户根据自己的喜好进行浏览和索取所需信息。同时，多媒体数据库的用户也能更加快捷地欣赏到选定的内容。多媒体数据库可以快速扩容馆藏资源量，为大众需求的资源提供保障。它的出现给传统的图书馆资源采集、服务等带来了巨大冲击，为数字图书馆多媒体资源采集开辟了新的方向。

国内多媒体数据库出现于21世纪初，目前比较成熟的产品有十几家，内容多集中于讲座报告类和教育培训类，前者如名师讲坛、网上报告厅、知识视界等，后者如新东方在线学习库、高等教育视频资源库等。还有新闻界生产的多媒体新闻数据库，如新华社多媒体数据库是以先进的信息技术、网络技术为支撑，集新闻信息采集、营销、管理、存储为一体的工作平台，是国内最大规模的多媒体、多文种新闻信息综合性数据库。它提供给用户的是新华社多媒体数据库的外库，即新闻信息产品服务的总平台和总出口。内容主要包括新华社实时播发的文字、图片、图表、音频、视频等各类新闻信息产品以及各类新闻信息历史资料，并具有高效、灵活、实用的检索、浏览、个性化订制及推送服务等多种功能。新华社用户可以通过多媒体数据库方便、快捷、交互式地选择各自需要的新闻信息产品。

9.3.1 多媒体数据库的特点

（1）数据量大，数据长度的差异也极大，给数据的组织和存储方法带来复杂性。由于数据量大，且数据的大小是可变的，且无法预先估计，就需要组织好多媒体数据库中的数据，包括通过网络加以分布存储，选择设计合适的物理结构和逻辑结构，保证磁盘的充分利用和快速存取。

（2）媒体种类多，非格式化数据多，数据结构复杂，给数据处理增加了困难。多媒体数据对应的是一个复杂的对象，每一种数据类型都要有自己的基本概念、数据定义、描述语言、数据结构、存取方法及操作语言等，很难构造出像常规数据库那样一种固定的模型，也不能适应传统的关系数据库的处理方式。

（3）需要声音与视频同步机制支持。音视频数据具有时间相关性、连续性、等时性（数据之间具有严格的时间间隔限制）、容错性（即使有一定的数据错误率，影响也不大）等特性，它们要求多媒体技术必须提供媒体流内部同步机制、媒体流间同步机制和人机交互同步机制。

（4）传统的只处理精确概念和精确查询将面临挑战，非精确匹配和相似性查询需求有待满足。多媒体的复合性和形象化特点，决定了只通过字符进行查询已不能适应，而应通过媒体的语义进行查询，然而，目前对多媒体基于内容的语义信息的确定和处理难度还比较大。

（5）设备的依赖性大，需用户接口支持。对于多媒体的共性，每一种媒体的个性，都要在用户的接口处体现；用户描述的查询要求，多媒体信息的查询结果，都要在用户接口上表现出来。

（6）数据传送要求高。无论音频媒体还是视频媒体，都要求连续传送或输出，否则会导致严重失真，影响视觉和听觉效果。对CPU计算能力、I/O系统的吞吐率、动态内存的刷新速度、网络传送带宽、服务质量等软硬件的要求都比处理常规数据要高。

9.3.2 多媒体数据库与传统数据库的差别

（1）处理的数据对象、数据类型、数据结构、数据模型和应用对象都不同，处理的方式也不同。

（2）多媒体数据库存储和处理复杂对象，其存储技术需要增加新的处理功能，如数据压缩和解压。

（3）多媒体数据库面向应用，没有单一的数据模型适应所有情况，随应用领域和对象而建立相应的数据模型。

（4）多媒体数据库强调媒体独立性，用户应最大限度地忽略各媒体间的差别而实现对多种媒体数据的管理和操作。

（5）多媒体数据库强调对象的物理表现和交互方式，强调终端用户界面的灵活性和多样性。

（6）多媒体数据库具有更多样的对象访问手段，比如特征访问、浏览访问、近似性查询等。

9.3.3 多媒体数据库技术的未来发展

1. 支持XML模型的新型的数据库技术

进一步研发支持XML模型的新一代多媒体数据库系统。解决好支持复杂的大对象、基于内容的相似性检索以及对等时数据类型（如音视频）的搜索等技术问题。

2. 基于内容的多媒体检索技术

这是一种非精确匹配和相似性查询，涉及图像处理、语音信号处理、模式识别、计算机图形学、计算机视觉、认知科学、用户模型等研究方法。多媒体数据库将支持同一媒体的多种表现形式，支持复杂媒体的表示和处理。

3. 并行数据库和分布式数据库技术

前者将并行处理机系统的并行处理能力与数据库系统的并行处理特性结合起来，极大地提高多媒体数据库系统信息查询和处理的并行度；后者将网络中不同地理位置上的多个节点的成员数据库连接成为一个有机联合体，并使分布式数据库的完整性与复制技术的容错功能相结合，构成高性能的多媒体数据库系统。

9.4 数据库的立法保护

本部分从TRIPS协议（与贸易有关的知识产权协议）、欧盟的“数据库法律保护指令”和美国的HR354法案（信息汇集反盗版法）来对比对数据库立法保护的差异。

TRIPS协议，将数据库作为版权法中的汇编作品进行保护的协议。独创性是其获得保护的前提。一为数据的选取，即数据库制作者通常根据制作目的，按照一定的标准选择所需的材料。二为数据的编排，即内容储存在数据库中的顺序或呈现于用户面前的顺序。以汇编作品对数据库加以保护，虽然能使数据库权利人获得一定程度的版权保护，但仍存在许多困难。体现在：第一，大量数据库由于缺乏独创性而被排除在版权保护体系之外。某一数据库收录的信息越全面，就越无法在数据的选取上体现独创性。在编排上，给予制作者的创造空间也很小，因为数据库编排的原则是便于使用，为用户提供灵活方便的文件访问和数据操作。第二，版权法保护的一个原则是，只保护结构，不保护内容。换言之，将数据库以汇编作品加以保护，保护的只是其作为汇编作品的整体，并不延及构成数据库的作品、信息、数据等。因而，数据库中大量的事实材料，数据库制作者投入了大量的人力、智力、资金才创造出来的劳动成果，因属于版权法中的思想范畴而无法得到有效的保护。在数字技术日益普及的情况下，可以轻易地拷贝数据库的全部数据内容，并加以重新编排，产生一个内容相同的数据库，却不会侵犯原数据库的版权。

欧盟的“数据库法律保护指令”于1996年3月生效，规定各成员国在1998年1月1 日之前实施。欧盟对数据库概念的界定为经系统或有序地安排，并可通过电子或其他手段单独加以访问的独立的作品、数据或其他材料的集合。从数据库的载体上看，欧盟指令囊括所有信息（数据、事实等）编纂物，不论其是以印刷形式、计算机存储单元形式还是其他形式存在，都被视为“数据库”。即数据库的载体形式并不影响其法律属性，体现出欧盟指令对数据库的保护重在实效。

欧盟指令对数据库的版权保护：欧盟指令第三条第一款指出“凡在其内容的选择与编排方面体现了作者自己的智力创作的数据库，均可据此获得版权保护”。换言之，欧盟指令以原创性为数据库版权保护的准则。对于该条款所指的数据库，欧盟指令依然采取传统版权保护原则，即只保护形式，不保护内容。

但欧盟指令对数据库还有特殊权利保护：就特殊保护而言，根据欧盟指令第七条第一款的规定，数据库享受特殊保护的条件是，数据库制作者“在数据库内容的获取、检验核实或选用方面，经定性与（或）定量证明做出实质性投入”，并强调这种特殊权利“不管该数据库是否符合版权或其他权利保护的条件都是有效的”。与传统版权保护相反的是，对数据库的特殊保护采取了保护内容的原则。欧盟指令指出：“数字记录技术日益普遍的使用使数据库的制作者面临这样一种风险，即他人可能会未经其本人许可，采用电子方法拷贝数据库内容或将数据库内容重新编排，进而产生一个内容相同的数据库，但却不会侵犯其数据编排上的任何版权”。实施对数据库保护的目的正是为了防止这种盗用，以保护数据库制作者的合法权益。

欧盟指令中数据库制作者的权利：受到版权保护的数据库，其作者享有复制权、发行权、展览权、改编权等专有权利。这依然体现了传统版权所有者的权利内涵。而就特殊权利而言，包括有①摘录权：即禁止他人未经许可，永久或暂时地复制数据库全部内容或者在数量上以及（或）质量上的实质性内容。②再利用权：即禁止他人未经许可，以发行、出租、在线传输等方式向公众提供数据库全部内容或者在数量上以及（或）质量上的实质性内容。③摘录权和再利用权：针对数据库内容的非实质性部分，若这种摘除或者再利用是屡次和有系统的，且违背了数据库的正常利用原则，或不合理地损害了制作者的合法权益，则这种行为也不被允许。

美国的HR354法案，赋予数据库制作者“再利用权”和“摘录权”。与欧盟指令中的特殊权利相比，该法案赋予数据库制作者的权利相对较弱，权利人所能控制的只是那些给其信息产品或服务的市场造成重大损害的行为。对数据库中非实质性内容的任何目的的使用行为则没有全力加以控制。该法案更注重平衡数据库制作者的利益和社会公共利益。

国内并未明确地将数据库列入著作权保护的客体。著作权法在修改之前，往往将其视为编辑作品。著作权法修改后，将过去的“编辑”改为“汇编”，与国际通用惯例接轨，一般将数据库视为汇编作品。我国国内对数据库方面的立法在1992年颁布的《实施国际著作权条约的规定》中有所体现，但只是针对在中国的外国数据库。目前主要依靠《反不正当竞争法》来对数据库制作者进行保护，这种保护着眼于数据库制作者的投资和市场利益，能够在一定程度上弥补版权保护的不足。对于不具有独创性的数据库，当它的信息被盗用并构成同行业的竞争时，这种行为已经违反了《反不正当竞争法》的诚实信用原则和公认的商业道德准则。但这种保护模式的力度明显不足，使得数据库制作者和权利人无法保护自己的正当权益，有时甚至无法确定自己的劳动成果该受到哪一法律的有效救济。

第10章 电子书

从20世纪末开始，电子书就开始成为人们关注的话题。到今天，电子书已经成为一个快速增长的新兴产业。但到底什么是电子书，是内容、格式、阅读软件还是一种硬件设备？它的发展历史是怎样的？本章通过梳理电子书的发展史来厘清电子书的概念，并总结了电子书目前的几种盈利模式，详细阐述了目前的发展现状，并分析了未来的发展方向。

10.1 电子书的发展历史

1. 萌芽阶段（1999年前）

电子书的发展最早可以追溯到20世纪70年代初的美国，美国人迈克尔·哈特组织了一些志愿者，将他认为对人类有重大意义的书籍，如《圣经》、《独立宣言》、莎士比亚作品等名著，通过打字机输入电脑中，并放到网络上供读者免费浏览及下载。这个行动被称为“古登堡工程”，这是人类历史上第一次规模化地将纸质图书转化成为电子图书。

80年代后，美国的兰登书屋、哈伯-柯林斯等大出版商相继进入电子书市场。那个时代的电子书，多以光盘读物的形式出现。这种形式的电子书虽然已经具备集文字、图像、声音、视频为一身的多媒体特性，但是由于当时网络还不太发达，电子书又多需要依附于光盘这种实物，专门的电子书阅读器还未发展成熟，只有在1998年年底的时候美国市场上出现了几款电子书阅读器，分别为“火箭书”（rocket book）、“软书”（softbook）和“每日书”（everybook），但都未发展成熟，且和电子书发展相关的一些如版权保护技术、格式标准、显示技术等关键技术还未得到解决，所以各大出版商和各家阅读器制造商虽然对电子书抱有兴趣，但仍旧处于观望酝酿阶段。

我国的电子书起步较国外晚，但发展速度很快。1996年2月，武汉大学出版社研制出了“博克电子图书编著环境（WDBOOK）”，这是一套通用的中文电子图书制作工具与阅读软件。1998年，超星电子技术有限公司将国家图书馆收藏的15万册图书数字化，向用户提供服务，标志着我国中文电子书系统的问世。

2. 第一次浪潮（1999～2002年）

1999年是电子书发展具有里程碑意义的一年，数字版权保护技术的出现，使得困扰出版商的电子书版权问题得到了解决。同年，Adobe、Microsoft、美国商业部、美国标准技术院等数十家公司和机构组成了“开放电子书”（OeBF）组织，来研究制定e-book的格式标准。在9月即发布了OEB（Open e-book）1.0格式，后来又颁布了1.01版。该格式可以让作者和出版商所生成的电子书文档在所有的电子书阅读器上正确显示。为了统一解决版权和电子书的出版流程问题，多家著名电子出版商、网络书店和美国图书馆协会组成了“电子书交换工作组”（EBX working group），建议了一项电子书全过程中版权保护的方案——《EBX系统标准》。为了加快e-book标准化的进程，在2001年时，OeBF和EBX这两个组织还进行了联合。

2000年4月，美国恐怖小说家史蒂芬·金和西蒙-舒斯特出版商合作，将他新写的小说《骑弹飞行》(*Riding the Bullet*)不发行纸质版而只放在互联网上发售。仅第一天就有40万人次登录并成功下载，创造了出版界的奇迹，开启了电子书出版的新纪元。同年7月，尝到甜头的史蒂芬·金，再一次利用电子图书的优势大赚了一把，这次他以连载的形式发表了他的小说《植物》，读者付费1美元就可以买到这本电子书，在小说推出的15小时内，下载量超过了4万余人次，付费率在76%以上。

在我国，2000年4月北大方正电子公司发布了自主知识产权的阿帕比（Apabi）中文网络出版的整体方案，所谓Apabi就是作者（author）、出版商（publisher）、渠道（artery）、消费者（buyer）和互联网（internet）的首字母的组合。它寓意着以互联网为纽带，将传统出版的整个供应链合理连接了起来，而电子书是贯穿始终的元素。其中的版权保护机制可以有效控制非法拷贝问题，这为传统出版业走网络出版之路提供了完善的技术支持。

2000年8月，我国的博库网在其网站上推出了三类电子书，包括在线阅读的图书，博库网自己的“专题书”和签约的知名作家的独家原创作品。虽然博库网最后倒闭了，但它翻开了中国电子书出版的第一页。

3. 走入低谷后复苏（2003～2005年）

2003年是电子书发展的低谷期，质疑电子书的浪潮不断涌来。2003年5月美国图书博览会上，专业电子书展商从2001年的约100家降至约20家。同年6月18日，曾与微软、Adobe并称电子书三巨头的Gemstar公司，宣布中止其电子书阅读设备的销售业务，并关闭了电子书内容的销售。2003年9月，美国最大的连锁书店巴诺书店宣布退出电子书业务。

从2004年开始，电子书市场又重新回暖。飞利浦电子、新力索尼、E-Ink公司合力推出了全球首款采用电子墨水技术显示的新型电子书阅读器，电子墨水技术的诞生让限于显示技术瓶颈的电子书出版商们看到了曙光。2004 年前 9 个月，美国电子书的零售收入比 2003 年同期增长了 20%。国外的教育出版商的电子书是出版数字化的先行军。如麦克劳-希尔（McGraw-Hill）教育出版集团于 2005 年与知名数字杂志技术提供商合作，将其教材全部做成电子书形式通过网络来销售；爱思唯尔（Elsevier）出版集团在 2005 年计划发行 4000 种科技类的电子图书以扩充其 STM 数据库资源 ScienceDirect。

我国的超星公司、书生之家、方正 Apabi 等几家公司各自开发了专用电子图书浏览器软件。方正公司截至 2004 年已和 400 余家出版社正式合作，并和新浪网、人民网等知名网络平台合作，向读者提供商品化的电子图书。各出版社也纷纷推出自己的电子书业务。2003 年年底国内有近 300 家出版社启动了电子书出版，出版电子图书 2 万余种，2005 年又有 80 家出版社新加入进来。新浪等门户网站也纷纷开设电子书网上阅读下载服务，“e 书时空”等专业性电子图书商务网站也纷纷建立。2005 年年底，中国出版电子书达 21 万种，超过美国电子书出版种类总和，居全球第一。

4. 第二次浪潮（2006～2010 年）

2006 年后，电子书逐步驶入发展快车道。2006 年，iRex 公司的第一代电子阅读器产品 iLiad 上市，Sony 也开始在书店销售 Sony 阅读器。2007 年的第二届世界电子书博览会，有涉及英、汉、法、德等 100 多种语言、75 万种选题的电子书向公众免费开放。

2007 年，方正推出了电子商务平台——爱读爱看网（www.idoican.com），提供几十万种正版电子书和数字报的在线阅读服务。商务印书馆、高等教育出版社等老牌出版社都拿出了自己的电子书出版方案和规划。如高等教育出版社，启动了“立体化教材”的概念，并建设了“内容管理系统建设工程”。多家平台看好并准备进军电子书市场。如腾讯于 2007 年 5 月推出收费阅读的电子书书店；当当网于 2008 年推出自己的收费阅读和下载频道等。方正 Apabi、超星技术等技术提供商开始向内容提供商转型，它们结合读者需要将传统出版社的书籍数字化为电子书，开发成收费数据库，建立起了相应的盈利模式。还有热门的原创文学网站，如起点中文网等，以原创的形式早于纸质版图书先行在网络上发行。谷歌、百度等搜索引擎也与全球多个出版商合作，进军电子书领域。

电子书阅读器的发展速度也非常快。2010 年上半年中国电子书阅读器出货量占全球总量的 20%，仅次于美国，全年可达 910 万台。2010 年国内生产电子书阅读器的企业已突破百家：方正、汉王、华硕、微星、爱国者、翰林、纽曼、台电等数十个品牌都涉足电子书阅读器市场，竞争十分激烈，并有不断加剧之势。加上外资品牌强势进入，苹果公司在 2010 年 4 月份推出了 iPad 手持平板电脑，iPad 使电子书阅读器的功能又上了一个新台阶。这在一定程度上刺激了国内电子书阅读器市场规模和盈利能力的爆发性上升。

5. 平稳发展（2010 年至今）

2010 年后到现在，电子书市场一直平稳发展，阅读人群不断增多，数字化阅读呈现持续增长。

电子书相关技术不断成熟，新产品不断涌现，2010 年有接近 50 个品牌的阅读器产品问世。新一代电子阅读器在外观设计上更加美观、用心、注重读者的阅读体验，并着力打造阅读器的品牌。2016 年，由中国新闻出版研究院牵头的数字版权保护技术研发工程全部完成，工程的核心成果——数字版权保护技术管理与服务平台可提供数字版权认证、网络侵权追踪等全流程数字版权保护技术服务。这为电子书产业的健康发展打下了良好的基础。

电子书内容资源更加丰富。电子书内容覆盖图书的各个类别，尤其在文学、经管、历史、少儿、生活等方面更突出。对于电子书产业而言，虽然未能出现爆发式、跳跃式的增长，但仍然保持两位数以上的增长趋势。内容生产呈现了多元化。技术提供商、电商、平台运营商、电信运营商纷纷进入电子书行业。

10.2 电子书的概念

概念不仅是个词汇，还关系到对事物本质的理解，电子书的概念如果模糊不清，理论上会造成人们认识上的困惑，实践上还会影响到企业该如何确立商业模式。因此很有必要厘清它的概念。

10.2.1 电子书概念的演进

1. 以阅读器为主的电子书概念

从前述的电子书历史发展中可见，1998 年，美国出现了第一代电子阅读器“火箭书”和“软书”，这种设备模拟了传统书籍的大小、形状和功能，人们称其为电子书。在第一代阅读器的深刻影响下，早期人们普遍以硬件设备来对电子书进行定义。在亚马逊 Kindle 上市之后，更多的人们受新技术成果的影响，习惯于把电子阅读器等同于电子书。

2. 以内容为主的电子书概念

2002 年后，随着各出版社和内容提供商纷纷踏入电子书领域，人们开始从内容角度来理解电子书。人们意识到内容才是书的本质特点，硬件设备只是一个载体。如国际联机计算机图书馆中心（Online Computer Library Center，OCLC）发布的报告中指出的那样，读者虽然知道硬件设备必不可少，但更加关注电子书的内容本身。

随着认识的加深，人们对电子书这个词汇的内涵有了清晰的界定，已经可以用不同的词来将电子书中表达内容和表达设备的概念进行区分了。目前人们普遍用“电子书”(e-book、electronic book、digital book)等词表达内容方面的含义；用“阅读设备”(reading device）或“载体”（container、carrier）、“手持设备”（hand-held devices）、“电子阅读器”（e-book reader）等表达硬件方面的含义；而用“e-book reader software” 来表达阅读软件。

10.2.2 电子书概念的要素分析

在追溯了电子书概念的演进轨迹后，我们发现电子书的内涵随着时间和技术的发展在动态地发生变化，人们对它的理解也在不断深化。通过对电子书的发展历史以及结合电子书的现状分析，我们认为电子书具有以下三个要素：

1. 电子书是数字化的书

电子书和传统纸质书的载体形式不同，传统纸质书是以纸张为载体，而电子书应该具备数字化的特征。电子书具有介质与内容分离的特征，能够进行检索、复制等；且随着技术的发展，电子书开始具备多样化形态特征，电子书内容可以是多媒体形态，而不局限于单一的文本形态，和传统纸质书相比可以展现的内容丰富了很多。

2. 电子书具有传统书的特点

电子书必须具有和传统书一样的形式、有逻辑性结构的内容的特征。对类书性（analogous to a book）的强调一直存在于各种论著中，成为各学者的共识。强调具有传统书的特征旨在明确电子书的基本范围，将电子书与电子期刊、电子报纸、博客、网页、视频等电子资源区分开来。

3. 电子书须借助软硬件来进行阅读

人们需要通过载体来阅读电子书。传统图书只有单一的载体——纸张，而电子书的载体形式是多样化的，除了早期的电脑、CD-ROM或电子阅读器外，随着技术的发展，载体形式得到了更大的拓展，现在人们还可以用平板电脑、智能手机、电视、大屏幕等来进行阅读。阅读软件也是保证数字化信息内容能够为阅读设备读取的关键，常见的阅读软件有 Adobe 公司的 Adobe Reader、微软公司的 Microsoft Reader、方正的 Apabi Reader，以及超星的 SSReader 等。

与传统图书相比，电子书具有以下几方面的基本特征：一是借助电子书阅读设备，可以实现对电子书内容的检索与交叉引用、超文本链接、插入书签、注释、多媒体阅读以及交互式传播等功能操作。二是电子书的阅读方式更灵活，既可以在线阅读也可下载使用，但是必须依靠一定的终端阅读设备和阅读软件。三是电子书载体的信息容量更大，通过互联网，读者只需“一本书”即可“阅览天下书”。四是电子书在内容生产、流通及价格上更具优越性，其内容在生产环节省去了印刷、装订、运输等，而流通方面也无库存压力，可直接面对读者销售，时效性更强、成本更低。五是电子书免去了纸张消耗，更有利于保护环境。

10.3 电子书的盈利模式

1.“终端+内容”的主导模式

这种模式的代表是亚马逊。亚马逊同时提供终端设备和内容下载平台，用足够多的图书内容促进 Kindle 销售，进而反过来带动电子书销售。“终端+内容”的亚马逊模式在国外已取得极大成功，并呈高速发展趋势，其云服务和全球战略的成功实施也使其成为“超级内容整合者”。2010 年全球电子书阅读器总销量为 1280 万台，其中 Kindle 占 62.5%的市场份额，达到 800 万台。在 2010 年最后 3 个月，亚马逊的电子书销量超过了其实体图书。之后 Kindle 一直独占市场鳌头。2018 年中国电子书阅读器市场占有率第一是亚马逊 Kindle，市场份额约占 80%。

2. 内容预装主导模式

这种模式的代表是汉王。作为国内最大的电子书阅读器生产厂商，自 2008 年起汉王一直引领着国内电子书阅读器的发展。2010 年，汉王获准从事互联网出版业务，同年投资 3000 万元建立汉王书城和可购买的书籍内容。该模式主要通过销售硬件获利，预装的电子书作为电子书阅读器的附加值，难以衡量预装内容的市场价值；预装电子书以公版书和旧书为主，难以对读者形成持续吸引力；再加上受到 iPad 的冲击，导致了汉王电子书阅读器的收入和毛利减少。

3. 运营商主导模式

这种模式的代表是中国移动。中国移动在 2010 年提出了运营商主导的电子书商业模式，将传统出版行业产业链中的编、印、发环节变为内容提供商、平台提供商、运营推广商，而以中国移动为代表的运营商占据了产业链的主导地位。凭借超过 6 亿的手机用户、便利的计费通道和强大的平台推广能力，中国移动手机阅读基地 2010 年月营收超过 1 亿元；此后，中国电信、中国联通也开始运营手机阅读业务。通过手机来传播和阅读的电子书将率先成为收入增长最快、传播范围最广的电子书新业务。2018 年，中国移动咪咕阅读收入超 23 亿元。

4. 技术提供商主导模式

该模式为向机构用户提供数字图书馆和文献检索库等检索阅读服务，收费模式主要有内容购买付费和使用权许可付费，通过向机构用户出售数字图书馆中的电子书等内容来获利。以北大方正为代表的技术公司凭借其市场启动较早的先机，整合了海量内容，在部分领域已处于相对垄断地位。超星是国内最早从事纸质资料数字化以及电子出版物制作的公司之一，因此，在同行业中处于数字图书资源数量多、专业资源权威、加工能力强、技术成熟、用户多的优势地位。

5. 门户网站主导模式

此种模式充分利用了互联网的特点，通过文学网站聚合了大量原创内容和网民，力图通过付费阅读获得一定收益。这种模式的代表是盛大文学。通过收购起点中文网、晋江原创网、红袖添香、榕树下与小说阅读网等多家国内原创文学网站，盛大文学建成了国内最大的原创文学平台，签下了近万名作家版权，占有网络原创文学 80%以上的市场份额。2010 年的收入多来自中国移动手机阅读服务。2015 年 3 月，腾讯文学和盛大文学宣布正式成立阅文集团，统一管理和运营原本属于盛大文学和腾讯文学旗下的起点中文网、创世中文网、小说阅读网、潇湘书院、红袖添香、云起书院、榕树下、QQ 阅读、中智博文、华文天下等网文品牌。阅文集团是目前全球最大的正版中文电子图书馆，国内最大的 IP（intellectual property，知识产权）源头。

6. 发行中盘主导模式

这种模式的代表为四川新华文轩。以四川新华文轩为代表的传统图书发行中盘在积累了多年图书、期刊发行经验的基础上，通过建立数字内容分销平台、销售电子书等数字内容来获利（文轩网电子书）。其优势是拥有丰富的渠道资源和客户资源，可以为数字发行带来便利，但不足是缺乏优势内容资源支撑和产品研发等技术能力。由中盘转型的数字内容分销商对上游资源的整合能力和对下游用户的聚合能力有所不同将造成强者愈强、弱者愈弱的局面。因此，该商业模式将导致中盘出现两极分化的局面，且短期内获利能力有待观察。

7. 出版社直接面向消费者模式

这种模式利用电子书与纸质书同步发行的优势，降低出版社的风险，增加图书的销售量。出版社在互联网上建立有自己特色的电子书专卖店。这种模式需经历三个阶段，电子书制作阶段—网络平台搭建阶段—发行销售阶段。但需要出版社实力强，有自己的技术研发部门。

10.4 电子书的现状和发展趋势

10.4.1 电子书的现状

1. 数字化阅读率不断攀升

根据网易发布的《2014年移动阅读报告》，中国人2014年电子书总阅读量已经超过14亿册，换成纸质书，首尾相接相当于绕赤道8圈；而将纸书换成树木，相当于绿化了两个北京城。碎片化阅读趋势明显；阅读目的以休闲娱乐为主。2015年4月，中国新闻出版研究院公布了第十二次全国国民阅读调查结果，显示数字化阅读呈现持续增长。第十四次全国国民阅读调查报告显示，我国国民的数字化阅读接触率持续八年上升，电子书阅读率在2016年已攀升至68.2%，对于同样内容的纸质版和电子版图书，在数字化阅读方式接触者中，有 51.2%的人更倾向于购买电子版。第十六次全国国民阅读调查报告显示，2018 年我国成年国民包括书报刊和数字出版物在内的各种媒介的综合阅读率为80.8%，较2017年的80.3%有所提升，数字化阅读方式（网络在线阅读、手机阅读、电子阅读器阅读、Pad阅读等）的接触率为76.2%，较2017年的73.0%上升了3.2个百分点。

2. 电子书产业发展迅速

2014年电子书（含网络原创出版物）收入达45亿元，较2013年增长20%。电子图书的收入来源仍然主要是机构用户。电子图书出版产业的发展经历了初创期、成长期，很多企业由最初的持续投入到逐步的减亏，直到最近两到三年，才逐步实现盈亏平衡和盈利。2014～2018年，对于电子书产业而言，虽然未能出现爆发式、跳跃式的增长，但仍然保持以两位数以上的趋势增长。2015年电子图书收入达到49亿元，2016年电子图书收入达52亿元，2017年54亿元，2018年达到了56亿元。

传统出版单位转型升级，努力寻求纸质版权和数字版权同步发行已成为业界共识，并成为出版社新的出版着力点。新兴的单纯的数字出版内容生产商屡有创新，在电子书和在线阅读形态基础上，App应用越来越广泛，获得迅速发展。

2014年，知名电商京东通过与知名作家签约，培育“京东出版”的品牌。百度文学在北京宣告成立，发布包括纵横中文网、91熊猫看书、百度书城等子品牌在内的完整架构，并高调亮相。2015年腾讯和盛大联合组建阅文集团，阅文集团旗下拥有多家有影响力的网络原创与阅读平台，可以说是占据了网络文学市场的半壁江山，在资源和品牌上都颇具优势。阿里巴巴也推出了阿里文学，将与书旗小说、UC 书城组成阿里移动事业群移动阅读业务的主要部分。阿里文学将依托内容生产，从数字内容阅读、传播、版权和粉丝经济等方面入手，进行网络文学产业的生态建设。2018年阿里文学宣布与天猫图书联合推出全新数字阅读产品“天猫读书”App。中文在线与国内近 300 家出版机构合作，签约知名作家、畅销书作者2000余位，以精品内容结合多元化渠道打造版权衍生超级IP，组建了全国最大的校园文学联盟，推进网络文学作者和作品孵化，成为国内最大的正版数字内容提供商之一。

中国最大的电信运营商中国移动在2015年整合其手机阅读基地相关业务，成立中国移动咪咕数字传媒有限公司，全面布局包括网络文学在内的数字阅读市场。中国电信旗下的天翼阅读获中文在线、凤凰传媒、新华网三家企业共同投资1.39亿元。同时还涌现出掌阅科技等网络文学领域的后起之秀，掌阅科技在“掌阅iReader”平台的基础上，推出了掌阅课外书、掌阅听书、掌阅漫画三个关联阅读平台。可以看到，在激烈的市场竞争下，网络文学行业格局已逐步形成。

方正阿帕比公司为出版社、报社、期刊社等新闻出版单位提供全面的数字出版技术解决方案。中国90%以上的出版社在应用方正阿帕比技术及平台出版发行电子书，每年新出版电子书超过12万种，累计正版电子书近70万册，并与阿帕比共同打造推出了各类专业数据库产品。

超星于2000年建成当时世界最大的中文数字图书馆；2000年5月超星数字图书馆被列为国家863计划中国数字图书馆示范工程；超星数字图书馆藏书量达到260万种，并且每年以10万种左右的速度递增，被公认为数字图书馆行业的知名品牌。

社交阅读是移动阅读的重要组成。在手机阅读者中，超过六成的人进行过微信阅读。

3. 网络文学成为电子书产业发展的亮点

网络文学是随着互联网的普及而产生的。互联网为上亿网民提供了多如流沙的各类文学资料信息，与此同时，一种以这一新兴媒体为载体，以网民为接收对象，具有不同于传统文学特点的网络文学悄然兴起。网络文学是以网络为发表载体，以互联网为展示平台和传播媒介，借助超文本链接和多媒体演绎等手段来表现的文学作品类文学文本及含有一部分文学成分的网络艺术品。其中，以网络原创作品为主，包括那些经过编辑、登载在各类网络艺术刊物（电子报刊）上的作品，电子公告栏（BBS）上不经编辑、个人随意发表的文学作品，以及一些电子邮件中的文学作品。这种网络文学也就是我们平时称的“网络原创文学”，强调“原创”，是指产生于网络内部，由网民创作并通过网络媒介得以流传的“文学”作品。

网络文学的传播者是网络写手，多为非专业作者，从创作动机来看，网络文学具有重视商业利益的特征。传播受众是接触电脑和手机的文学爱好者和跟帖者。传播内容是网络原创文学作品。体裁与传统文学并没有区别，其中原创小说在网络原创文学中所占的比重最大。从作品题材上看，网络文学主要关注武侠、玄幻、言情和军事。网络文学的产生与网络这一新兴媒体的发展密不可分。网络写手通过不同的网络传播途径来传播作品，其形式多样。网络文学的发布途径是BBS论坛、文学网站和文学博客等。

中国的网络文学已有近二十年的发展历程，随着我国数字阅读需求的不断提升，自由、低门槛的创作环境也促进了网络文学内容的供应充足，网络文学已成为数字阅读的重要组成部分，拥有庞大的用户群体。网络文学的蓬勃发展，与近几年IP概念在我国文化领域的盛行有很大关系。2015年被称为IP元年，多部知名网络文学作品被改编成影视、游戏作品赢得市场认可，一时之间掀起IP改编热潮，文学、游戏、影视等领域对IP的关注和需求迅速扩张。2017年网络文学市场规模达到130.2亿元，比2016年增长44.2%。网络文学用户规模达到3.78亿，占网民总数的48.9%。截至2018年12月，我国网络文学用户规模达到4.32亿，占网民总数的52.1%。网络文学作品总量超过2400万部，其中签约作品近130万部，2018年新增签约作品24万部。国内重点网络文学网站签约作者达61万，并有上千万作者参与创作。网络文学作品质量有了显著提升，主流化、精品化趋势日益明显，特别是现实主义题材持续蓬勃发展，成为网络文学发展的强劲动力。

4. 政策法规的出台加快电子书产业的发展

《新闻出版总署关于发展电子书产业的意见》（以下简称《意见》）于2010年10月9日下发，就发展电子书产业提出了具体要求和新的目标。全文共20条，从意义、原则、任务等方面对电子书产业进行了规范和指导。

《意见》指出，未来几年，新闻出版总署将加快制定电子书标准和建立电子书行业准入制度，促进内容、资金、技术、人才等资源的优化配置，提升自主创新能力，打造龙头企业和知名品牌。

《意见》强调，将组织成立电子书内容标准工作组，研究制定电子书格式、质量、平台、版权等方面的行业及国家标准，加强对电子书的质量检测、认证等工作。对从事电子书相关业务的企业将实施分类审批和管理：对从事电子书内容原创、编辑出版和电子书内容资源投送平台运营业务的企业，作为电子出版物出版单位和互联网出版单位进行审批和管理；对从事出版物内容的数字转换、编辑加工、数字芯片植入的企业，作为电子出版物复制单位进行审批和管理；对从事电子书的总发行、批发、零售业务的销售企业，作为电子出版物发行单位进行审批和管理；对从事电子书进口经营业务的企业，作为电子出版物进口单位进行审批和管理。

《意见》还指出，要推动传统出版单位、发行单位、数字化技术提供商，依托各自资源优势，联合搭建国家级电子书内容资源投送平台，推动实施一批具有战略性、示范性的电子书产业项目，将电子书生产企业纳入国家数字出版基地重点支持领域。

2016年2月，国家新闻出版广电总局根据国务院立法工作计划起草了《全民阅读促进条例》，以法律法规的形式推动全民阅读，提升全民阅读接触率，在一定程度上促进了电子图书产业的发展。

网络文学的政策法规体系日趋健全。2014年年底出台的《关于推动网络文学健康发展的指导意见》，首次从思路、逻辑和路径上为网络文学的“主流化”和“健康发展”进行规划与设计，对网络文学领域起到重要的引导与规范作用。2015 年，政府主管部门正式开展了重点网络文学网站作品阅评工作，为网络文学市场管理提供了有效支撑。2017 年北京市新闻出版广电局制定了《网络文学阅评工作实施办法（试行）》，从阅评方法与要求、阅评工作管理、专家组成与职责、保障措施等方面，对网络文学阅评工作做出具体规定。2017 年 6 月，国家新闻出版广电总局印发《网络文学出版服务单位社会效益评估试行办法》，提出对原创网络文学网站和网络文学阅读平台的单位实施社会效益评估，网络文学出版服务单位要做到始终把社会效益放在首位，实现社会效益和经济效益相统一。

“年度优秀网络文学原创作品推介活动”于 2015 年首次启动，这是政府主管部门针对网络文学的客观发展现状采取的一项措施，旨在遴选追求真善美、传播正能量的优秀网络文学原创作品向读者推介，并通过其示范作用，引导网络文学健康有序发展。推优活动已连续举办五届，共向社会推介了 112 部优秀作品。

此外，近年来管理部门也加强了对网络文学作品的版权保护，网络文学行业的良性市场秩序正在逐步形成。

5. 发展过程中尚存的问题

数量上源自优质纸质书的电子版资源不丰富。在数字内容供给方面，网络原创文学狂胜由传统出版物转变而来的电子书，亚马逊中国官网称电子书资源有数万种，与我国纸质书年出版 20 万种的数据比差距还很大。同时有很多出版社担心电子书会冲击纸质书的销售，因而干脆不给予电子书的版权或不做电子版。

我国电子书产业链上的大多数企业都在发展全产业链，或希望能主导产业链。内容生产商要兼做平台服务商，平台服务商要自己搞内容生产，导致资源重复建设，影响电子书行业的发展速度。

虽然内容提供商与平台运营商、技术提供商在收入分成比例上有所调整，但是由于技术提供商、平台运营商对产品定价较低，对于内容提供商、创作者来说，收益甚微。究其根本，在于内容提供商、创作者交易主动权的缺乏和定价权的丧失。

10.4.2 电子书的发展趋势

1. 电子书的数量更快增长

电子书售价将在上游面板、方案的竞争中不断下降，因而其数量也会更快速地增长。随着电子书原创内容及平台不断涌现，电子书内容资源将更加丰富与细化，内容质量将得到大幅度提升。

2. 电子书的功能会日趋多样化

电子书的可扩展空间会更大，阅读体验会更加丰富。不管是亚马逊、微信、掌阅还是其他任何一个电子书平台，今天所占据的都是曾经书籍中适合线性阅读的那一部分而已。更多类型的书将会被应用以更好的体验所取代。随着AR、VR技术在电子书中的应用，电子书将从二维世界进入三维世界，能给读者带来更丰富的感官刺激和交互体验。内容和功能的增加也会进一步加大电子书对流量的需求，因而也会引发运营商积极进入。

3. 电子阅读器将成为个人阅读平台

电子阅读器有利于整合各种内容资源，如图书、报刊、博客等，再加上未来5G技术的支持，互动形式将会大大增加，电子阅读器将成为人们的个人阅读平台。人们可以选择自己喜欢的内容，建立属于自己的个人图书馆。

4. 电子书的产品形态将更多元化

近年来，我国有声读物具有良好的发展势头，随着人们对阅读的需求日趋多元，出版业将加快包括有声图书在内的电子书产品形态的多元创新开发，以满足人们不同场景下的多元阅读需求。同时，随着网络文学的发展，原创电子书的比例将得到大幅提升。

5. 电子书产业将更加健康有序发展

一方面，伴随着电子书各项标准的逐步制定和电子书相关法规建设的进一步修订，数字版权保护手段的日趋完善及保护力度的加强，市场监管机制的日益强化，电子书市场环境将能进一步得到净化。另一方面，各种数字阅读活动的开展，面向大众、面向教育、面向农村的电子书产品的普及，以及读者新型阅读习惯的养成，将进一步带动市场需求，电子书产业的市场空间和销售渠道将不断得到拓宽，电子书产业将更加健康、有序、蓬勃地发展。

第11章 电子期刊

电子期刊自20 世纪70年代中期诞生以来，在短短四十余年的时间里取得了巨大的发展，尤其是从20世纪90年代中期开始，随着互联网在全球范围迅速普及而成为大众传播和个人通信的一种重要媒介，电子期刊也大大加快了前进的步伐。本章从电子期刊的概念和特点入手，梳理了电子期刊的发展历史，总结了电子期刊的盈利模式，并阐述了电子期刊的管理方式和未来的发展趋势。

11.1 电子期刊的概念、特点和类型

11.1.1 电子期刊的概念

和上一章电子书的概念类似，我们认为电子期刊也具有三个要素：首先，电子期刊具备数字化的特征；其次，电子期刊具有和传统期刊一样的形式，也是一种连续出版物；再次，电子期刊也需借助软硬件来进行阅读。所以我们认为电子期刊的概念是指以数字的方式把数据、图像、声音和动画等信息存储在磁、光、电介质上，并借助计算机或其他设备进行阅读的连续性出版物，也可称为数字期刊。

从广义上说，电子期刊包括所有电子形式的连续出版物。有的电子期刊是印刷版期刊的翻版，更多的是印刷型期刊的扩版，也有一部分电子期刊是没有印刷版原型的纯电子出版物。从实践看，参与电子期刊出版活动大致有三种方式，即将传统纸质期刊数字化、构建数字出版平台整合发布数字化的期刊内容、开发多媒体期刊在线平台出版发行完全数字化的期刊。

11.1.2 电子期刊的特点

（1）内容丰富，容量无限制。印刷型期刊容量的限制导致一些优秀的稿件不能及时刊登，而数字期刊则不受此限制。数字化的载体让数字期刊在信息容量上有了更大的自由度，版面也无限制性。作为数字型期刊内容载体的网页没有任何篇幅和尺寸上的限制，

数字型期刊可以完全从各个内容单元本身的完整性、独立性和相互联系出发，合乎逻辑地编排所有页面。

（2）出版载体是网络，生产成本低廉，发行费用较低，从而价格低廉。

（3）出版周期短，出版发行便利。数字期刊从出版到发行的周期远远短于传统的印刷型期刊，数字期刊可以以篇为最小单位进行随时出版，大大缩短了出版的时间。

（4）使用方便灵活，具备检索和超文本链接功能，资源共享性强，一份数字期刊在需要时可供成千上万的读者同时阅读。且交互性、针对性强，细分目标受众。数字期刊的实时性互动保证了期刊与读者之间的良好沟通。

（5）内容修订方便。印刷型期刊一旦交付读者就不容易再得到任何的修改和完善。相对而言，数字期刊要保持形态的完美就容易得多，一旦有差错被发现，可以快速及时地对原版加以更正。

（6）充分利用多媒体技术，表现形式丰富。借助动画、音频和视频等新型表现手段，可以比传统期刊更立体、更生动地向读者传播信息。

11.1.3 电子期刊的类型

按期刊内容分：生活时尚、电影音乐、电脑数码、电视动态、文学艺术等。

按内容来源分：纸质期刊内容数字化并通过互联网传播，如瑞丽的时尚杂志；各出版平台自己的期刊制作班底创作，再通过自身的出版平台或者其他平台发布；专业的工作室或制作公司或网民个人原创，如 Xplus 播音主持爱好者的麦客、VIKA 编撰百科全书的唯客和 ZCOM 的手机拍客等，以及杨澜的《澜 Lan》和徐静蕾的《开啦》。

按阅读方式分类：通过 Web 在线浏览；exe 格式的文件下载；通过阅读器订阅，阅读器定期将最新的期刊推送到用户终端上并自动分类保存。

11.2 电子期刊的发展历史

1. 第一阶段：联机型数字期刊

早在 20 世纪 60～70 年代，国外就开始利用电子技术手段开展连续出版物的编辑出版活动。这种期刊形态，通常称作电子期刊。由于在概念上侧重于突出其编辑、评审的电子化方式以及检索的联机型终端特性，故也将这一时期的数字期刊称为联机型数字期刊。1976 年，美国国家科学基金会 NSF 支持的“电子信息交换系统（ELES）”项目中的电子期刊实验可以称得上是最早的电子期刊。到 20 世纪 80 年代初，《化学文摘》《生物学文摘》《科学文摘》等一批世界著名的印刷型文摘索引期刊，纷纷开始出版发行磁带版本，并主要通过 OCLC、DIALOG 等大型联机系统供世界各地的终端用户检索使用，将联机型数字期刊的发展推向了高潮。

2. 第二阶段：单机型数字期刊

到20世纪80年代中后期，数字期刊的存储介质发生了很大改变，磁盘、光盘等高密度存储介质很快被应用到期刊出版领域。这时的数字期刊虽仍强调其电子化出版手段，但主要是将信息内容存储在磁盘、光盘等介质上并直接提供给用户借助单机使用，因而称之为单机型数字期刊。率先开始期刊数字化的，并非领时代之风的大众类期刊，而是专业类、学术类期刊。这类期刊由于其内容的特殊性，被首先列入国家信息化建设项目中，且发展迅速。1992年重庆维普以软盘形式出版发行的报刊资源是我国数字期刊出版的雏形，而清华大学出版社1995年年底出版的《中国学术期刊（光盘版）》则是其中较为典型的代表。

3. 第三阶段：网络型数字期刊

20世纪90年代，随着互联网的兴起，数字期刊也宣告进入了网络型出版阶段。网络型数字期刊，在概念上强调的是以数字化方式在互联网上出版这一特征。在表现形式上，网络型数字期刊则以印刷期刊的网络化和期刊数据库为主。其本质就是由传统纸质媒体在网络上建立自己的网站，然后将母版期刊中的内容数字化，读者可以通过超链接在线阅读。这种拷贝型的网络期刊完全依附于纸质期刊，技术要求很简单。世界上第一份联机期刊是1991年9月由美国科学促进会（American Association for the Advancement of Science, AAAS）和OCLC共同开发的《最新临床实践联机期刊》（*The Online Journal of Current Clinical Trials*）。我国第一份网络期刊为1995年创刊的《神州学人》。

4. 第四阶段：现代意义上的数字期刊

现代意义上的数字期刊是2000年后才得以发展的。与网络型数字期刊强调其出版、发行的网络特性不同，现代意义上的数字期刊，在内容表现形式上突出强调其多媒体特性，在内容选择上重视读者创造与用户的个性化需求，在出版流程上突出强调其数字化出版理念，而在阅读方式上要求提供多元化的数字阅读方式，以适应数字阅读时代读者的需求。多媒体期刊是这一阶段数字期刊的主要形态。这一阶段的多媒体电子期刊又可以分为以下几个子阶段：

（1）起步阶段（2002～2005年）：美国网络期刊的先驱*Slate*创立于1996年，由美国有线电视新闻网CNN前主持人、著名政论家迈克尔·金斯利担任总编辑。*Salon*是另外一份可与*Slate*匹敌的网络期刊，除了定期推出的在线期刊外，还有供编辑、读者及作者交流意见的讨论区。它坚持以文字作为最主要的传播媒介，没有影像、音乐之类的特效，插图和用色也以素雅见称，被标举为最质朴的互动多媒体电子期刊。

进入21世纪，中国的索易和博大等公司成为电子期刊的先驱。2002年开始，电子期刊在技术运用上实现了历史性突破，多媒体元素的加入使它在表现形式上有了巨大的变革。2003 年 1 月，中国台湾的 KURO 音乐软件公司“飞行网”尝试着推出了一个以 Flash 动画为基础，融入文字、图像、音频和视频的数字化互动期刊《酷乐志》。这种新兴的期刊炫目精美、内容丰富，十分符合当下年轻人的审美追求，很快便在网络上流行起来。

（2）发展阶段（2005～2010 年）：网络期刊开始脱离纸质期刊母版，演化成数字媒体网络化这一形态。人们可以分门别类浏览期刊信息，期刊有一定的栏目结构。美国 60%的纸质期刊变身为互动多媒体网络期刊。欧美一些刊物在数字化的浪潮下决定停止出印刷版。美国的网络期刊收费市场已比较成熟，美国的 Zinio.com 网络期刊网站在 2006 年 1 月 1 日到 8 月 31 日期间，共售出 1090 万份网络期刊。

2005 年中国多媒体电子期刊总的发行量达 3.6 亿，发行量成几何级数增长。月发行量在 200 万以上的平台有：POCO（创建于 2003 年，不能算是单纯的电子期刊平台，而是一个中文多媒体共享平台，是一个以图片社区为主，具有美食、摄影、空间、电子期刊多项功能的娱乐网站），ZCOM（创建于 2003 年，ZCOM 是把互联网上所有可以免费下载的电子期刊汇集到自己的平台上，并做出分类归纳，使用户省去四处搜索寻找的时间，在 ZCOM 的平台上就可以找到各种感兴趣的电子期刊，其研发的电子期刊制作软件 ZMaker 是各电子期刊制作公司和网友 DIY 的首选），Xplus（同样创建于 2003 年，经营数字多媒体为主的 Xplus，在电子期刊的制作技术上具有很大的优势），VIKA，这几个平台是这个阶段的典型代表，占据了电子期刊市场 90%以上的份额。每期发行量上百万的有《爱美丽 Me》《PC 个人电脑》《Pocozine》等和瑞丽系列。但这些平台上提供的期刊内容基本相同，题材涉及时尚、休闲、数码、娱乐、体育等各个领域。2005 年期刊活跃用户约 450 万。

广告是互动多媒体电子期刊业务的主要收入来源。其以互动性强和广告精确细分、受众面广和投资少等优点，获得广告主的青睐。

（3）成熟阶段（2010 年后）：Web 2.0 诞生后，成熟形态的多媒体电子期刊更注重内容的原创性和表现形式的多媒体性。网络期刊平台商发展有几十家，大大小小的内容提供商有近 2000 家。POCO、Xplus、ZCOM 赢得了投资者的青睐，各自获得“大鳄”的风险资金，奠定了行业领先的地位，活跃用户数有几千万；盈利模式也逐渐稳定。iPad 和 Kindle 的出现和普及也为期刊数字化提供了良好的终端。在移动终端上，电子期刊多以应用（App）的形式出现。如在苹果应用商店里，时尚娱乐相关的杂志种类最多，达 1000 多种；其次是运动休闲类报刊；占第三位的是新闻与政治类传统报刊，有 500 多种，包括《经济学人》《纽约客》《纽约时报》《华尔街日报》等在内的世界著名报刊均发布了 iPad 或 iPhone 电子报刊。此外摄影、旅行、家居、生活等以图像表现力为重要特征的杂志种类也较多。安卓市场上更多的期刊采用电子报刊亭的方式发售，如国内著名的龙源期刊、读览天下，国外的电子报摊（Newsstand）等。

11.3 电子期刊的产业链和盈利模式

11.3.1 电子期刊的产业链

内容采集提供方：主要有三种内容来源，分别为纸质期刊改造而来，发行平台自己打造的内容，专业工作室或制作商和网民原创。

内容制作方：内容经过不同渠道采集到数字生产平台后，首先要经过一个数字化的处理过程，将采集到的文字、图像、动画及音视频文件进行转化。不少公司配备了专业的内容制作团队和软硬件制作设备，将大量优质原创内容和纸质期刊内容制作成数字内容并建立数据库进行管理。

集成数据方：在内容集成平台上，原创内容的单个数据库、基础分类素材数据库、应用层面的数据库以及消费者数据库被连接在一起，形成网络连接的内容数据库群。

发行方：许多期刊门户网站主要通过专门的 P2P 平台进行下载或订阅。用户只要下载一款客户端软件，期刊平台运营商就可以定时把用户订阅的期刊推送到客户面前，几十万份期刊几分钟就可发送完毕。或期刊数据库商以数据库的方式进行售卖。

以平台为中心，上与传统媒体联手，下与制作单位合作，加上广告商和用户的参与，电子期刊形成了较为完整的产业链。

11.3.2 电子期刊的盈利模式

1. 收取订阅费用

直接向读者收取订阅费用，由内容提供商和发行平台分账。美国著名的电子商务顾问拉夫·威尔森博士在 1995 年推出了自己的第一份免费半月刊网络期刊 *Web Marketing Today*，超过 10 万人的用户通过电子邮件订阅该期刊。1997 年推出了收费的半月刊网络期刊 *Web Commerce Today*，每年 49.95 美元。第一年，网络期刊就宣告盈利，第二年收入翻番。紧接着，第三本电子期刊《电子商务博士》问世。但早期电子期刊在国内收费不太可能，大部分发行商以免费服务来积累用户资源。收费的电子期刊必须是精品，内容独一无二，给读者高品位的阅读体验，并有精确细分的受众群，对电子期刊社区有强烈的认同感和归属感。现在国内知名的电子期刊阅读平台“读览天下”，已成为国内最大的大众类原版电子期刊提供平台。现在，读览天下共有 100 多个期刊品牌，1500 多种、20000 余册各类期刊，正常更新期刊种类达 1000 余种，都是向读者收取订阅费用的。

2. 广告收入

由发行平台付费给内容提供商，买断期刊内容，并取得 100%的广告经营权，自己运作广告从而盈利。或网络期刊内容提供商通过网络平台发行自己的期刊，并自主经营广告获利。当迅速增长的广告收入大幅度超过发行收入时，就形成了广告主导型盈利模式。传统媒体中的报纸和电视等，早就实现了由发行主导型向广告主导型的转变。这种亏本发行、整体盈利的情况在传统期刊行业也很常见。要走到这一天，电子期刊的路可能还要走很远，但是这一模式无论对于内容提供商还是对于平台运营商，都是一条根本的解决之道。内容提供商因为有广告收入，可以专心做内容，并以低廉的价格甚至免费出让版权；平台运营商因为有大量内容提供商加盟并为之做好这个服务平台，也会找到对应平台的广告赞助商，这是一个多赢的局面。据业界的一般说法，每期能达到发行 10 万份则可基本做到收支平衡，而达到 30 万～40 万份就有机会吸引较大的广告主。

3. 主营互联网期刊数据库

第一代电子期刊是把传统期刊转换成 PDF 格式存储起来，以光盘或数据库的形式，为读者提供拷贝产品和数据库服务。目前，国内这样的技术提供商和运营商超过 20 家。它们最早面向机构用户市场，最先开始应用在对知识资源有强烈需求的高校、科研机构、公共图书馆等，后来逐渐向更广泛的行业领域迅速扩展。除了同方知网，比较著名的还有中国数字图书馆、人大复印资料的博利群、万方数据、重庆维普、超星图书馆、龙源数字传媒有限公司等企业单位。它们的生产能力及年生产规模有很大优势。从内容组织形式来看，这类电子期刊数据库能够深度加工、重组知识资源，以满足用户移动阅读、碎片阅读的需求，提供多样化、高端化的知识服务；从盈利模式上看，为大客户提供的数据库服务开辟了一种崭新而有效的盈利方式，而且运营状况比较稳定，没有出现大的起伏。2018 年互联网期刊市场营业收入总额达到 21.38 亿元，比 2017 年增加了 6.4%，多年来一直呈现上升趋势。

4. 拓展增值业务

①发展数据库营销：通过技术后台对浏览多媒体网络期刊行为数据的捕捉，可以形成准确和实时的数据监测系统，通过在线实时的数据分析系统提供完整的后台营销支持，使受众数量、阅读时间、阅读偏好、广告的点击率可被准确统计，从而准确定向客户，进行分众的二次传播。如此企业可以展示和宣传自己的品牌和产品，消费者得到了完美的购前体验，读者通过多元化地了解产品并最终转化成了消费者。正如 Xplus 总经理所说的，“我们卖的是用户的行为分析”。②竭力满足多元化消费需求，如内容多元化：2006 年，湖南卫视和 POCO 达成合作，双方联合制作和发行了一本以电视新闻为内容的网络期刊《晚间》，一改过去被动接收电视节目的做法，在看节目的同时可以参与进去，提出意见和观点，并与其他用户一起讨论相关话题，给电视观众一种全新的体验。2006 年，我国开发和制作网络期刊的主流网对外宣布，与新浪网合作，以网络期刊形态制作博客文集以及《新浪主流博客周刊》，这是互联网首次将博客和网络期刊这两种新兴业务进行“联姻”的试验，旨在创造一种新的商业模式。再如渠道多元化：期刊还可以移植

到家电、手表等数码类产品上。Xplus 已和上海文广传媒达成战略合作协议，同时英特尔的芯片将会植入 Xplus 的客户端软件，凡是安装了采用英特尔芯片的数字娱乐机顶盒的家庭，都可以免费浏览到平台发行的数百本互动多媒体电子期刊。③内容多次售卖：同样的期刊内容经过技术处理可以再做成书、音像制品、数字出版物等。杨澜的《天下女人》作为日刊，和日报已无出版时间上的区别。《瑞丽》期刊早在 2006 年就号称其内容达到了九次售卖。这是期刊所能提供的增值服务中最朴素、最原始的创意思路。

5. 推广政府/企业多媒体数字档案工程

基于多媒体电子期刊本身的特点，将政府政务和企业文化从纸质文档变成多媒体电子档案，这样可以有效提升企业文化的内涵及专业程度，同时提高政府的政务宣传力度，增强与普通百姓的沟通。对于企业而言，用多媒体电子期刊可以更加生动形象地表现企业文化和产品，从而提升企业文化内涵的专业程度。企业可以在展会、客户来访参观、赠送客户资料时运用多媒体电子期刊，这样可以有效提升企业形象，宣传企业文化，而且多媒体的形式更容易让人接受。例如房地产公司，每年都要花费大量的资金做产品说明书，一般多为平面纸质宣传品。如果将这些纸质的资料做成多媒体电子期刊，可以更加生动、形象地进行介绍，达到纸质宣传品所不能达到的效果。

11.4 电子期刊的现状和发展趋势

11.4.1 电子期刊的现状

电子期刊的信息内容传播范围广，信息易获取、易修改、易复制，这些属性大大降低了信息传播和再加工成本，但这对一些需要进行版权保护和收费的内容形成了很大的冲击。一些不法分子会通过正版内容的私下传播、破译解密正版内容和正版内容拷屏复制来进行盗版。Zbox 从市场出发，经过技术研发解决了以上三种盗版发生的可能，客户在订阅期刊后必须要下载 Zbox 专属的阅读器才能阅读。但还是会被黑客破解和侵入。故在加大版权保护技术的同时，也必须把道德教育和加大法律打击相结合。

任何一家具有相应的 ICP（internet content provider，电信与信息服务业务经营）经营许可权的网站，都有资质做电子期刊，并不需要传统期刊出版物的刊号。面对泥沙俱下的电子期刊市场，单单依靠市场经济规律优胜劣汰的选择还存在很大的疏漏。电子期刊没有像纸质期刊一样的刊号管理、期刊分级管理和编辑人员资格认证等。作为一种连续出版物，电子期刊存在着重复率高、短期、缺篇等问题。缺少相关的法律法规条文加以界定、规范和约束，但未来发行必然会受到政府主管部门的监管和引导。

从内容上看，电子期刊缺乏创新，同质化严重。大多数电子期刊特别是多媒体期刊的内容都是关于生活时尚、电影音乐、电脑数码、电视动态、文学艺术，各期刊之间相互模仿的现象严重，并且缺乏合理的定价方法和灵活的订阅方式。

11.4.2 电子期刊的发展趋势

1. 网络技术的进步带给电子期刊更大发展

电子期刊与网络技术的联系将越来越紧密，对于不断更新的网络技术的应用是出版商和代理商的必然选择。电子期刊将利用成熟、开放的通用标准，使期刊能够在最大范围内，为更多的浏览及打印工具所兼容。网络速度的大大提高也使得电子期刊的可获得性和数据的可靠性大大提高。网络通信费用的不断下降也将为电子期刊的扩大发行等带来新的机会。

2. 电子期刊内部特征和外部链接更加丰富

电子期刊的内部特征将日益丰富。更多、更便利的输出格式将满足读者的各种需求，更多、更富于创造性的版面设计将层出不穷，各种链接的创造性应用也将异彩纷呈。一方面使得读者在期刊内部的“航行”游刃有余；另一方面，也使得电子期刊的内涵大大地超过了一本期刊的本身，而成为相关知识和信息的一个几乎可以无限延伸的集合体。读者可以通过一本期刊或一篇文章所包含的链接“走向”相关的文章、期刊、著作、书目/索引数据库、WWW 站点以及作者的电子邮箱。

3. 图书馆将发挥更大的作用

电子期刊的过刊维护和保存问题将在技术成熟的条件下由多方协作解决。过刊的维护和保存将不可能由发行商或者代理商独自承担。图书馆将在电子期刊的发行和过刊维护等方面更多地发挥其作为信息资源的保存者和提供者的作用。不仅如此，图书馆在电子期刊发行方面的积极参与还将使得它在电子期刊的价格系统的标准化上获得发言权，打破出版商在价格的制定等方面的独断，并使出版商与读者用户的关系得到良性发展。

4. 知识创新服务将成为主营互联网期刊数据库的一个重要发展方向

互联网期刊数据库出版商一般都拥有非常丰富的版权内容资源，建有不同规模的专业数据库与服务平台，形成了一定的品牌，为其开展知识服务、提升知识服务水平提供了基本保证，并已开始运用多种分析工具，挖掘其所拥有的学术论文数据库、各类期刊等资源的更高价值，不断发现用户新的现实与潜在需求，以满足大数据时代的知识创新服务的升级需求。

5. 以文章为单位进行推送的期刊数字化出版新模式

网络和终端设备的普及给读者提供了海量的信息资源，使读者可以灵活方便地在各种媒体间切换，选择自己感兴趣的信息，因此读者很少会花大段时间从头到尾阅读完整本期刊。也就是说，纸版期刊转化为电子版以后，如果仍是一整本推送给读者，读者是很难一次将其全部读完的。分析如今热门的信息传播媒体微信公众号，我们发现它和期刊有许多相同之处，都是满足了读者对某领域或专题的持续性阅读需求。这种相似性体现在如下几个方面。有清晰的市场定位；定期、连续推送文章；具有多个栏目；广告经营。这种新的期刊数字化出版模式包含如下两个要点：一是打破整本推送的模式，精选当期期刊中的优质文章，以文章为单位，每次推送 1～2 篇。这样符合读者碎片化阅读的习惯，保证每次推送的文章都可以让读者在短时间内阅读完。另外，如果每次推送的文章是发布在手机移动阅读平台上，最好将图片和文字按照适合手机阅读的方式重新排版，为读者提供更好的阅读体验。二是提高推送频率，根据每期期刊文章数量，以每周不少于 2 次的频率，将文章直接推送到读者的阅读终端上。目前读者获取信息的渠道众多，因此，一个期刊品牌要想在众多的媒体选择中脱颖而出，除了文章内容含金量要高以外，还必须提高期刊在读者眼前出现的频率，不断提醒读者去阅读本刊高质量的文章，否则这些文章很快就会淹没在信息的海洋当中。

第12章 数字报纸

在传统出版物中，报纸是时效性最强的一个出版品种。时效性是报纸出版的一种显著特征。将数字技术和多媒体技术应用到报纸中，有利于进一步强化报纸的时效性，更好地满足读者的需求。数字报纸正是在数字技术和多媒体技术基础上发展起来的一种新兴的电子多媒体出版物。本章从数字报纸兴起的历史背景入手，把数字报纸的历史发展划分为了几个阶段，然后总结了数字报纸的特点和类型。并分析了数字报纸的盈利模式，详细阐述了数字报纸的现状和发展趋势。

12.1 数字报纸的发展历史

12.1.1 数字报纸兴起的历史背景

2005年以来，传统报业停下了持续多年的上升脚步，进入了抛物线般的下滑轨道，广告营业额和发行量都急速下跌。例如，曾经创造了世界上最高发行量1000万份奇迹的日本报纸《读卖新闻》，也出现了急剧下跌的趋势。2008年以来，随着金融风暴的蔓延，美国报刊业也加速了新一轮的衰落。2009年3月16日，美国《西雅图邮报》宣布放弃纸媒，只保留电子版，此前，已有《洛杉矶时报》、《芝加哥论坛报》和《费城问讯报》等所属的报业集团宣布破产保护。报业的衰落并不是个别现象，而是在世界范围内成为一种几乎势不可挡的潮流。许多媒体专家试图挽救报业，但是政府却无力挽救，除了经济上的原因，网络扮演了一个重要角色。在传统报业持续下滑的同时，以网络为代表的新兴媒体却呈爆炸性增长，媒体的生态环境和基本格局已经并仍在发生重大变化。在新的媒体结构中，报纸的生存空间受到严重挤压，传统的强势地位从根本上被动摇。在这种情势下，传统报纸不得不转型，通过吸收各种数字化的传播手段，来发挥自己的内容优势。数字报纸应运而生。

数字报纸是传统报业的战略转型和适应新的媒介生态的战略选择，是对传统报业表现形式和产业边界的重塑，为网络环境下处于生存困境中的传统报业寻求未来出路提供了新的价值链形式和商业模式。

12.1.2 数字报纸的发展阶段

第一阶段（网络版阶段）：早期阶段数字报纸是纸质报纸的克隆，分为扫描版和网页版。有些报纸只是将当天出版的纸质报纸上面的内容完全照搬到网络上形成网页阅读的形式，与一般网站的网页并无二致，由于缺少了传统的排版方式，无法凸显头条新闻或者主打新闻，分辨不出哪些新闻比较重要。更有一部分报纸的早期网络版是将出版的纸质报纸用扫描仪扫描到电脑上形成图片格式文件，再放到网上供读者阅读或下载。读者需要上下左右拉动鼠标才能查看整张报纸。虽然初期的网络报纸内容和形式死板，制作粗糙，但为报纸这个传统媒体在新时代的发展打开了新局面。

第二阶段（交互阶段）：一些报纸的网络版逐渐开始增添新的形式，加入了更多人性化的电子服务。网民可以对报纸网络版发布的信息进行评论。报社可以随时与读者进行沟通，了解读者的意见。读者还获得了更多的对于新闻信息的控制权，可以根据自己的喜好选择愿意接收哪个方面的新闻。还有些报纸的网络版提供了信息搜索平台供读者查询所需的新闻信息。

第三阶段（多媒体阶段）：这一阶段很多报纸的网络版可以处理图形、图像、动画、声音、视频等多种媒体信息，进行立体化报道。可以传达深度报道信息，进行新闻背景分析、连续报道和调查性报道等。这大大丰富了数字报纸的内容和版面，同时对服务器的速度要求更高。

第四阶段（独立移动阶段）：随着电子墨和电子纸的发展，2004 年荷兰飞利浦公司成功开发了一种可以随意折叠和放置的电子报纸屏幕，读者通过这种显示屏可以下载报刊内容，这种 5 英寸的屏幕可以卷起来装在一个钢笔大小的固定器中。多家公司对电子报纸进行了研发，比如美国 E-Ink 公司的彩色电子纸，日本富士通公司研制出了可折叠的彩色电子纸，日立公司展示了世界上最大的电子纸。2006 年我国研制了我们自己的第一张电子报纸《解放日报》。这种类型的电子报纸携带轻便，延展空间大，有写入功能，版面形态特别，还原报纸本色，对版面安排形式的继承有利于贴近传统读者，读者可以自由地阅读报纸。

第五阶段（手机报）：手机报的发展历程：2000 年 6 月 19 日，《人民日报》在日本正式开通了日文版、英文版的 i-Mode 手机网站。2001 年，由于手机短信的风行，一些门户网站和报社开始尝试用短信向用户发送新闻信息的服务。短信形式的新闻还不能称为“报纸”。但是，报社用短信把报纸新闻和手机终端连接在一起的实践，却为手机报新媒体的发展埋下种子。2002 年，中国移动推出彩信业务。彩信是一种能够容纳文字、图像、视频、音频等多媒体格式文件的数据包，理论容量最大能达到 100kB，相当于 5 万个汉字。 2004 年 7 月 18 日,《中国妇女报》选择彩信作为手机报的传送平台，与北京好易时空公司和中国移动联合推出《中国妇女报·彩信版》，成为中国第一份手机报，标志着手机报正式诞生。2005 年 4 月 5 日，浙江日报报业集团与中国移动浙江分公司、浙江在线网站联合创办国内首家省级手机报——《浙江手机报》，拉开了全国省级报社和地区性媒体创办手机报的序幕。2007 年 2 月 28 日，中国最大的综合性平面媒体、中共中央机关报《人民日报》通过中国移动平台面向全国正式发行手机报，标志着手机报开始跻身主流媒体的行列，在手机报的发展历程中具有里程碑意义。在 2007 年十七大、2008 年“5·12”汶川大地震和北京奥运会报道中，手机报都成为最大的亮点之一。但此后手机报渐渐衰退：一是由于手机终端的发展使手机报渐渐失去了优势。二是订阅价格的影响，通常包月价在 5～10 元不等，让能获取免费新闻的读者觉得比较昂贵。三是内容的同质化：原创内容不多，大部分只是报纸内容的选择压缩。在强调“内容为王”的产品竞争时代，新闻信息资源的同质化，使手机报纸失去竞争力。四是阅读习惯的要求：一般一个屏只能显示 100 个左右的汉字，要看完一张报纸，需要翻阅 50 页左右，阅读十分麻烦。

第六阶段（移动客户端和全媒体阶段）：新闻资讯类 App 的出现，使数字报纸从 PC 端正式转移到了移动终端，App 版的数字报纸是一种移动客户端应用程序，主要在手机、平板电脑等终端上运行，通过应用程序展示报纸内容。这种形式的数字报纸有着独特的优势，比电子纸和手机报又更进了一步。数字报纸发展到今天已开始向数字报纸出版平台方向转变，以报纸网站为基础，以报纸内容数据库为核心，以期实现互联网、手机、电子纸、二维码、网络视频等全媒体以及全时空的报纸资源传播。

12.2 数字报纸的概念和类型

12.2.1 数字报纸的概念和特征

目前在互联网上的数字报纸名称有多种说法，如“电子报”“网络报”“数字报”“图文仿真报”等，在不同技术阶段其具体形态有所不同，但它们都有一个共同的特征，即“都是由数字技术处理过的，或多或少地体现了网络多媒体特色”，因此业界又将它们统称为“多媒体数字报”。

我们在本书中称其为“数字报纸”，和电子书及电子期刊所包含的概念要素类似，将其定义为通过数字技术，把纸质报纸上的内容转换成可以适合计算机、手机等各种数字终端使用的格式，并通过电子屏幕显示出来。

数字报纸有以下特征：

（1）新闻信息的完整性和海量性。数字报纸实现了报纸版面信息的完整展现，再现了报纸的版面语言魅力，能够对读者视觉产生强大的吸引力和引导力，使读者在全新的网络环境中找到了熟悉的阅读习惯，能够快速抓住兴趣点，提高阅读效率。但并没有照搬传统报纸版面，而是通过利用现代信息技术，延续了传统版面特点又有一定的创新，使新闻信息大大扩展，可以包容海量的新闻信息。数字报纸是全新概念的报纸，可以说是纸质媒体顺应网络时代传播需求，同时又结合自身核心业务拓展需要的一个必然产物。

（2）传播的及时性和低成本性。数字报纸在网上的发布，实现了报纸内容和广告在网络上的有效延伸。在新的传播渠道中进行有效的宣传、推广与应用，不仅成本低廉，而且不受发行地域的限制，发行总量大幅上升，同时报纸的商业价值与发展空间得到大幅提升。

（3）内容的多媒体性。数字报纸继承了传统媒体的内容信息，又整合了视频、音频、动画等全新内容，声像并茂、绿色环保、操作直观、简洁方便，令人耳目一新。数字报纸形式的多媒体化，推动了内容的丰富性和立体化，同时为服务读者提供了有效途径。在新的交互环境中，数字报纸尊重了读者传统的阅读习惯，保持了报纸完整的产品形态。

（4）阅读的便利性。相比传统报纸，数字报纸的服务更加周到：读者不仅可以任意放大、缩小页面与字体，还可以利用先进的导航和检索技术，查询自己所需的新闻，同时可以在线订阅、RSS 订阅等，在功能上大大超过了传统纸质形态的报纸。同时数字报纸打破地域时间限制，在线或离线阅读将使信息接收变得更加自由通畅。数字报纸依托互联网 Web 2.0 技术，可直接在线提供交互渠道和平台，为读者的个性化反馈提供条件，带给读者全新的阅读体验。

12.2.2 数字报纸的类型

1. 传统报纸的网络版

在因特网上建立一个独立的网站，将纸质报刊的内容原封不动搬上网络，不提供其他的新闻和信息服务。最具代表性的是以前美国《纽约时报》的网络版，目前《纽约时报》的网络版不仅免费提供印刷版的所有内容，而且提供特别的科技和新媒体专栏的内容。

2. 传统报纸在网络上创办网络版

在因特网上建立一个独立的网站，上网报纸在提供原有内容的同时，根据报刊的侧重点提供相应的新闻、信息和其他一些服务。此类模式非常强调自己的办报特色，在提供报纸网络版的内容时，也不是原样照搬，而是经过二次筛选、编辑，挑选精品文章上网，典型的如美国的《华尔街日报》，我国的《广州日报》《中国青年报》《科技日报》等。

3. 在因特网上建立一个独立的网站

报纸印刷版的内容在该网站中只是一个小小的组成部分，所占空间比例不高。更多的是提供包罗万象的信息服务，目标在于建成综合性的信息平台，如美国的《华盛顿邮报》，我国的《人民日报》《电脑报》《华声报》等。

4. 几家报纸联合创建一个大型的报纸导航服务平台

如美国的“新世纪网络”（New Century Network），它由美国九大传媒集团与其下属报纸、200多家出版社在1997年6月建立，各报内容相对独立。它曾经是美国最大的网上报纸的枢纽站。再如我国的“中国体育信息网”“四川省新闻信息中心”“福建新闻中心”等都属于这种模式。

5. 新闻资讯类App

通过应用程序展示报纸内容，是数字报纸从PC端向移动终端转移的方式。如以百度新闻、今日头条等为代表的聚合类新闻平台；以人民日报、新华社客户端为代表的权威报纸、杂志等传统媒体做的新闻客户端等。具有雄厚的互联网背景和海量用户积累的，有强大的品牌影响的门户网站类平台，如腾讯新闻、网易新闻、新浪新闻等。还有针对财经、科技、体育、娱乐、时尚等某个垂直领域，为某一分众群体提供新闻资讯采集和整合的平台，如和讯、汽车之窗、虎扑体育等。

12.3 数字报纸的盈利模式

1. 广告增值

免费使用+网络广告是最成熟的商业模式。互动式广告也是数字报业广告不同于传统媒体广告的方式。越来越多的公司发动用户一起参与到它们产品的市场营销活动中，将广告和娱乐有机地融合。

2. 手机报

在前述的数字报纸的历史发展过程中我们可以看出，手机报也曾经是盈利模式之一，通过读者包月订购来获取收入，类似纸质报纸的发行收入。

3. 收费发行

默多克旗下的新闻国际集团的《金融时报》是提出收费阅读的领头羊。《金融时报》网站作为全世界访问量最高的网站之一，2002年开始对读者收费，想要访问《金融时报》的所有内容，每年需缴纳299美元的费用。非付费用户每年免费阅读10篇网站上的文章，超过10篇则会被要求付费。日本报社也推出了收费的终端版网络新闻服务。

4. 内容营销

对内容产品进行充分利用、挖掘和开发，通过不同的传播形式和传播渠道，满足各种层次、各种形式的受众需求。传统报业拥有强大的采访资源、高素质的新闻采编队伍，在信息内容的品质上有很大优势。同时，常年积累形成的广泛影响力和强大公信力，都是做内容产业的有利条件。

5. 电子商务营销

《广州日报》的网站大洋网，是国内第一个具有明显电子商务性质的新闻媒体网站。大洋网建立了“大洋书城”，书城通过在网上接订单，利用《广州日报》自办发行网的配送队伍送货。有的数字报纸，通过用户阅读积分和积分购物的形式实现电商的盈利。还有的数字报纸，通过接入购物、餐饮、酒店、书店、听书等第三方订购平台，可以获得一定的推广导流费。

12.4 数字报纸的现状和发展趋势

12.4.1 数字报纸的现状

1. 众多报业企业积极进行数字化转型

人民日报社成立媒体技术公司，打造“全媒体新闻平台”，其中《人民日报》是核心，人民网、法人微博、微信、移动客户端、电子阅报栏是基础，“二维码”创新报纸传播形态，再加上 26 家社属媒体，构成“全媒体方阵”。上海报业集团推出了“澎湃新闻”App 客户端和以用户收费为盈利模式的资讯类深度阅读产品“上海观察”。到 2014 年年底，全国核心党报及 40 多家报业集团所属的报刊就几乎都已完成了数字报刊出版。据《2018 全国党报融合传播指数报告》数据显示，72.7%的党报入驻聚合新闻端，74%的党报建设了自有客户端（App）。目前全国上千种报纸中开展数字报纸及新媒体业务的超过 95%。

2. 用户获取数字内容的终端日益多样化

有 PC 端（PC 浏览器、PC 客户端、电脑光盘）、移动设备端（手机、手机客户端、阅读器等）和公共展示设备（户外大屏、移动电视、触摸屏等）。据调查，手机阅读用户数量已经超越 PC 用户。

3. 数字报纸不断采用新技术

App 版的流行，如新华社客户端、人民日报客户端，让人们随时随地可以获取新闻；4G 技术的发展促进了数字报纸通过移动互联网的传播和使用；二维码与云技术的采用为报纸的增容扩版提供了可能，难以呈现的视频信息和详细信息都可以通过扫描报纸上的二维码实现；将报纸的内容加入云端，用户只需一个本地登录的账号和密码，就可以远程访问云端的报纸信息内容；还有富媒体技术的运用，包括短视频、微动漫、H5等，以及虚拟现实（VR）、增强现实（AR）等技术的采用，都为数字报纸形态的创新注入了可持续发展的原动力。

4. 报业联盟纷纷建立

2014年，全国120多家报社齐聚杭州召开首届报商大会暨中国报商联盟成立大会。该联盟旨在探索“报业+电商”的运作模式。各类联盟的成立，搭建了媒体、行业、企业之间的沟通平台，通过开展各种与联盟主旨相关联的活动，使联盟发挥桥梁纽带作用，推动整个报业健康发展。2015年8月，“两广七市报业联盟”成立大会在广西壮族自治区梧州市举行，广东茂名、肇庆、云浮和广西梧州、玉林、贺州、贵港七市的党报负责人共同签署联盟成立宣言。在此后的近4年时间里，报业联盟不断扩大，从“两广七市”变成“两广九市”“粤桂琼十一市”“粤桂琼十二市”“粤桂琼十三市”。

5. 新媒体终端平台构建

除了构建“两微一端”，数字报纸正在尝试构建更多的新媒体终端平台，从而进入所有流行的网络传播领域。如今，几乎所有报媒都开通了微博、微信，常见的报媒都搭建了自己的官方网站和新闻客户端，一些典型报媒正在入驻今日头条、抖音等流行的网络资讯和视频公共平台，实现了多层面、多形式、多渠道的传播构架，提供了丰富、及时的信息内容。

6. 内容冗余，同质化现象堪忧

很多报社在媒体融合的道路上贪大求全，建设了很多网站、公众号、移动客户端，但没有区分不同的阅读平台，只是一味追求编辑发布的简单迅速，出现了“一稿通用”现象。

7. 虚假新闻出现，公信力受损

特别是微博微信平台，成为数字新闻谣言的重灾区，严重削弱了媒体的公信力。国家出台了相关政策，以净化数字报纸的产业环境。如《刑法修正案（九）》在刑法第291条中增加了一款“编造虚假的险情、疫情、灾情、警情，在信息网络或者其他媒体上传播，或者明知是上述虚假信息，故意在信息网络或者其他媒体上传播，严重扰乱社会秩序的，处三年以下有期徒刑、拘役或者管制；造成严重后果的，处三年以上七年以下有期徒刑”。 国家互联网信息办公室2017年也发布了1号令《互联网新闻信息服务管理规定》，规定互联网站、微博客、公众账号、网络直播等无互联网新闻服务许可不得向社会公众提供互联网新闻信息服务。

8. 版权争论

很多新闻机构并不创造内容，而是通过转码直接抓取或复制其他新闻网站、客户端里的文章图片，或是使用“深度链接”的方式，在其客户端内置的浏览器框架中嵌套显示第三方的新闻页面。

12.4.2 数字报纸的发展趋势

1. 进行数字报纸盈利模式探索

数字报纸还将不断进行盈利模式的探索。①可以建立收费阅读在线报刊亭：如亚马逊不仅销售图书，还与20多家美国最大的报社进行合作，在线售卖数字报。②基于内容的二次开发：报社可以把自己的内容重新编成音频、有声读物，并根据场景进行分类，进而开展收费服务。③开展个性化定制：报社可以根据消费者需求，制作出个性化且专业化的数字报纸，如老年版可以放大字体等。④开展增值服务：数字报纸发行平台可以通过自己的监测统计系统，搜集整理用户的信息，如阅读时间、下载量等，建立数据库进行深入分析挖掘，实现有针对性的智能推送服务。

2. 通过流程再造实现全媒体新闻报道

未来将实现新闻产品全数字化和新闻手段全覆盖化，包括生产方式的全媒体化（从单一图文采编到全媒体数字化采编）、传播方式的全媒体化（从单一的纸质传播到全媒体多介质传播）、经营方式的全媒体化（从单一的纸质经营到全媒体多终端经营）等。全媒体模式变革了传统报业流程，通过生产模式的多层级开发多层次利用、发布渠道的多媒介展示及发布方式的即时播报，以此创生出多媒体平台，实现了互联网和移动终端时代媒体的融合。未来报刊单位将实现优势资源和品牌的集约式发展，充分利用媒介载体，把广播、电视、报纸等既有共同点，又存在互补性的不同媒介从内容、人力、宣传等方面进行全面整合，从而实现“资源通融、内容兼容、宣传互融、利益共融”。

3. 为客户提供全面、个性化的信息

在全媒体时代，读者阅读节奏不断加快，阅读时间不断在碎片化，读者对于优质内容的诉求也越来越高。为客户提供全面、个性化的信息与知识服务是数字报刊的发展趋势：如运用搜索引擎技术，让用户能够快捷地找到自己网站上的新闻；或是通过智能推荐方式，向用户实时推送他们可能感兴趣的信息。

4. 技术提供商将发挥更大作用

传统报刊出版单位成为数字报刊出版产业的主体，但技术提供商是产业链中不可缺少的一部分。随着互联网行业的发展，5G、大数据、人工智能将成为最基础的应用技术，H5、AR、全息等媒介技术将会被广泛应用。传统报刊出版单位有丰富的内容积累，和拥有强大技术的技术提供商联手可以使数字报纸呈现更强大的优势。

第13章 网络动漫

动漫产品因其大众性、易读性和娱乐性等特征，一直为人们所喜爱。因此动漫产业一直是文化产业发展的重点。在数字出版环境下，在数字技术的推动下，网络动漫产品较之传统动漫产品更受消费者青睐，网络动漫出版产业也成为数字出版产业中最具活力的一个新兴产业领域之一。本章先总结网络动漫的概念和特点，然后梳理了网络动漫的发展历史，分析了网络动漫的产业链和盈利模式，并阐述了网络动漫的管理方式、发展现状和未来的发展趋势。

13.1 网络动漫的概念和特点

网络动漫，属于动漫的一种类型，因此根据对动漫定义的理解，我们认为网络动漫概念可以定义为网络动画和网络漫画，指的是以通过互联网作为最初或主要发行渠道的，以动画和漫画为主要表现形式的作品。包含动漫图书、报刊、电影、电视、音像制品、舞台剧和基于现代信息传播技术手段的动漫新品种等动漫直接产品的开发。

网络动漫呈现出以下特点：

（1）依附于网络，受众广泛：网络动漫主要红火在网络点击量，阅读者人数庞大且容纳程度高，使这些网络动漫易被接受。且这些网络动漫都改编于在网上有一定观众基础的漫画。

（2）题材的全面化：网络动漫不是仅仅给幼儿看的，其题材涉及各个方面，不光有给孩子看的比较幼稚的题材，还有给成人看的题材。

（3）与高新技术密不可分：随着数字时代来临，数字技术发展日新月异，随之而来的冲击表现在各个方面。数字技术与艺术的完美结合正在以一种令人瞠目结舌的狂潮冲击着人们的日常生活。动画、漫画，无疑站在了这股浪潮的最前端。作为创意产业的新宠儿，动漫产业具有的一个显著特征就是与以数字技术为代表的高新技术发展密不可分。可以说没有哪一个创意产业如此依赖高新技术的发展和应用。从创作技术到制作加工、从产品推广到消费模式，动漫产业无不依靠计算机技术、网络技术、信息技术的发展和运用。21 世纪，动漫产业进入了数字时代，分享着数字技术创新的成果。

（4）传播的交互性和多向性：用户不仅可以自主选择动漫产品的表现形式、阅读方式，甚至可以 DIY 网络动漫作品。网络动漫产品改变了传统动漫产品单向传播的特征，可以进行双向甚至多向传播。

（5）跨媒体传播，视觉效果更佳：网络动漫可通过多种媒介进行跨媒体传播。从传统意义上的阅读漫画书籍、收听动漫广播剧和通过电视收看动漫作品，到可以随心所欲地在网络上主动搜索，依照个人喜好收看动漫。以手机和互联网为代表的新媒体，继承了原有媒体的特性，将图像、声音、文字、图画等多种要素有机合成，以声形辉映、图文并茂的信息刺激方式同时作用于受众的听觉和视觉神经。新媒体的出现，让动漫传播如虎添翼，传播更为广阔。画面形象更逼真，视觉效果和阅读体验更好。

（6）营销周期长，衍生品多：网络动漫产品的成功开发只是网络动漫产业的第一个环节，一个广泛流行的动漫形象还将带动各种各样的衍生品的开发、生产。动漫产品的衍生品包罗万象，可以是服装鞋帽、食品，也可以是线上游戏、玩具等，这拉长了整个产业链的营销周期，也延长了动漫产品的生命周期。国外一些经典的动漫产品已经存在了几十年，至今仍长盛不衰。

总之，网络动漫产业以创意为动力，以动漫文化为基础，以版权为核心盈利模式，是创意产业的重要组成部分，涵盖了艺术、科技、传媒、出版、商业与制造等多个行业。

13.2 网络动漫的发展历史

13.2.1 中国网络动漫的发展历程

1. 中国网络动漫的起步时期

早期的原创网络动画由于受到平均网速和各种硬件设备的限制，多以线条简单、色彩简洁的 Flash 动画为主，由于 Flash 矢量动画的特性，只需很小的体积即可储存大量信息，便于传播，很快开始在互联网流行起来。这一时期，网络动画的作者多以个人为主，内容则多为小品动画或 MV 作品。随后，随着网络硬件设备的发展，以及大量的 Web 2.0 视频网站的出现，类似传统动画风格的高质量独立制作作品开始涌现，这一时期的网络动画虽然仍以个人电脑制作为主，作品细致程度却往往超过以往的 Flash 作品。作品中常常使用大量的 2D 或 3D CG 技术，虽然仍以个人独立制作为主，但也有专门制作网络动画的小型团体，有些动画甚至有专业的配音演员加入。

2. 中国网络动漫的艰难发展时期

ONA（original net anime，原创网络动画）的流行程度使其越来越受到社会和主流媒体的关注。随着基础设施的完善，中国的网络动画不再受限于网速和存储大小。一些商业动画也开始通过与大型视频网站合作的方式专门制作一些用于网络发布的动画。比如这一时期的《泡芙小姐》《罗小黑战记》和2011年播出的《啦啦啦德玛西亚》，在社会上引起一片轰动。但是由于当时中国人普遍的动画幼儿观和中国二次元文化还未形成市场效应，这些网络动画的受众过于狭小，只在小圈子里被人观看和传播。同时，当时的商业性网络动画还未形成良好有效的盈利模式，投资风险大，使网络动画得不到有效的投资，动画公司只能借债经营，没有投资和收入，不少网络动画因此断更，网络动画发展艰难。

3. 中国网络动漫的突破时期

就在中国网络动画艰难发展，缺少投资、探索盈利模式时，一些视频网站发现商机，开始进军网络动画。腾讯、优酷、爱奇艺等大型视频网站利用它们自身的视频播放平台和资金扶持一批网络动画项目，给中国网络动画注入了一股暖流。这一时期的《十万个冷笑话》就是有妖气漫画的尝试，有妖气利用自身的漫画《十万个冷笑话》与动画公司合作，推出了中国第一部漫改类网络动画。借助漫画的人气，网络动画《十万个冷笑话》迅速火了起来。

4. 中国网络动漫的快速发展时期

在巨大的商业利润和市场前景下，中国各大资本开始投资网络动画。投资方式分为两个模式，一种是以腾讯为代表的视频网站投资动画公司，然后以合作伙伴的身份买下版权在自己的视频播放平台播放，从而吸引观众；一种是以奥飞集团为代表的为布局中国二次元产业链而投资动画公司，获取热门IP，销售动漫衍生品盈利。一些实力雄厚的公司纷纷投资动画公司，使动画公司不用担心资金问题，规模不断扩张，制作出一批优秀的网络动画。巨大市场的形成以及强力资本的注入使网络动漫开始呈现欣欣向荣的景象。

13.2.2 世界网络动漫的发展历程

在全球网络动漫市场中，美国、日本是两大主力。其中美国作为全球动漫产业发展历史最为悠久的国家，在数字时代，凭借其内容、技术和市场等优势，继续巩固着全球数字动漫出版市场巨头的地位。迪士尼是其数字动漫产业的典型代表。日本素有“动漫王国”之称，其产品畅销全球，尤其是在东南亚地区影响力更甚。日本动漫产业的成功之处在于形成了一条结构完整的产业链。日本数字出版产业中超过80%的内容是动漫产品，网络动漫已经成为日本数字出版市场的主导性分支产业。对美国和日本动漫发展历史的回顾，可以为我国网络动漫产业的发展提供一定的启示。

1. 美国的动漫发展

美国的动画和漫画出现较早，自20世纪50年代起至今，经过时间的推移和市场的考验，美国动漫凭借其丰富的创作题材、雄厚的人才储备、先进的技术实力、强劲的经济实力及完善的市场化运作，在动漫产业发展上呈现出独特的美国模式。

美国动漫产业在20世纪50～60年代以生产为中心，逐渐向发行、放映、衍生品、主题公园拓展。进入21世纪，美国动漫产业逐渐和新兴的文化产业、信息内容产业融合，动漫产品出现了跨媒介、跨文化的新形式。在美国，动漫产业分为漫画和动画，其产业有不同的发展模式。漫画产业以杂志为载体，采用在专业的漫画期刊连载或者直接发行漫画单行本的模式。在动漫产业上，美国动漫产业由迪士尼及梦工厂等动漫公司占据市场，牢固控制动漫产业链。在动画制作上，美国动漫以动漫电影为主，自20世纪中期以来，美国动漫市场相继产生了如迪士尼、皮克斯、梦工厂、蓝天工作室、环球影城等大型制片公司。

在互联网时代，传播边界逐渐消失，动漫产品的传播从以前的传统渠道——电视转为网络平台。由于网络的低门槛性和开放包容性，动漫市场的规模迅速扩大。凭借完善的产业模式、新技术的运用以及大资本的投入，美国动漫产业发展很好。美国动漫产业一直都十分重视开发和应用电脑数字技术，它们把各种技术如3D运用到影视作品的各个部分，发展出世界领先的动画制作技术。近年来，美国动画业看准了CG（computer graphics，计算机图形）技术，选择以技术创新的方式去应对互联网时代的到来带来的挑战，使动画电影达到了前所未有的视觉效果，开拓了新的市场。皮克斯公司一直是美国电脑动画的先锋。1995年皮克斯与迪士尼合作发行了《玩具总动员》，这是全球第一部完全使用电脑特技制作而成的三维动画片，在此之前，美国动画片均以二维手绘制作而成，这部动画片在当时创下了3亿6000万美元的票房奇迹。正是由于美国动画产业对技术开发的重视，不断随着时代的发展去提高自己的专业技能，迎合了互联网时代广大受众对画面质感和技术应用的越来越高的要求，美国动画产业才得以在世界上始终处于领先地位。

2. 日本的动漫发展

自20世纪70～80年代起，日本动漫作品在全世界引起了广泛的关注，同时，日本也被公认为动漫产业大国。日本动漫经过多年的努力发展，从最初的模仿到二战结束后的复兴，经历了70年代的产业转型，80年代的艺术成熟，到90年代辉煌发展并向全世界输出其动漫文化作品，直到今天，日本动漫产业已经做到产业细分、风格细分，日本动漫以其独特的魅力在日本乃至全世界都拥有众多的追捧者。

日本于1989年引进互联网，在过去三十年中，日本互联网飞速发展，互联网用户已经达到1亿多，约占全部人口的90%，良好的网络环境为动漫产业的发展迎来新的机会。世界上最大的视频收费网站Netflix进驻日本市场，动画能进一步通过网络平台向世界进行广泛传播。对于日本来说，想要把海外市场扩张到现在的5倍，打造以网络为中心的商业模型就是唯一办法，网络给日本动漫产业的发展带来了全新的机遇。另一方面，在动漫生产制作技术上，日本动漫企业开始向无纸动漫转移，加大对CG技术的应用。这是一种以互联网技术为核心的全球协作加工方法。通过这种方式一方面可以大幅度提高动漫制作的效率，另一方面可以在很大程度上降低动漫制作的成本，同时也能让动漫品质保持高水准。宫崎骏在《幽灵公主》的电影动画制作中设立了CG制作组，购进了CG设备，还开设了专门的CG三维部门。现在日本的动漫产业已经进入漫画、动画、电影、网络、手机等媒体的多项互动阶段，手机动漫已成为继手机音乐、手机游戏之后的日本第三大无线增值业务。但日本的ACG[animation（动画）、comic（漫画）和game（游戏）的缩写]产业体系已经高度饱和，虽然整体专业素质很高，但动漫企业数量众多，形成了激烈的竞争。

13.3 网络动漫的产业链和盈利模式

网络动漫产业上游是内容生产环节，包括企业/工作室产生内容和个人原创产生内容。中游是内容投放与宣发环节，即网络动漫作品通过传统渠道或互联网渠道进行展示、宣传和推广。下游是触达用户和变现环节，目前主要的变现方式是作品的IP化。

目前网络动漫的盈利模式共有四种：一是用户付费的模式，各平台尝试推出用户付费的模式，不断培养用户的付费习惯；二是虚拟增值服务，如给漫画家打赏送礼，属于粉丝经济；三是广告的模式，动漫网站通过优质的动漫内容，吸引网站流量，增加用户黏度，在动漫中插入广告来进行盈利；四是IP的商业化，在泛娱乐产业中通过对动画和漫画优质IP的授权等进行盈利。对于动漫产业来说，一个成熟的商业模式，其主要盈利应该在于版权的授权和衍生产品的开发上。因此，一件动漫作品要想成功地商业化，就应该在前期的市场调研、内容探索和后期的市场深化、衍生产品的开发上投入更多的人力物力。

而目前在我国的动漫产品开发中，反而普遍对动漫的中期制作这一块更加偏重，这个结构显然是需要优化的。我国动漫产业基本从代理、代工起步，熟悉中期制作而弱在市场开发和产品线衍生，造成我国大多数动漫企业资本投入比例与理想状态相去甚远。反观迪士尼公司，电影电视收入不过19%，而来自消费品、主题公园的衍生品收入占比达到38%。这说明，动漫企业的成功应在于“依靠动漫作品盈利，但并不是靠动漫作品本身盈利”，而这正是我国动漫产业所欠缺的地方。

13.4 网络动漫的宏观管理

满足人民群众日益增长的文化需求是社会主义经济建设的重要任务，文化产业成为21世纪中国经济发展的又一重点领域，而动漫产业作为中国文化产业的重要组成部分得到了国家的高度重视和大力扶持。广电总局、文化和旅游部、商务部、财政部等均出台政策支持国产动漫发展，强调创造优秀原创动漫作品及打造成熟产业链。

2008年文化部出台的《文化部关于扶持我国动漫产业发展的若干意见》指出，近年来国产动漫产品的数量大幅增长，质量有所提高，一批动漫企业和动漫品牌崭露头角，中国动漫“走出去”步伐加快。但同时，中国动漫产业的发展与旺盛的市场需求还不相适应，在原创能力、人才培养、技术开发、产业链整合、知识产权保护等方面还需进一步提高。该意见围绕积极扶持民族原创动漫提出四大举措：一是评选国家原创动漫大奖，奖励内容健康、艺术性强、创新度高、深受群众喜爱的原创动漫产品。二是扶持原创动漫作品，每年评估、遴选出若干优秀原创漫画、网络动漫、手机动漫作品、动漫舞台剧进行重点扶持。三是扶持原创动漫创作人才，每年扶持若干漫画、网络动漫、手机动漫、动漫舞台剧创作者。四是推广原创动漫作品，以多种形式向社会特别是青少年推介优秀原创动漫作品。努力增强国产动漫的原创制作能力、衍生产品开发设计能力，培育一批具有活力、专业性强的动漫企业和具有中国风格、国际影响的动漫形象、动漫品牌。

2009年9月文化部公布的《文化产业振兴计划》将包括动漫产业在内的文化产业发展上升到国家战略高度，彰显出政策支持动漫产业腾飞的力度更上一层楼。除中央外，动漫产业巨大的经济潜力和重要的社会影响也引起了各地政府和产业界的高度重视。全国已经有20多个省市将动漫作为新兴产业大力扶持，在人才培训、技术服务与支持、税收等多方面给予优惠政策，已经培育出一批有影响力的动漫文化企业。如湖南的宏梦卡通、三辰卡通；广东的原创动力、奥飞动漫；武汉的江通动画等。

2012年中共中央办公厅、国务院办公厅印发《国家“十二五”时期文化改革发展规划纲要》，国家设立了动漫精品工程和原创动漫推广计划等一系列有利于动漫产业发展的相关政策。2012～2014年间广电总局建立了17个国家影视动画产业基地，并拨出专项资金用于扶持优秀动画原创产品生产、技术服务等。越来越多优秀的新媒体动漫不断被推出，体现了政策对动漫产业发展的良好导向作用。可以说，扶持政策和民间融资都是影响动漫产业的核心因素。

2017年文化部发布了《文化部“十三五”时期文化产业发展规划》，将动漫列为11个文化产业重点行业，并提出目标：到2020年动漫产业产值达到2500亿元左右，动漫创意和产品质量大幅提升，培育一批在国际上具有较强竞争力和较大影响力的国产动漫品牌和骨干动漫企业，打造3～5个具有广泛影响力的动漫展会。

我国提升动漫产业竞争力的政策力度不可谓不强，但总体上却有缺乏市场化手段的遗憾。在对比日本政府扶持动漫产业的政策后，就可看出比较大的差别。在产业定位的战略规划上，我国与日本大致相同，均上升到了国家战略的层面，认识到动漫产业对于拉动消费的重要作用。但在具体落实上，缺乏像产业研究、更直接的融资支持、市场拓展支持和知识产权保护等市场化的扶持手段。出口退税、减免税收以及限制进口动漫等保护性措施能起一时之效，但对于培养我国动漫产业核心竞争力还是远远不够的。总体来说，我国既有政策已经明显提升了动漫产业的经济地位，在整个文化产业振兴发展过程中，动漫产业有望成为高速成长的排头兵。但我们期望更多、更贴合市场和产业实际需要的政策陆续出台，以营造中国动漫产业更好的发展环境。

针对网络动漫我国还发布了多个相关法规条例。2019 年 1 月，中国网络视听节目服务协会发布《网络短视频平台管理规范》《网络短视频内容审核标准细则》（100 条）。2019 年 4 月开始实施的《未成年人节目管理规定》，分别从内容审核核准未成年人网络专区等层面进行规范与管理。2019 年 2 月，国家广电总局下发《关于网络视听节目信息备案系统升级的通知》，强调投资总额超过 500 万元网络动画片的前置备案制度。

13.5 网络动漫的现状和发展趋势

13.5.1 网络动漫的现状

1. 动漫网站发展迅速

基于网络技术与受众需求，动漫作品交流分享的网站发展十分迅速，目前分为四种类型：一是资讯类动漫网站，表现形式为动漫类门户网站，包含了门户网站的所有属性，包括新闻资讯、产业服务、作品推广等，目的在于为动漫爱好者、动漫行业从业者提供信息共享的平台，如漫域网、中漫网、中国动漫产业网等。二是内容型动漫网站，在网络动画领域里，第一梯队包括以优酷土豆为代表的阿里系、以爱奇艺为代表的百度系、腾讯旗下的自有视频网站——腾讯视频，以及独立发展的二次元视频网站哔哩哔哩。在网络漫画领域里，腾讯和有妖气两个原创网站最为活跃，还有快看漫画、网易漫画、爱奇艺漫画等网站发展也十分快。三是内容+资讯型动漫网站，如腾讯动漫频道，在发布动漫产业资讯的基础之上，会聚了大量国内外动画和漫画内容。四是手机动漫平台，如咪咕动漫、天翼爱动漫。中国移动手机动漫基地从中国移动集团独立，成立咪咕动漫；中国电信手机动漫运营中心从中国电信集团独立，成立天翼爱动漫。

2. 更多巨头进军网络动漫，巨头们介入产业链更加深入

以阅文集团为例，重点方向之一即是动漫改编。2016 年诸多二次元游戏和动画电影的爆发，让阅文看到了年轻用户对于动漫内容的强烈需求。阅文的《择天记》《全职高手》《斗破苍穹》等网文改编的动画作品，成绩都非常不错。在网络动画领域，各大视频网站除了延续以往对动画版权内容的争夺，还开始深度介入内容的生产。如以优酷土豆为代表的阿里系，投资参与出品了广受好评的《少年锦衣卫》等动画。在网络漫画领域，腾讯动漫、快看漫画、咪咕动漫等平台，不再只是提供内容的分发，也深度参与内容的创作，如腾讯动漫已与夏天岛工作室达成协议，引入小新、腊肉等漫画作者成为腾讯动漫独家签约作者。

3. 国产漫画动画内容兴起，原创能力大大提升

腾讯动漫平台出现《妖怪名单》《我叫白小飞》等多部点击量过百亿的漫画。阅文集团网文改编动画《斗破苍穹》第一季也以近 10 亿播放量收官。2009 年上线的“有妖气中国原创漫画梦工厂”推出的《十万个冷笑话》系列至今热度不减，2014 年年底《十冷》电影版上映，再度引发轰动。除了以“有妖气”为代表的商业运营模式，更多的动漫公司则是通过出售产品给视频网站的方式进行商业运营，《画江湖之不良人》《功夫兔与菜包狗》系列以及《那年那兔那些事儿》系列等高质量国产网络动漫就是以这样的方式，每周于爱奇艺、搜狐视频和腾讯视频等网站更新。

4. 国产动画漫画粉丝也表现出更强的消费能力

一方面，互联网的高速发展带来了二次元市场规模的扩大，在日本动漫、美国动漫熏陶下成长起来的“80 后”“90 后”，已成长为当今社会经济消费与信息传播的主力军，他们对文化提出了多元需求，推动了动漫的蓬勃发展。截至 2016 年年底，我国网络动漫市场营收约为 155 亿元。2017 年年底，网络动漫营收达 178.9 亿元，2018 年年底，达 180.8 亿元。2016 年整体动漫市场的用户规模已达 3.1 亿，仅网络漫画的用户就达到 9725 万人；2018 年年末网络动漫用户数量超过 3 亿，用户规模中新增了大量年轻并且愿意为优质内容付费的互联网“原住民用户”。另一方面，各大企业都更加重视内容付费，在内容、产品、技术等方面都对用户加以引导，大大促进了付费营收，使得网络动漫的消费市场实现了进一步发展。

13.5.2 网络动漫的发展趋势

1. 加大动漫产品文化力的渗透

目前国内网络动漫呈现出欣欣向荣的局面，每年出产几十部、几百集专门在网络上传播的动漫作品，其中不乏《罗小黑战记》《功夫兔与菜包狗》《小米的森林》这样无论是美学价值还是制作水准都堪称精品的作品，但我们也应该看到，大部分网络动漫在创作质量上仍有较大提升空间。动漫产业属于文化产业，文化产业是一种精神层面的人类活动，文化产业作为国家软实力的一部分也是综合国力的重要组成部分，对提高全体国民的综合素质有着极为重要的作用。要想打入国际动漫市场，就更加要有中国的民族特色。

2. 继续探索商业模式

商业模式是一切的根本，网络动漫产业需要一体化理念和整体化设计。网络动漫是一个综合性的产业，涉及的领域和行业都非常广泛和繁杂，包括前期的策划、资料收集、形象设计，后期的配音、剪辑和营销传播等，环节很多，一环扣一环，少了任何一部分

都会影响到网络动漫产业整体的发展进程，所以它的发展应该要有一条完整的产业链来指导、规范动漫的制作进程和市场，使其走上正轨。还要注意处理好商业价值的追求与国产网络动漫发展两者间的关系，不能让获得可预期的高商业价值的“洋动漫”挤压了国产网络动漫的发展空间。

3. 手机动漫将进入高速发展期并呈现出新的发展趋势

加强对手机动漫特性的研究，推动动漫内容的创新。首先，政府大力扶植，推动手机动漫内容的发展。政府制定了相应的政策引导手机动漫发展，提供一系列措施为运营商、设备商提供良好的发展环境。虽然，我国政府在鼓励手机动漫内容原创方面做出了自己的努力，如文化部最近几年每年通过专项资金来扶持优秀国产原创手机动漫作品和作者，但是对手机动漫的扶持力度仍有待加强。其次，加强对手机动漫特性的研究，推动动漫内容的创新。目前，由于手机动漫还处于市场发展初期，且在内容研发上的针对性还不强，许多手机动漫内容是从传统动漫中选择出来的，这无疑限制了手机动漫特性的发挥，阻碍了手机动漫的独立发展。最后，针对细分受众市场，开发丰富多样的动漫内容。在内容开发上，要开发针对不同受众的丰富多样的动漫内容，从而挖掘受众需求，培养其消费习惯。在用户的细分领域，要仔细研究每个年龄段的用户特点后相应地提供适合读者个人生活方式的动漫产品和服务，从而巩固并扩大用户规模。

4. 重视动漫从业人员的培养

我国的动漫产业正处于快速发展的阶段，但是相关专业的动漫人才却相当紧缺。动漫产业是一项比较特殊的综合性的产业，是网络与数字技术结合的产物，对于本专业人才的要求相对较高，目前高素质的创意人才和专业的动画人才需求量极大，急需技术过硬、经验丰富的复合型人才，例如原创人才、软件开发人才、二维三维动画制作人才、动漫产品的设计人才、网游开发人才和营销人才。动漫专业人才不仅需要具有与动画相关的专业知识，还要对美术、影视、设计艺术、音乐以及营销方面有一定的了解。因此各高校的相关专业人才的培养上需具备系统性和针对性，培养目标要符合产业需求。

5. 建立有效的知识产权保护体系

网络动漫的核心是动漫原创创意的知识产权，如果动漫的创意版权不能被有效保护，那么网络动漫产业的衍生开发价值就失去了意义，版权保护问题关系着我国网络动漫产业能否持续良性发展。

6. 重视对内容 IP 的泛娱乐打造

动漫文化作为青少年亚文化的重要表征和社会文化发展的必然产物，逐渐成为一种因社会发展而客观存在的文化现象，并相应催生出一个日渐庞大的商业市场链条。动漫所代表的二次元文化，其实是以创意为支撑、为核心的文化消费，能够真正打动观众并吸引其买单的都是优质内容。而目前国内网络文学市场繁荣，不仅题材丰富多彩，而且内容创意十足，适合改编的潜力巨大。同时，网络文学的读者群体与动漫的二次元用户高度重合，无疑是改编动漫的合适选择，使得“网络文学+动漫”成为显著趋势。如阅文集团目前也成立了动漫公司，全方位进军网络文学改编动漫领域。阅文集团希望通过对内容的深度挖掘来和用户产生联系，同时促进 IP 的建立和生长。还有如企鹅影视已经构建了以二次元为起点的泛娱乐共生体系，通过“内容 IP+平台+商业化衍生”的发展模式，让国产动漫市场为更多优秀作品提供有利的成长环境和变现渠道。企鹅影视将在“影漫游联动”的基础上，打造口碑与变现共赢的新模式，最终把商业化做到更佳，助推国产动漫市场大步发展。

第14章 网络游戏

网络游戏是一种以网络为载体的新型娱乐方式，网络游戏与单机游戏不同，网络游戏是游戏玩家必须通过有线或无线方式接入广域网或局域网等网络介质中的，显示于不同终端供单人或多人同时同步进行的电子游戏，具有与单机游戏完全不同的性能特征。在数字出版产业中，网络游戏可谓一枝独秀。在我国，网络游戏产业大致要占整体数字出版产值的三分之一，是数字出版产业中最大的产业门类。本章从网络游戏的概念和特点入手，梳理了网络游戏的发展历史，总结了网络游戏的产业链和盈利模式，并阐述了网络游戏的管理方式，分析了网络游戏的发展现状和未来的发展趋势。

14.1 网络游戏的概念和特点

网络游戏，也称网游，是指由软件程序和信息数据构成，通过互联网、移动通信网等信息网络提供的游戏产品和服务，主要包括以客户端、网页浏览器和其他终端形式运行的可以多人同时参与的游戏项目。（根据 2010 年 8 月 1 日起开始实施的《网络游戏暂行管理办法》中对网络游戏的定义。）

网络游戏有以下特点：

（1）娱乐性：网络游戏嫁接了网络的传播优势和游戏的文化意义，替代性地满足了游戏者缓解压力、自我实现和自我超越的愿望，从而吸引了众多游戏者的参与，为自己赢得了发展空间。

（2）虚拟性：网络游戏是一个虚拟的平等世界。在这个世界中游戏者摆脱了现实世界中的角色不平等和不自由，消除了隔阂，每个游戏者的机会都是平等的，都可以凭自己的能力获得自我实现的感觉，获得别人的尊重。

（3）互动性：网络游戏具有强大的互动性，游戏者能突破空间限制，选择自己喜欢的角色，并通过这个角色的活动与其他游戏伙伴同台竞技或组成团队，以满足人际交往的基本需要，获得归属感。

（4）技术性：网络游戏依靠信息技术和网络技术的发展，如 GPS 在手机上的广泛应用将虚拟游戏与真实世界相联系，丰富了玩家的游戏体验；蓝牙、WiFi、红外线、摄像头识别等手机间沟通技术将密切玩家间的关系；手机图像处理、显示技术和存储功能不断进步，使在手机上进行大型游戏成为可能。随着技术的成熟，以 VR、AR 等新技术为卖点的创新游戏也会很快出现，更好地提升用户的体验。

14.2 网络游戏的发展历史

1. 第一阶段（1969～1977 年）

早在 1961 年，美国麻省理工学院的学生史蒂夫•拉塞尔研制了世界上第一款交互式电脑游戏《太空大战》，为网游诞生奠定了基础。1969 年，美国人瑞克 • 布罗米为柏拉图远程教学系统 PLATO（programmed logic for automatic teaching operations）编写了一款同名游戏，可支持两人远程连线，被人们看作是世界上第一款网游。随后，PLATO 平台上陆续出现了一些广受欢迎的游戏，如《圣者》（Avatar）和《帝国》（Empire）。这些游戏程序大多数为美国麻省理工学院的学生所编写。可以说，PLATO 是初生代网络游戏的重要推手。

由于当时的计算机硬件和软件尚无统一的技术标准，因此第一代网络游戏的平台、操作系统和语言各不相同。它们大多为试验品，运行在高等院校的大型主机上。这个阶段的游戏特征一是非持续性，玩过游戏后无法对游戏内容进行保存；二是单一系统性，无法跨系统运行。这一阶段网络游戏的商业模式是免费的。

2. 第二阶段（1978～1995 年）

这是网络游戏迅速壮大的 MUD 时代。随着计算机软/硬件技术的发展，网络游戏的形式与内容也逐步更新发展。1978 年，英国埃塞克斯大学的罗伊 • 特鲁布肖编写了世界上第一款 MUD 游戏。MUD 是 multiple user dimension/multiple user dialogue 的缩写，意指多人世界、多人对话，也叫做“泥巴游戏”。MUD 是世界上第一款真正意义上的多人交互式网络游戏，游戏中的场景、怪物和谜题在系统重启后仍然保持不变，可以保证整个虚拟世界的持续发展。

1978 年，MUD 的诞生标志着第二代网游开始发展。1984 年，Kesmai 公司开发的《凯斯迈之岛》开始正式收费，收费标准为每小时 12 美元，该游戏运行了约 13 年。随后的一段时间，类似的网络游戏和服务器平台相继出现。同时，越来越多的网络游戏运营商开始按时间收取网络游戏费用，网络游戏产业初步形成。同年，马克 • 雅克布斯组建 AUSI 公司并推出游戏《阿拉达特》，该游戏的收费标准为每月 40 美元，是网络游戏史上第一款采用包月制的网络游戏。

这一阶段的游戏特征一是可持续性，玩家游戏进度可以反复存储读取而延续性地进行游戏；二是可以跨系统运行，只要能够接入互联网即可开始游戏。这一阶段的商业模式进入了收费时代，主流计费方式是按小时计费，包月计费未成气候。

这一时期，中国网络游戏同样以“文字泥巴”（MUD）游戏为主。20 世纪 80 年代中期，我国游戏产业开始从台湾地区兴起，逐步出现了一些研发、发行渠道全面成长的游戏公司。1983 年，智冠科技有限公司成立，成为全球第一家签订授权中文版产品代理销售合约的公司。1986 年，精迅公司开发出了第一套中国人自制的商业游戏——《如意集》，运行于 APPLE Ⅱ平台。1988 年，第一家专业中文电脑游戏研发公司——大宇资讯有限公司成立，它所发行的 DOS 版《仙剑奇侠传》上市后深受用户喜爱。20 世纪 90 年代中期，随着众多专业游戏计算机制作公司的诞生，国产游戏迎来了大发展时期。1994 年年末，中国大陆第一款自制游戏《神鹰突击队》由金盘公司发行上市。1996 年，前导软件公司发布中国第一套 Windows 平台游戏《官渡》，这也是国内第一个大量出口海外的游戏软件。

3. 第三阶段（1996~2005 年）

这一阶段是日臻成熟的网游 MMOG（massive multiplayer online game，大型多人在线游戏）产生。这一阶段的网络游戏不再依托于单一的服务商和服务平台存在，而是直接接入国际互联网，进而形成一个全球规模的市场。“大型网络游戏”的概念浮出水面。有越来越多的专业游戏开发商和发行商介入网络游戏，一个规模庞大、分工明确的产业生态环境最终形成。这一阶段的商业模式为包月制，包月制成为主流的计费方式。

1995 年，多人在线游戏出现。Archetype Interactive（原型交互公司）的《子午线 59》发布。1996 年秋，《子午线 59》正式投入运营，标志着在线游戏从传统的文本式 MUD 发展为真正意义上的“多人在线游戏”。随后 1996 年 Origin 公司的《网络创世纪》为在线游戏的发展指明了方向。《网络创世纪》一经推出，用户人数很快就突破 10 万大关，成为名副其实的全球第一大网络游戏。这两个游戏改变了以往按照小时或分钟计费的网络游戏收费模式，采用包月制付费。《子午线 59》和《网络创世纪》的出现极大地加速了网络游戏产业链的形成，对网络游戏的发展具有重要意义。随后一些单机游戏开发商逐渐涉足网络游戏领域。2004 年，暴雪娱乐（Blizzard Entertainment）推出的《魔兽世界》（World of Warcraft）网络游戏，就属于大型多人在线角色扮演游戏。《魔兽世界》获得了巨大的成功，2008 年全球注册用户超过 1000 万人，是当时全世界玩家最多的网络游戏之一。

中国国内的游戏出版业始于 1994 年。前六年主要以 PC 电子游戏为主。2000 年随着大规模网络基础设施的建设，中国的互联网应用也随之进入发展高峰期，游戏出版物由原来以光盘为载体的单机电子游戏出版物向互联网延伸，网络游戏出版开始进入正式的商业化运作阶段。2000 年，华彩软件代理发行的第一款中文 MMORPG（massive multiplayer online role-playing game，大型多人在线角色扮演游戏）《万王之王》推出，当之无愧地成为中国第一代网络游戏的翘楚。同时网络游戏市场所显露的巨大商机逐渐引起投资者的关注。2001年，华义公司推出的《石器时代》取得了巨大的成功。2001年5月，主打休闲棋牌游戏的“联众世界”成长为全球最大的在线游戏平台。2001年7月，上海盛大网络发展有限公司正式引进韩国网络游戏《传奇》，《传奇》出版后，运营仅半年，到2001年年底，同时在线人数就突破了10万人，而到2002年7月，更进一步扩大到同时在线人数50万人，可称为“传奇时代”。

需要下载一定组件才能正常登录的游戏称为客户端游戏，按照客户端规模的大小可以将该类游戏分成小型客户端网络游戏和大型客户端网络游戏。前者需要使用的客户端规模体积很小，大部分都在几十兆字节。后者必须用较长时间下载游戏客户端，并通过安装完整的客户端链接游戏运营商的服务器来登录游戏。该类型的网络游戏客户端体积往往都超过了400MB。

4. 第四阶段（2006～2009年）

这一阶段网络社区游戏、网页游戏开始进入市场，网游的新细分时代开始。先进入者的成功加上网页游戏行业低进入门槛的特征，刺激了大量小型工作室在2008年进入网页游戏行业。2007年中国网页游戏市场规模为1亿元，到2008年达到5亿元，此后一直保持20%以上的增长率。网页游戏能够打破时间和空间的限制，满足手机网游玩家的需求。同时，网页游戏非常适合在手机平台开发。因为玩家无须下载客户端，只需点击页面即可进入游戏，所以网页游戏可以被称为无端网游。专业风险投资机构和网络游戏巨头看好网页游戏行业的巨大市场潜力，纷纷注入资本。成功的互联网运营商开始运用平台优势介入网页游戏，开发门户网运营的模式。

5. 第五阶段（2010年至今）

这一阶段手机、移动游戏进入市场。2013年4G时代的到来预示着手机网络游戏将成为最大的受益者之一。GPS在手机上的广泛应用将虚拟游戏与真实世界相联系，丰富了玩家的游戏体验；蓝牙、WiFi、红外线、摄像头识别等手机间沟通技术密切了玩家间的关系；手机图像处理、显示技术和存储功能不断进步，使在手机上进行大型游戏成为可能。

14.3 网络游戏的产业链和盈利模式

由于网络游戏产业定位于大众化娱乐，又属于虚拟经济，收费低廉、内容轻松、品种多样，有利于缓解人们工作学习紧张或经济不景气造成的心理压力；而且从财务报表和服务器端数据看，国际金融危机爆发至今，全国主要网络游戏企业的增长态势并未减弱，再加上主要企业多为上市公司，拥有充足的现金流，因此，多数企业对网络游戏产业的持续发展充满信心。

中国的网络游戏产业已经进入了一个较为稳定、成熟的发展阶段，并且逐渐形成了完整的产业链。网络游戏产业链的主线是网络游戏研发商、网络游戏运营商，以及销售渠道、电信运营商和用户。

其中，网络游戏运营商直接面对上游的研发商和下游的销售渠道和用户，是整个产业链价值体系的核心。而网络游戏产业链的辅线则涉及了IT产业、制造业、媒体业以及展览业。丰富的产业链相互关联，且随着网络游戏规模化的发展，相关产业获得了巨大的商业空间，尤其是电信和IT产业。网络游戏的运营与运营商是网络游戏区别于传统单机游戏商业模式的关键环节。网络游戏的运营是指网络游戏运营商在接到网络游戏开发商的运营授权后，开展网络游戏上线后的销售、管理、维护及更新等工作。网络游戏运营商具体是指运营其他游戏开发商授权的网络游戏，以出售游戏时间、游戏道具或相关服务等获得收入的网络公司。同时，网络游戏运营商也应当承担打击“外挂”、“私服”等不正当游戏手段的职责，切实提供安全公平的网络游戏环境，保证用户的利益不受侵害。传统网络游戏运营商的盈利主要通过售卖点卡、游戏时间、虚拟道具和虚拟货币等途径获取。而后来网络游戏产业界出现了大量免费的游戏产品，即玩家可以不限时间、不限点数进行在线免费游戏，网络游戏运营商则通过游戏内置广告、虚拟物品以及虚拟货币来获取利润。免费网络游戏是未来网络游戏运营的趋势。

网络游戏的盈利模式有以下几种：

（1）时间收费：时间收费在2005年以前比较常见，一般分为点卡制和包月制。点卡制就是游戏时间按秒/分/小时来计费，玩多长时间的游戏，就支付多少费用；包月制也就是游戏时间按月（30天）计算，一次性支付1个月时间的游戏费用。

盛大在发展初期从韩国购入《传奇》游戏，成为大型网络游戏的先驱。盛大通过玩家在游戏中不断晋级、构建虚拟社区群体等方式牢牢锁定一批忠诚玩家。众多忠诚玩家群体的支撑促成盛大采用按游戏时间收费的方式来盈利。巨人采取和网吧联营的策略，在遍布中国各地的网吧机器中预装巨人，网吧出售各种游戏所需的游戏点卡，网吧从中提成，形成双赢局面。

（2）道具收费：道具收费也就是所谓的“免费游戏”，即游戏时间不收费，在游戏体验过程中通过卖道具来收费。

2005年盛大先后宣布主打游戏实行“永久免费”，抛弃原有的计时收费的商业模式，开创了新一代网游收费模式。道具收费在某种程度上已经严重影响了游戏的平衡，虽然一部分玩家很不喜欢道具收费，但目前来说，这种收费是最主流的。巨人公司将游戏用户分为普通玩家和VIP玩家。VIP玩家中很多人真正想从游戏中得到的是在现实生活中很难实现的权力及操控的感觉。根据用户心理分析，巨人集团决定把公司的经营策略定为游戏免费但装备收费。较为富有的玩家通常会花重金购买装备来装饰游戏中的虚拟角色，获得更高级别和权力。

（3）客户端收费：常见于欧美、日本等国家的网络游戏，玩家有了客户端，才可以玩游戏。运营商同软件和单机游戏卖光盘一样卖客户端；或是用下载的方式来实行客户端收费。

14.4 网络游戏的宏观管理

新闻出版总署2003年9月公布了《关于在游戏出版物中登载〈健康游戏忠告〉的通知》，规定今后在所有电子游戏出版物和互联网游戏出版物中，必须在画面的显著位置全文登载《健康游戏忠告》。2004年11月中国青少年网络协会推出了《绿色游戏推荐标准》（以下简称《标准》），其核心是对网络游戏进行分级管理，并定期对网络游戏进行测评。根据该《标准》，网络游戏分为五个等级，包括全年龄段、初中生年龄段以上、高中生年龄段以上、18岁年龄段以上和危险级。每一个等级的游戏都必须满足动态和静态两组共12个具体指标限定，而每一项指标以文字描述的状态又分为三个不同的实现程度。“绿色游戏”指的是符合18岁以下年龄阶段的游戏。

2007年公安部、教育部等八部委联合下发《关于保护未成年人身心健康实施网络游戏防沉迷系统的通知》（以下简称《防沉迷通知》），规定网络游戏防沉迷系统7月16日在全国正式投入使用。《网络游戏防沉迷系统开发标准》的核心内容是：未成年人累计3小时以内的游戏时间为“健康游戏时间”，超过3小时以后的2个小时为“疲劳游戏时间”，在此时间段，游戏收益减半，如果累计游戏时间超过5小时即为“不健康游戏时间”，收益将变为零，强迫未成年人下线休息。为进一步落实《防沉迷通知》的要求，切实保护未成年人身心健康，推动网络游戏防沉迷系统实施工作取得更大成效，2011年10月又实施了《关于启动网络游戏防沉迷实名验证工作的通知》，并完成了网络游戏防沉迷实名验证系统软件开发工作。国家新闻出版广电总局办公厅在2014年7月又印发了《关于深入开展网络游戏防沉迷实名验证工作的通知》。

为了进一步规范网络游戏出版服务的前置审批和对境外著作权人授权的网络游戏作品的审批和监督管理工作，新闻出版总署于2009年7月下发了《关于加强对进口网络游戏审批管理的通知》。2010年6月文化部发布了《网络游戏暂行管理办法》，于2010年8月1日起施行，共分为6章39条，系统地对网络游戏的娱乐内容、市场主体、经营活动、运营行为和法律责任做出明确规定。这是一部专门针对网络游戏进行管理和规范的部门规章，对中国网络游戏健康有序的发展具有重大且深远的影响。

近年来，伴随互联网技术和移动智能终端的广泛应用，我国移动游戏市场取得快速发展。在市场空前繁荣的同时，也暴露出一些明显问题，部分游戏作品粗制滥造、质量低劣，侵害消费者权益；还有些游戏作品侵权盗版，侵害创新企业权益，等等。这些问题作品的存在不仅侵害了企业和消费者的权益，而且影响市场秩序，损害行业整体利益，严重者更是败坏了我国保护知识产权、鼓励创新的国家形象。为了维护正常的市场秩序和消费者权益，保障游戏作品内容导向和质量，促进我国移动游戏出版产业健康繁荣发展，国家新闻出版广电总局办公厅于2016年5月发布了《关于移动游戏出版服务管理的通知》，2016年7月正式开始施行，强化了出版服务单位的内容质量审核责任。该法规共有16条，明确了移动游戏的出版管理流程、移动游戏出版的内容等。

2018年4月20日，教育部办公厅发布《关于做好预防中小学生沉迷网络教育引导工作的紧急通知》，要求各地教育行政部门组织中小学校对学生网络沉迷情况迅速开展全面排查，会同相关部门采取针对性措施予以整治。

2018年8月30日，教育部、国家卫生健康委员会、国家体育总局、财政部、人力资源和社会保障部、国家市场监督管理总局、国家新闻出版署、国家广播电视总局八部门联合印发了《综合防控儿童青少年近视实施方案》，称将“实施网络游戏总量调控，控制新增网络游戏上网运营数量，探索符合国情的适龄提示制度，采取措施限制未成年人使用时间”。

14.5 网络游戏的现状和发展趋势

14.5.1 网络游戏的现状

网络游戏产业是一个新兴的朝阳产业，已成为与影视、音乐等并驾齐驱的全球最重要的娱乐产业之一。它经历了20世纪末的初期形成阶段及近几年的快速发展阶段。现在中国的网络游戏产业处在成长期，并快速走向成熟期的阶段。20世纪末中国网络经济泡沫破灭，整个网络经济大受打击，网络游戏却异军突起成为整个网络经济发展的领头羊，得到迅猛的发展，在中国整个网络经济的发展过程中从无到有，发展到目前成为中国网络经济的重要组成部分。

网络游戏产业发展迅速，已经形成了以游戏开发、运营和渠道为主体，计算机、软件、互联网、移动通信、网吧、游戏机以及电影、出版、展览等多行业共同发展的庞大体系。网络游戏对于周边产业的带动作用巨大。据统计，网络游戏行业每收入1元，对电信产业的直接贡献（包括宽带接入、服务器托管等）超过5元，对IT软硬件的贡献超过2元，对游戏相关媒体及出版、周边产品的贡献超过1元。也就是说，网络游戏行业对相关产业的贡献比可以达到1∶8左右。网络游戏产业对批发和零售渠道、IT及通信技术的发展、国家税收的提高等都有较大的促进作用。

网络游戏企业规模方面，2012年以来呈明显两极分化状态。行业龙头企业如腾讯、网易、三七、完美世界等网络游戏巨头公司保持绝对的市场领先地位，腾讯和网易两家公司2017年度游戏方面的营收总和超过了1340亿元。而2010年以后，大量的中小型企业涌入市场，新增网络游戏企业整体体量较小，移动端游戏开发企业尤其明显。但其运营游戏市场定位明确，容易在新增的细分市场中抓住机会，实现快速发展。截至2018

年年末，中国共有199家上市游戏企业。

网络游戏市场规模平稳较快增长：网络游戏产业市场在2016年经历了近5年的发展低潮后，开始不断调整发展战略，适应新的发展环境，在2017年取得初步成效，大幅下滑的趋势得到初步缓解。2018年，虽然网络游戏出版由于版号发放调整受到一定影响，其收入相较上一年有一定程度的下滑，但也由此表明网络游戏行业正逐步实现从数量到质量的跨越。新兴细分市场如网页游戏、移动游戏市场规模增幅明显，市场收入规模进一步扩大。游戏产业加快新产品的研发，产品数量翻倍增长，企业竞争力明显增强，海外市场增长势头强劲，游戏覆盖范围不断扩大。随着人口红利用尽，行业的增长将进入一个较为稳定的状态。

网络游戏数量规模高速增长：游戏产品的数量规模已经进入高速增长阶段，移动游戏的产品数量出现明显增长。从数量上分析，游戏产品已经呈现出较为明显的“金字塔”形特征。2018年，客户端游戏市场实际销售收入为619.6亿元，同比下降4.5%。虽然客户端网络游戏受电子竞技影响而出现用户回流，用户出现增长，但相比于传统的角色扮演类客户端游戏，竞技类客户端游戏用户付费率与ARPU（average revenue per user，每用户平均收入）偏低，对市场收入增长带动有限，无法抵消角色扮演类游戏用户流失造成的收入减少。此外，不少客户端游戏市场主力产品改编成同名移动游戏，造成用户分流，也拉低了客户端游戏市场实际销售收入。2018年，移动游戏市场实际销售收入为1339.6亿元，同比增长15.4%。移动游戏市场竞争激烈，产品格局变动较大，催生精品产生。此外，新类型产品逐渐脱颖而出，也对市场实际销售收入的增长做出了贡献。移动游戏依然是用户增速最快的一个细分市场。移动游戏用户能多年保持快速增长有多方面因素，如游戏类型的不断丰富、移动游戏门槛低、智能手机的普及、网络的优化等。

14.5.2　网络游戏的发展趋势

随着产业环境的不断变化，中国网游产业价值链内的各个环节也在相应地发生变化，这种变化呈现于网游产业的商业模式及产品本身。随着对用户需求的深度把握及相关技术的不断成熟，网络游戏将会更快速地发展。

1. 与大文化产业相结合

网络游戏产业是一种集剧情、美术、音乐、动画、程序等为一体的复合产业，是一个“内容为王”的产业，数字技术只是载体，文化是内容。一个网游产品的生命力如何，与其承载的文化内容息息相关。网络游戏的发展，必须与文化创意产业紧密结合，与大文化产业实现互动和结合，特别是与动漫产业和影视制作相结合。一方面，通过网络游戏产业促进相关文化艺术产业，如创意编辑、音乐创作、美术设计、影视后期制作等的发展；另一方面，可以通过网游把丰富的文化资源和承载的文化内容进行传播，并转化成为新的文化艺术产品，如影视产品、网游音乐、网游动画等。

游戏是继绘画、雕刻、建筑、音乐、诗歌（文学）、舞蹈、戏剧、电影八大艺术形式之后被人们公认的“第九艺术”，与其他八大艺术一样，游戏以自己独有的语言，向玩家呈现了另一个虚拟世界的模样，游戏的艺术性决定了其向其他艺术形式转化的可能，对于游戏来讲，其要点就在于鲜活的角色形象、完整的世界、丰富的剧情内容以及适时推出的话题点。

2. 向综合媒体不断发展

与其他传统媒体相比，在线、互动、娱乐是网络游戏的三大特点。随着网络游戏的不断普及，特别是与数字电视和第三代互联网技术的结合，网络游戏的功能将不断拓展，在线、互动、娱乐的特性将使网络游戏不断向综合性媒体方向发展。网络游戏将通过高技术创造互动娱乐平台，与IPTV（交互式网络电视）相结合成为家庭娱乐中心，以游戏为突破口，承载电影、电视、音乐、动漫、广告的传播功能，从而成为一种综合性媒体。

3. 自主研发将成网游主流

随着网络游戏产业的高速发展，国外游戏开发商越发认识到了中国网络游戏市场的巨大潜力，进而大大提高了网络游戏引进费，随之而来的就是国内网络游戏运营商与国外游戏开发商合作过程中的一系列纠纷。痛定思痛之后，国内网络游戏运营商终于逐步认识到了自主研发的重要性。

网络游戏作为国民一种重要的休闲方式、娱乐行为，集文化性与娱乐性于一体，同时也具有文化、教育等功能。因此，我国网络游戏出版产业发展要走民族网游发展之路，站在国家利益、民族文化利益的高度，从支持国产的、具有自我知识产权的、体现中国传统文化的网络游戏入手，不断加强具有自主版权的网络游戏开发，鼓励国产游戏开发企业推出民族网游精品，通过民族的、绿色的、健康的产品体现“寓文化、教育于娱乐”，从而维护民族文化传统的传播和国民文化利益。与此同时，我国政府也给予了强大的政策支持，如积极参与网络游戏开发的国内企业可以享受到税收优惠和资金支持等。如今我国自主研发的网络游戏得到了快速发展。2018 年我国自主研发网络游戏市场实际销售收入 1643.9 亿元，同比增长 17.6%，多年来持续高速增长。

4. “免费模式”将成主要收费模式

“免费模式”主要是通过销售虚拟物品或增值服务不断挖掘用户的消费潜力，从而获得更多的收入。目前，免费模式已逐渐被广大用户所认可，传统的点卡计时的付费模式受到了严重挑战并逐渐走向弱化。

随着免费游戏和休闲类游戏的不断发展，游戏中的虚拟物品交易将成为游戏运营商的主要收入来源。免费模式将成为网络游戏中最主要的收费形式，未来的网络游戏发展也将以该模式运行。

5. “异业合作”将成网游新商业模式

异业合作指跨行业、领域的企业，在面向相同、共同用户群时所达成的，以资源互换、整合、捆绑为主要模式的战略合作。作为网络游戏产业新的营销策略，异业合作为传统行业及新兴的网络游戏行业开辟了全新的经营模式。目前网络游戏的盈利模式已经确定，包括点卡、虚拟物品等，但如果进一步开发游戏的潜在价值，与其他领域的合作已经成为不可缺少的一部分。

异业合作可以将网络游戏的影响力转化为实际的经济效益，同时也为传统企业树立品牌、加快转型找到了有效的营销渠道。可口可乐与《魔兽世界》的广告联合可谓是异业合作极为成功的案例。通过将网络游戏时间、虚拟奖励与现实产品可口可乐相结合，达到了激励网游玩家群体消费可口可乐的良好效果。在活动期间，可口可乐的销量飞速增长。同样，可口可乐以其自身庞大的客户群体也为《魔兽世界》提供了良好的宣传。印在瓶罐上的《魔兽世界》宣传画也让更多的人接触到了这个游戏，代理运营商“第九城市”也因此收入激增。

随着网络游戏产业的不断发展和网络游戏产品的影响不断扩大，与网络游戏产业紧密相关的衍生产品将具有巨大的市场潜力，如饰物及玩具产品的制造生产。而目前国内网络游戏产业发展较为注重技术研发和产品运营，对衍生产品的开发制造关注不够，丧失了一部分衍生产品市场的附加值。

6. 产业链结构趋于专业化并形成规模

在研发、运营的基础上，用户平台、发行、外包环节分工明确，专业化要求越来越高，优势越来越明显。面对巨大的网络游戏市场，网络游戏的研发、运营成本和投资风险巨大，大部分企业难以独自支撑。任何一家网络游戏企业要想快速全面地占领网游市场，都必须使用联合的力量，加强企业间合作，通过综合优势，分散市场风险，实现自我发展壮大。

7. 休闲网游和社交类移动网游将扩大市场份额

与需要不断投入时间与精力来提升等级的MMORPG相比，休闲网络游戏无疑更符合政府对网络游戏健康化的要求，更能代表“绿色网游”的发展方向。对用户的吸引力和政策倾斜等方面的优势，将使得大中型休闲网络游戏拥有巨大的发展空间。目前国内网游市场产品种类结构比较单一，用户人群主要集中在青少年。因此，网游出版产业发展迫切需要提高大众对网游的接受度。这就需要在游戏内容上下功夫，扩大种类，开发多元化产品，使网游具有与众不同的特性，拥有不同年龄段的购买群体，适合不同人群使用。

社交平台加入游戏概念是国外较为成熟的游戏模式，我国社交类移动网络游戏的主要代表为腾讯产品微信游戏。腾讯微信平台用户基数大，活跃程度高，每款微信平台游戏推出首日即位于各终端下载首位，同时，微信支付功能的逐渐普及建立了社交游戏与支付之间的桥梁，便于未来盈利模式的创新。社交类游戏凭借运营主体强大的产业整合能力和丰富的产品线，可稳定快速地抢占移动网络游戏市场，并不断开发新的附加值服务，增加用户体验和用户对平台的依赖程度，逐渐实现几何式增长。

8. 移动端网络游戏将成为利润新增点

移动互联网时代的到来，为很多领域的发展打开了一扇大门，移动端网游就是其中之一。随着娱乐功能的不断加强，手机已不仅仅是一种单纯的通信工具。手机游戏也从最开始的“贪吃蛇”“俄罗斯方块”等简单的单机游戏发展到了联网游戏。

2013 年 12 月中国 4G 牌照发放，极大地解决了手机上网带宽不够和上网费用过高的问题，使手机游戏获得了业内的重视，很多投资机构都加大了对中国移动端游戏行业的投资。2016 年，国家新闻出版广电总局批准出版国产游戏约 3800 款，其中移动游戏约占 92.0%，网页游戏约占 6.0%，客户端游戏约占 2.0%。2017 年，国家新闻出版广电总局批准出版国产游戏约 9310 款，其中移动游戏约占 96.0%，网页游戏约占 2.3%，客户端游戏约占 1.5%。反映出移动游戏市场依然是最具市场活力的领域。2017 年中国已成为全球最大的移动游戏市场。端游市场逐渐饱和，很多客户端游戏改编成了移动端游戏。移动端和 PC 端游戏虽然在玩家的游戏时间上是竞争关系，但手游在承接端游流失用户的同时，还会吸引更多新的游戏玩家。而现在很多端游 IP 推出手游版本，两者实际上是相互导流，相互促进，共同提升了该游戏 IP 的价值。相信移动端网游市场将迎来快速发展。

9. 游戏产品形态将更加多样

在客户端、网页、移动三种主要类型基础上，拓展虚拟现实、电视等更多游戏类型，同时借助技术手段，推动不同类型游戏的融合发展。例如，移动游戏与增强现实（AR）技术的融合在近两年取得快速发展，基于移动应用平台创新的小程序游戏则成为市场增长的重要动力。未来 5G 网络的成熟也将使得竞技游戏具备更好的体验。游戏产品质量也将不断提升，题材覆盖面更广，玩法将更加丰富。

第15章 手机出版物

手机出版物是目前发展最快的数字出版物新业态。手机阅读受时间和地点的限制较小，手机上网相对电脑上网更加休闲化和碎片化。移动互联网的迅猛发展，将极大地带动用户对手机应用的热情，因此手机出版拥有广阔的发展前景。本章从手机出版物的概念、特点和分类入手，总结了手机出版物的产业链和盈利模式，并阐述了手机出版物的现状和未来的发展趋势。

15.1 手机出版物的概念、特点和类型

15.1.1 手机出版物的概念

关于手机出版的概念，有很多专家学者对其作出了定义，有从内容角度的，有从终端角度的，也有从出版过程角度的。综合这些定义，我们认为手机出版指手机出版服务提供者使用文字、图片、音频、视频等表现形态，以手机或类似移动终端为载体，以通信网络或手机上网为流通渠道，出版数字出版物的新型出版形态。也可以称为移动出版，因为除了手机外，类似手机的平板电脑、电子书阅读器终端等移动设备发展也非常快。通过手机出版产生的出版物内容称为手机出版物。

15.1.2 手机出版物的特点

1. 传播快速，范围广

手机是一种可以不受时空的限制，能随时随地传递、获取信息的媒体。与电视、电脑相比，手机可以瞬间将文本、音乐、视频等多媒体信息传播到大量受众终端，时效性强，可以不受诸多环境因素的制约，实现全球一体化，真正做到“我与世界同行”。

2. 互动性强，个性化

手机出版物在和读者交互方面有着传统出版物无法比拟的优势。手机出版属星形网络，在网络中，每一部手机都可以成为出版体系中的一环，从而能够实现出版物销售跟踪、出版资源收集、受众调查、意见反馈等多方面的功能，运营者可以根据受众的特点、爱好，有针对性地提供个性化、人性化的服务，实现更广泛、更迅速的互动。

3. 用户群体庞大

截至 2018 年年底，中国网民达 8.29 亿，互联网普及率为 59.6%。手机网民 8.17 亿，超过任何一种传统媒体。我国国民的上网终端进一步向手机端集聚。目前手机出版的内容多是适合浅阅读的，几乎适合所有群体。也可细分目标群体，为细分的群体提供特定内容（如手机小说、杂志、游戏等）。

4. 可随身携带，阅读便利

手机作为一种特殊的媒介，由于其通信功能，而成为人们不可或缺的随身携带工具。随着生活、学习、工作节奏的加快，时间被碎片化，人们能够使用的与其他媒体接触的时间越来越少，而手机作为贴身媒体的优势就越来越明显。同时由于手机屏幕较小，不适宜进行长时间阅读，因而成为见缝插针式的碎片化阅读的最佳载体，用户随时可以利用碎片化时间进行阅读。

15.1.3 手机出版物的类型

1. 按内容传播方式分类

按照手机出版的内容传播方式分类，可以分为以下几种。

1）短信

短信仅限于传输纯文本内容，是曾经最流行的手机信息传播方式，具有信息送达率高、传播速度快、使用简单等优势。其缺点是不支持多媒体、信息承载量小，不太适合大量的内容传输，主要用于零散少量的内容传输，例如手机报的临时性补充短讯一般用短信发送。

2）彩信

彩信可传播文字、图片、音频、动画等，具有信息承载量大、支持多媒体内容传输等优势，与出版结合具有不错的效果，手机报普遍采用彩信的形式传输内容。其缺点是受用户手机设置、网络设置、终端支持等因素的影响，信息送达率较低。

3）IVR

IVR（interactive voice response）是交互语音应答系统。中国移动 2004 年首推，主

要用来做语音业务，用户可以通过拨打指定的号码按照提示点播收听自己需要的内容。可与传统出版物结合作为补充的语音内容或附加服务，也可单独开展语音杂志业务。

4）WAP

基于 WAP（wireless application protocol）协议的手机网站，可以传播文字、图片、动画、音频、视频等多种内容。

5）客户端软件

客户端软件与 WAP 相比，省去了记忆网址、输入网址等烦琐的步骤，操作简便、功能强大、用户黏性较强。如手机阅读软件、新闻客户端软件等。随着手机向智能化发展以及移动互联网通信技术的进步，功能强大的客户端软件已成为手机出版的主流。

2. 按内容分类

按照手机出版物的内容进行分类，可以分为以下几种：

（1）手机报和手机新闻 App：手机报是传统报纸与新型电信增值业务相结合，依托手机移动终端，以报道新闻、提供资讯为主要内容，通过无线技术平台定期连续传播给具有接收大容量信息功能手机用户的一种信息传播媒介。手机新闻 App 是包括聚合类新闻平台和权威报纸杂志等传统媒体的新闻客户端。

（2）手机图书和移动阅读：手机图书主要指手机小说，由手机作为载体来完成小说的创作或者阅读。移动阅读即利用手机、电子书阅读器等移动终端进行阅读的行为。

（3）手机杂志：传统杂志或原创网络杂志的手机客户端版。

（4）移动音乐：通过移动互联网合作发布模式的数字音乐，是最受网民欢迎的娱乐休闲方式之一。

（5）移动动漫：通过移动互联网在手机等移动客户端播放下载的动画和漫画内容。

（6）移动游戏：运行于手机等移动客户端上的网络游戏。

15.2　手机出版物的宏观管理

在版权保护方面，数字出版版权保护的相关政策同样适用于手机出版，无线阅读和在线阅读都受到《信息网络传播权保护条例》和《中华人民共和国著作权法》的保护。无线阅读和在线阅读只存在传播媒体和传播方式上的差异，在版权保护的法律适用问题上没有差别。

对手机出版内容的监管问题，主要针对的是对负面信息的监管和控制，但一些服务提供商并没有真正做到对手机出版内容的净化。相关部门应该加大对行业网站的监管和审核力度，从内容源头开始抓起。

国家互联网信息办公室于 2016 年 6 月颁布了《移动互联网应用程序信息服务管理规

定》。移动互联网应用程序（App）已成为移动互联网信息服务的主要载体，对提供民生服务和促进经济社会发展发挥了重要作用。据不完全统计，在国内应用商店上架的App超过400万款，且数量还在高速增长。与此同时，少数App也被不法分子利用，传播暴力恐怖、淫秽色情及谣言等违法违规信息，有的还存在窃取隐私、恶意扣费、诱骗欺诈等损害用户合法权益的行为，社会反映强烈。国家互联网信息办公室出台的《移动互联网应用程序信息服务管理规定》规范了移动互联网应用程序信息服务管理，明确了网民在使用移动互联网信息服务中的合法权益，为构建移动互联网的安全、健康、可持续发展的长效机制提供了制度保障。

15.3 手机出版物的产业链和盈利模式

15.3.1 手机出版物的产业链

第一种是传统SP模式：运营商+CP+SP+手机生产商+用户，其中CP（content provider）为内容提供商，SP（service provider）为服务提供商。这种模式下，运营商处于主导地位。用户通过运营商搭建的网络平台下载或在线阅读手机出版物，所产生的费用的流量部分归运营商所有，而业务内容部分则由运营商与内容提供商分成。这种形式下，内容提供商往往只能收到很少一部分利益，不利于激发他们的创作热情。

第二种是独立SP模式：CP+SP+手机生产商+用户。在这种模式下，SP独立构建运营平台，并与CP合作，以扩大手机出版物的覆盖率。同时SP通过自身或外部开发的手机出版物App来提高出版物的实用度，用户只需要注册登录App便可进行使用。此种模式下，移动运营商只是起到提供通信网络平台的作用，并不能对内容进行监管控制。这种模式是目前手机出版产业链的主要形式。

15.3.2 手机出版物的盈利模式

（1）以订阅为主的盈利模式：对彩信定制用户收取包月订阅费，如《中国青年报》等手机报的费用为15元/月，这就是包月订阅。

（2）以流量为主的盈利模式：按流量计费是移动数据业务计费的基本方式，当然按时间计费，也是目前与之竞争激烈的收费方式之一，但归根结底，不管是按流量收费还是时间收费都是从信息量的角度出发来收取费用。对WAP网站浏览用户采取按时间、流量计费的手段，如重庆联通对其手机报用户制定的最低价为5元看400分钟（600kB）。这种模式和以订阅为主的模式是已经成熟的手机出版的盈利模式，因为它有着收费便捷的优越性，只要用户愿意，运营商就能轻易从用户那里收取费用。

（3）借鉴传统媒体的盈利模式，通过吸引用户来获取广告。如《浙江日报》的手机广告模式，包括企业冠名栏目、大型企业点播和分类服务信息。手机广告的针对性强，到达率高，有利于精确营销。

（4）手机内容出版盈利模式：对于如手机小说、手机杂志、手机动漫中的优质内容，或手机 App 中的内容等实现付费盈利，由内容提供商或服务提供商来进行分成。

（5）手机出版增值服务模式：如手机铃声、手机彩铃和手机音乐等，属于比较流行的一种手机出版的增值服务。多元化的产品功能必将推动增值服务的增长。

15.4 手机出版物的现状和发展趋势

15.4.1 手机出版物的现状

1. 优质内容逐步向移动端聚合

在碎片化、娱乐化阅读继续发展的同时，用户的阅读需求也出现多元化趋势，部分用户对高效、优质的内容需求越来越多，并愿意为此付费。因此优质的内容不断向移动端渗透。比如移动阅读类 App 在继续发展网络文学内容的同时，也在吸收越来越多的纸质图书的数字化内容。越来越多的出版商和产业链上下游企业竞相推出面向移动端的出版产品和服务，移动端收入占据了数字出版市场较大的份额，并保持着高速增长的态势，是数字出版总收入的主要贡献者。2017 年移动出版（移动阅读、移动音乐、移动游戏等）收入达 1796.3 亿元，2018 年达 2007.4 亿元。

2. 传统出版商竞相推出面向移动端的出版产品和服务

传统出版企业在移动阅读产业布局的进程加快，除了加大与平台商合作，也在积极开发移动阅读 App、探索移动线上与实体线下的结合之道、学习自媒体运营经验等，力图在移动互联网时代重塑出版品牌。比如外语教学与研究出版社开发了多款阅读类、视频类和考试类图书 App，并尝试将 AR 技术应用到 App 产品中。中国国际出版集团旗下的外文出版社出版的多语种国情视觉图书《中国》新书发布时，同步上线“中国概况”App，实现了中国国情资讯的移动端实时共享。

3. 社交媒体与手机出版关联愈发紧密

社交平台是移动终端的新兴端口，发展迅猛。5 亿级的社交媒体用户数蕴藏了无限的价值。在微信等社交应用的带动下，用户能够方便地参与到内容建设过程中。大多数出版社开通了微信公众号，还有大量的图书公司、书店、自媒体开通了微信公众号，在微信公众号上布局更多的移动出版内容，以期让读者更多地参与到交互环节中。

4. 以 IP 为核心的泛娱乐产业布局加快，推动移动出版业继续发展

以 IP 为核心的泛娱乐产业，在网络游戏、网络文学、网络影视、网络动漫、网络音

乐等多元文化娱乐、泛娱乐业态中，广泛互联，深度融合，形成了一个规范、完整的网状价值链生态圈，带动了移动出版各个领域的加速融合与发展。比如票房不错的影片《九层妖塔》《寻龙诀》均改自阅文小说《鬼吹灯》。根据热门游戏 IP 改编的电影《魔兽》大获成功。

5. VR、AR 等新兴技术与出版产业交融，促进行业新发展

VR、AR 等新兴科学技术更加成熟和完善，这些技术逐步应用到出版乃至移动出版行业，为行业注入了新鲜血液，使行业获得了新的发展生机。如北京少年儿童出版社出版的《大开眼界·恐龙世界大冒险》是一套与 VR 技术结合的带给读者 4D 体验的少儿科普丛书，戴上眼镜，拿起手机，就可以开启与恐龙的亲密接触。VR、AR 技术也逐渐运用到了移动游戏领域，促进了移动游戏内容和交互方式的创新。

6. “二次元文化”引爆移动出版

“二次元文化”从日本引进，近年来在年轻人群体中逐渐风靡。中国的“二次元”粉丝群体规模快速扩张。在移动阅读领域，各家企业都开始向二次元布局。如掌阅与国内多家动漫内容方签约合作，持续引进日韩漫画。阅文集团 IP 动画改编业务已初具规模、初见成效。

7. 技术更新过快，App 市场竞争激烈

在移动互联网环境下，数字产品和信息技术的更新可谓日新月异。彩信、手机报、WAP 网站等形式已经过时。客户端以 App 的全新面貌成为移动互联网时代的主要形式。过去 PC 端的客户端产品，发布周期往往较长，版本更新较慢；而在移动互联网时代，App 更新迭代很快，一年可能发布数次，通过不断完善产品来留住用户。有数据显示，用户手机中最常使用的 App 不超过 15 个，它们在亿万级稳定用户的基础上，凭借强大的资金和资源优势，把自己平台化，成为超级 App。但 App 开发门槛不高，同类应用繁多，有些相似度与重叠性很高，所以大量没有知名度的 App 被挤到了后排，成为用户发现不了或想不起来的僵尸应用。

8. 手机受众“浅阅读”特征明显，出版内容单一

手机阅读是以“快速浏览、快感追求、快餐消费”为主要特点的“浅阅读”，是人们利用零碎时间进行的以消遣、娱乐为主的一种阅读方式。这种阅读特征一定程度上为目前市场上充斥着的低俗信息内容提供了滋生土壤。从各阅读类 App 的阅读排行榜及各 App 内设置的分类，我们可以看出，手机出版物多以都市言情、穿越玄幻、武侠修真、灵异悬疑等类型为主。有些服务商因为网络小说能赚钱而大量跟进，挖掘作者，只求字数不求质量等，也造成了手机阅读内容质量偏低的状况。此外，目前手机出版的许多内

容是传统出版物的翻版，缺少原创性的内容，内容同质化现象严重也成为手机出版的一个突出问题。

15.4.2　手机出版物的发展趋势

1. 加大内容创新，“内容为王”是出版产业必须恪守的行业准则

不管出版形态如何变化、出版手段如何更新、传输如何快捷，内容才是出版企业经营制胜的关键，出版必须坚持“内容为王”。手机出版要想在整个出版产业中占据一席之地，就必须在利用新技术、新媒介的同时，进行内容的创新。针对手机阅读的时间不连贯、手机屏幕较小等特点，创作体现手机出版特点的作品。一方面针对手机媒体的特点，增加原创性内容，突出其个性化特点。微小说就是一种比较符合手机阅读特点的文学形式。另一方面将传统出版物从形式到内容进行重新改造，使其适合手机媒体。研究读者的需求，开发制作读者喜爱的专属内容来满足其需求，是当前手机出版发展最为关键的一环。

2. 加强手机出版的版权保护，加强内容监管

有效解决手机出版中的版权问题需要国家相应的政策调控与法律规范。在目前针对手机出版的法律、法规还不太完善的条件下，出版经营者应该加强自律，不仅要在自己的传播活动中依据法律规定处理版权问题，而且要注意和防范随时可能出现的版权纠纷，给手机出版营造一个健康、良性的发展空间。并且要进一步规范运营商、服务商，加强对负面信息的监管和控制。

3. 4G、5G 网络加速普及，手机上网用户持续增长

随着网络技术的进一步发展、4G 技术在国内的进一步普及和 5G 技术在国内开启商用，使用手机上网的用户会持续增长。5G 将为新技术、新媒体、新业态在手机出版领域的应用提供更加便利、顺畅的条件。人们对沉浸式体验和富媒体内容的需求将日益提升。手机出版在我国是一种新兴的出版模式，在目前阶段，表现出了极大的发展活力。手机出版必将成为继电子出版、网络出版之后的一种更为先进的数字出版方式。

4. 合理分配产业收益

手机出版产业链中各环节利润分配不均，严重影响了手机出版内容提供商的积极性。因此，合理分配产业收益是保证手机出版产业持续健康发展的重要因素。手机出版除收取订阅费、广告模式等外，还可以考虑进一步实现内容增值等模式，实现盈利模式的多元化。

5. 多屏互动是未来趋势

中国已进入跨屏互联网时代，用户在各个屏幕上花费的时间更加均衡，不再被单一屏幕完全吸引。目前出现的各种“云”服务已经可以帮助用户实现多终端内容的同步，移动互联网使互联网更加泛在化，未来智能手机、平板电脑、PC、智能家居终端、可穿戴设备及其他智能设备之间将会有更多的互动机制。

6. 新技术将进一步推动手机出版

大数据技术基于用户需求的内容兴趣挖掘，将带动移动出版向更加人性化、定制化、知识化的方向发展。二维码的应用已经随处可见，可以提供实时信息，提升用户的消费体验。虚拟现实（VR）和增强现实（AR）也在出版中进一步被应用，在移动阅读、移动游戏、移动视频等细分领域，不仅实现了内容和交互方式的创新，更优化了用户体验，为其带来不同的现实感受，提供更为周到的服务。新兴技术与移动出版的融合，为移动出版的产品形态、发展方向等提供了新的发展思路，能促进移动出版更好地发展。

7. 移动支付带动手机出版迈向新发展

人们更加习惯移动支付给生活带来的各种便利，用手机进行支付已经变成了一种生活常态。移动支付的快速普及和应用，为移动出版的发展奠定了一定的基础和条件，也为移动出版迈向新发展提供了一定的思考空间。

参考文献

包鹏程, 范文婷, 何海巍. 2010. 电子出版物. 武汉: 华中科技大学出版社.
陈生明. 2009. 数字出版理论与实践. 北京: 人民教育出版社.
陈媛. 2005. 我国电子出版业发展研究. 武汉: 武汉大学.
崔旭, 邵力军. 2003. 欧美数据库立法现状及其对版权制度的影响. 情报杂志, 22(5): 15-17.
方卿, 曾元祥, 敖然. 2013. 数字出版产业管理. 北京: 电子工业出版社.
国家新闻出版广电总局人事司. 2017. 关于做好 2017 年度出版专业高级职称评审有关工作的通知. http://www. gapp. gov. cn/sapprft/contents/6588/338006. shtml. [2019-10-10].
黄布达. 2007. 中国电子出版探索与发展研究. 武汉: 华中科技大学.
黄孝章, 张志林, 陈丹. 2011. 数字出版产业发展研究. 北京: 知识产权出版社.
黄孝章, 周健华, 张志林. 2018. 数字出版实用教程. 北京: 知识产权出版社.
匡文波. 2008. 电子与网络出版教程. 北京: 中国人民大学出版社.
李娟. 2001. 多媒体出版物研究. 武汉: 华中科技大学.
龙鹜. 2001. 多媒体数据库的发展和研究. 情报杂志, 20(8): 3-4, 6.
吕欢. 2012. 数字出版概念辨析及发展预测. 中国传媒科技, (8): 180-181.
庞冲. 2016. 中国动漫产业链发展问题研究. 北京: 对外经济贸易大学.
沈仁干, 钟颖科. 1995. 著作权法概论. 沈阳: 辽宁教育出版社.
王岳, 周秋利. 2013. 迈向数字时代的电子音像出版: 坚守与期待. 出版发行研究, (3): 64-67.
魏玉山. 2010. 关于数字出版领域几个概念的思考. 出版发行研究, (10): 35-38.
邬彬彬. 2007. 电子报纸经营管理模式探讨. 上海: 上海交通大学.
夏晓岑. 2008. 中国电子期刊产业发展研究. 北京: 北京邮电大学.
谢新洲, 宋安莉, 张永宏. 2003. 网络出版及其经营管理. 沈阳: 辽海出版社.
"新闻出版实用知识丛书"编委会. 2017. 音像电子出版. 重庆: 西南师范大学出版社.
新闻出版总署出版管理司. 2013. 图书音像电子出版物出版管理手册. 北京: 中国法制出版社.
熊艾华. 2008. 我国多媒体互动电子杂志发展研究. 武汉: 华中师范大学.
杨莉. 2014. 数字音乐出版的传播特性与商业模式探究. 出版广角, (10): 80-81.
杨智芬. 2008. 我国电子图书业发展及策略研究. 保定: 河北大学.
张力文. 2017. "互联网+"时代中国动漫产业发展研究. 长沙: 湖南大学.
张立. 2015. 数字出版学导论. 北京: 中国书籍出版社.
张立. 2017. 2016—2017 中国数字出版产业年度报告. 北京: 中国书籍出版社.
张立. 2018. 2017—2018 中国数字出版产业年度报告. 北京: 中国书籍出版社.
张立. 2019. 2018—2019 中国数字出版产业年度报告. 北京: 中国书籍出版社.
赵东晓. 2008. 网络出版及其影响. 北京: 中国人民大学出版社.
赵云霞. 2007. 我国手机出版的现状及发展趋势分析. 武汉: 华中科技大学.
中国财富网. 2019. 《2018—2019 中国数字出版产业年度报告》发布. http: //www.cfbond.com/zclb/detail/20190823/1000200000020251566517826979466733_1. html. [2019-09-10].
中国产业信息网. 2018. 2017 年中国数字音乐收入占比高达 75%，流媒体平台彻底取代唱片行业. http://www. chyxx. com/industry/201811/689314. html. [2019-09-10].

中国出版传媒网. 2018. 《2017—2018 中国数字出版产业年度报告》主报告. http: //www.cbbr.com.cn/article/123368. html. [2019-09-10].
中国网信网. 2016. 国家网信办发布《移动互联网应用程序信息服务管理规定》. http: //www.cac.gov.cn/2016-06/28/c_1119123114. htm. [2019-10-12].
周荣庭. 2004. 网络出版. 北京: 科学出版社.